Kölns kleine Leute

Für Franz Meurer, den Nachbarn, Freund
und kreativen Anwalt der kleinen Leute,
Kölns ersten alternativen Ehrenbürger

KLAUS SCHMIDT

Kölns kleine Leute

GESCHICHTEN UND PORTRÄTS

GREVEN VERLAG KÖLN

Lektorat: Martin Mölder, Erftstadt
Gestaltung: Thomas Neuhaus, Billerbeck
Satz: Manfred Saftenberger, Waldbüttelbrunn
Gesetzt aus der Dante MT
Druck und Bindung: fgb · freiburger graphische betriebe

ISBN 978-3-7743-0469-7

Detaillierte Informationen über alle unsere Bücher finden Sie unter:
www.Greven-Verlag.de

INHALT

EINLEITUNG

> Schwerer ist es, das Gedächtnis der Namenlosen zu ehren als das der Berühmten. Dem Gedächtnis der Namenlosen ist die historische Konstruktion geweiht.
>
> Walter Benjamin
> (Aus: Thesen über den Begriff der Geschichte, ca. 1939)

Wer redet von „kleinen Leuten"? In der Regel Menschen, die sich selbst nicht klein vorkommen. Eine verbindliche Definition gibt es nicht. Ich beschränke mich hier im Wesentlichen auf Menschen, die nicht durch Reichtum privilegiert sind oder als Zunftmitglieder, als Funktionäre in Parteien und Gewerkschaften eine gewisse Machtstellung haben. Bei einem Zeitraum von vielen Jahrhunderten ist dabei nur eine exemplarische Darstellung möglich und sinnvoll.

„Klein" wird bei der Erwähnung von „kleinen Leuten" meist „mit leichtfertiger Herablassung als Klassenmerkmal benutzt", meint Heinrich Böll. „Es assoziiert Armut, Unbildung, Ohnmacht oder Machtlosigkeit; die ‚kleinen', ‚einfachen' Menschen sind gewöhnlich die Unterworfenen oder die stummen Untertanen".[1]

In den traditionellen Geschichtsbüchern stehen „große" Männer – weniger Frauen – auf der Weltbühne, „kleine" meist im Schatten – wenn überhaupt. Die „Großen" vergessen meist, dass sie ohne die „Kleinen" nicht auskommen. Anders Bertold Brecht mit seinen „Fragen eines lesenden Arbeiters": „Wer baute das siebentorige Theben? / In den Büchern stehen die Namen von Königen. / Haben die Könige die Felsbrocken herbeigeschleppt?"

Ohne die – meist unterbezahlten – „Kleinen“ wären die „Großen“ nicht reich und mächtig. Armut kann gewiss auch selbstverschuldet sein, wird aber immer auch „von oben her“ produziert, wenn nicht sogar gewollt. Im „hilligen Köln“ wurde auf Armut mit Fürsorge und Stiftungen reagiert, Reichtum trotz biblischer Kritik am „Mammon“ kaum in Frage gestellt. Doch schon im Mittelalter fragten nicht nur die Bauern: „Als Adam grub und Eva spann – wo war denn da der Edelmann?“ Viele Menschen folgten den Lehren der Hierarchie, andere lasen rebellische Texte. Der Kölner Arbeiterverein bildete sich 1848 auf jüdisch-christlicher wie auf frühsozialistischer Grundlage.

Fortschritte für „die da unten“ wurden von Philosophen vorgedacht – und von den Betroffenen ins Werk gesetzt: „Alle Räder stehen still, wenn dein starker Arm es will.“ Solche Fortschritte waren und sind von Niederlagen begleitet, in denen die „kleinen Leute“ – mit oder ohne Hartz-IV – am meisten zu leiden haben.

Dabei verhalten sie sich oft so, dass die Gebildeten die Nase rümpfen: wenn sie „Volksmusik“ oder Pop statt Schubert hören; wenn sie von Kanzelpredigten nicht erreicht werden, die Fronleichnamsprozession aber lieben.

Arme Menschen sind nicht „von Natur aus“ besser oder schlechter als reiche. Unter ihnen gibt es viele, die sich ehrenamtlich, in Bürgerinitiativen oder Parteien engagieren, freilich auch solche, die sich nach den Fleischtöpfen der Reichen und besseren Verhältnissen sehnen, ohne die Bereitschaft, selbst darum zu kämpfen.

Ein Porträt der prominenten Trude Herr in diesem Buch mag verwundern. Doch sie stammt aus einer armen Familie und blieb zeitlebens dadurch geprägt. Ähnliches gilt für andere „Aufsteiger“. Der Autodidakt Robert Blum wurde ein wichtiger Wegbereiter deutscher Demokratie, der Drechsler August Bebel eine Leitfigur der SPD, Albert Richter ein berühmter Radprofi. Der Schriftsteller Günter Wallraff blieb und bleibt den Menschen am Rand der Gesellschaft und denen „ganz unten“ verbunden.

Nicht zu vergessen in einem Buch über Kölns „kleine Leute" ist ihr oft unverwüstlicher Lebensmut und Mutterwitz. Wunderbar auch der Wärmestrom in den frühen „Bläck Fööss"-Liedern, in denen Solidarität im „Veedel" und weit darüber hinaus zum Ausdruck kommt.

Fortschritte in der Geschichtsschreibung

Schon in der antiken Literatur erscheinen „kleine Leute" neben den großen. In Homers „Odyssee" wäscht eine Magd dem Gast die Füße. An seiner Narbe erkennt sie, dass hier Odysseus nach langen Jahren heimgekehrt ist. Ein eigenständiges Leben hat sie freilich noch nicht. Sie dient – und gerade daraus ergibt sich die intime Kenntnis des Kindes der „Großen". In der Bibel, im Alten wie im Neuen Testament, erscheinen „kleine Leute" als Handelnde: Hebammen und Hirten, Mägde und Fremdarbeiter, Heilungsbedürftige und Prostituierte, Fischer und Tagelöhner, Sklaven und Widerstandskämpfer. Dabei ist ein ursprünglicher Hoffnungsimpuls erkennbar: der Exodus aus der Sklaverei, die Vision vom „Gelobten Land", eine Welt, „in der Gerechtigkeit wohnt".

Im römischen Köln werden „kleine Leute" kaum als Individuen kenntlich. Handwerker und Arbeiter, Tagelöhner, Träger im Hafen, die Handlanger oder Bettler haben in der Überlieferung kaum Spuren hinterlassen. Auf dem Grabmahl eines thrakischen Reiters sind ein Tischdiener und ein Pferdebursche abgebildet, auf einem Grabrelief bemühen sich vier Frauen um die Frisur einer reichen Dame – sind es Bedienstete oder Versklavte? Ein Mann namens Lucius Cassius Tacitus bestattete ein Sklavenbaby. Hat er die Mutter geliebt? War er der Vater? In einem Grabgedicht wird der Tod zweier junger Sklaven aus einem Haushalt bedauert, von denen der eine als Flötenspieler, der andere als Stenograph ausgebildet worden war. Wird nur bedauert, dass sie nun nicht mehr von Nutzen sind, oder werden sie betrauert? Ein Freigelassener hat zuvor als Gladiator für zwei Brüder gekämpft, die ihm einen Grabstein setzen. Ist er für sie mehr als ein Gewinn bringender Matador gewesen?[2]

Im Mittelalter erscheinen „kleine Leute“ mit ihren Namen fast immer nur dann, wenn sie mit den geltenden Gesetzen in Konflikt kommen und in Gerichtsakten oder Ratsprotokollen erscheinen. Auf Bildern erscheinen sie allenfalls als Statisten.

Im 18. Jahrhundert geben „Armutszeugnisse“ weiteren Aufschluss, Zeugenaussagen von Menschen, die Notleidenden zur Vorlage beim Wohlfahrtsbüro Bedürftigkeit bescheinigen. Über die Ursachen von Armut wird dabei kaum nachgedacht. Doch hat jetzt eine neue, durch die Französische Revolution eingeleitete Zeit begonnen. Kleine Handwerker und Arbeiter gewinnen an Selbstbewusstsein, werden mehr und mehr Akteure ihrer eigenen Geschichte. Durch Protagonisten und Chronisten der Arbeiter- und Gewerkschaftsbewegung gewinnen sie Aufmerksamkeit und Profil. Bereits der „Kölner Arbeiterverein“ von 1848/49 ist dafür ein wichtiges Beispiel.

Köln ist nun längst eine multikulturelle Stadt. Namen wie Fabricius, Farina, Géradin, Raveaux, Judin oder Millowitsch weisen darauf hin. In Carl Zuckmayers Theaterstück „Des Teufels General“ erscheint eine Ahnenreihe der Menschen am Rhein: darunter ein römischer Feldhauptmann, dann ein jüdischer Gewürzhändler, ein keltischer Legionär, ein Graubündner Landsknecht, ein schwedischer Reiter, ein Soldat Napoleons, ein desertierter Kosak, ein wandernder Müllerbursch aus dem Elsass oder ein böhmischer Musikant: „Das alles hat am Rhein gelebt, gerauft, gesoffen und gesungen und Kinder gezeugt.“

In den vergangenen Jahrhunderten wurde manches über „kleine Leute“ berichtet oder erzählt. Doch erst im 20. Jahrhundert erscheinen endlich regelrechte Biografien. Es sind anfänglich vor allem Sportler, Musiker und Kleinkünstlerinnen, später auch Opfer des Nationalsozialismus und Widerstandskämpfer.

Wissenschaftlich wurde das Schicksal „kleiner Leute“ – wenn überhaupt – erst in jüngerer und jüngster Zeit im Rahmen von sozial-, mentalitäts- oder alltagsgeschichtlichen Forschungen gewürdigt. Impulse dazu kamen vielfach aus Bürgerinitiativen und Basis-Bewegungen. Auch mit dem vorliegenden Buch wird der Versuch unternommen, das Leiden und Handeln, aber auch die Kraft, die Freuden und den Mutterwitz von Menschen zu rekonstruieren und verstehbar zu machen, deren Existenz lange Zeit hindurch weder als geschichtsmächtig noch als geschichtsrelevant gegolten hatte.

Zur Darstellung der „kleinen Leute“ gehören Hinweise auf die „großen“, die in der Regel das ökonomische Wachstum der „kleinen“ verlangsamen, behindern oder unmöglich machen, die gelegentlich durch Fürsorge, später auch Sozialpolitik und Sozialarbeit Schäden ausbessern, die sie oft selbst oder zumindest mit verursacht haben. Gelegentlich machen „Große“ und „Kleine“ auch gemeinsame Sache. Die unterschiedlichen Interessenlagen und Ziele führen dann schnell zu neuen Konflikten. So sind in diesem Buch exemplarische Hinweise auf die politischen und sozialgeschichtlichen Zusammenhänge unvermeidbar – ja unentbehrlich.

Veränderungen zum Besseren oder zum Schlechteren in der Geschichte sind komplexe Vorgänge. Weder die „Großen“ noch die „Kleinen“, weder die großen Organisationen, Parteien oder Bewegungen noch die Individuen schaffen das jeweils allein. Mit dieser Einschränkung versehen, hat dann auch ein viel zitiertes afrikanisches Sprichwort sein Gewicht und seine Gültigkeit: „Viele kleine Leute, an vielen kleinen Orten, die viele kleine Dinge tun, können das Antlitz dieser Erde verändern.“

„Kleine Leute“ passen anders als „arme“ oder „adlige“ in kein soziologisches Schema. Wer über sie schreibt, ist auf vielfältige Literatur angewiesen. Dankbar nutzte ich vor allem die Veröffentlichungen und Anregungen von Dr. Carl Dietmar und Dr. Werner Jung zur Kölner Stadtgeschichte. Für kritische Kommentare und manche Hilfe beim Planen und Schreiben dieses Buches danke ich ferner Menschen, mit denen ich seit Langem freundschaftlich verbunden bin: Baldur v. Berlepsch, Gunnar Evang und Holger Evang-Lorenz, Irene Franken, Rainer Kippe, Dr. Renate Klein und Dr. Peter Klein, Heinz Lehmbruck, Franz Meurer, Otto Oetz, Dr. Marcel Seyppel, Dr. Martin Stankowski und Günter Wallraff. Besonders danken möchte ich meiner Frau Ghita Gothóni, die ihre Arbeit an einem Roman immer wieder zugunsten einer effektiven Lektüre meines Manuskripts unterbrach.

GESCHICHTEN AUS DEM MITTELALTER

> Die Hungrigen schreiben selten Geschichte,
> und die Historiker sind selten hungrig.
>
> Robert William Millmann[3]

Im Mittelalter[4] geht man von der grundsätzlichen Trennung der Gesellschaft in Freie und Unfreie sowie Herrschende und Dienende aus – auch wenn die Grenzen hier und da fließend sind.[5] So wird nun die soziale Unterscheidung in drei Stände gerechtfertigt: die Geistlichkeit, den Adel, und Bauern und Bürger („Bet-, Wehr- und Nährstand"). Die durch Geburt, Herkunft, Beruf, Besitz und Bildung voneinander unterschiedenen Stände markierten ursprünglich lediglich soziale Unterscheidungen, die sich im Laufe der Zeit verrechtlichten.

Die Unterschicht ist zahlenmäßig am stärksten vertreten. Zu ihr gehören Handwerksgesellen und -lehrlinge, Lohn- und Hilfsarbeiter, Hafenarbeiter und Seeleute, Land-, Gerichts- und Stadtknechte, Gerichts-, Tor- und Nachtwächter, Türmer, Totengräber, Bettelvögte und Gassenkehrer, Mägde, Bader, Stadtpfeifer, die Dienerschaft, das Gesinde und auch die Bettler. Im Blick auf die unteren Schichten ist die Quellenlage im Mittelalter äußerst schlecht.[6] Angehörige verschiedener Berufe werden erwähnt, Namen außer in Gerichtsakten jedoch fast nie genannt.

Straßennamen geben Hinweise. Im „vicus pauperum", der „Armengasse", wohnen um 1300 „arvinatores", Fetthändler, im Volksmund „smermengere", Talgmenger. Sie leben in der „Schmierstraße", die erst im 19. Jahrhundert nach dem Bau eines Theaters den vornehmeren Namen „Komödienstraße" erhalten wird. Die „platea furum" („Gasse der

Diebe"), später Thieboldsgasse, gehört ebenfalls zu einer Wohngegend armer Leute, die bei guten Bürgern leicht in Verruf geraten. In der Straße „Auf dem alten Graben" wohnen schlecht bezahlte Arbeiter und Arbeiterinnen, Schinder und Scharfrichter mit ihren Gesellen, Huren, Bettler und Kloakenreiniger. Für den Chronisten Hermann von Weinsberg sind sie die „schlimmste, verachtetste Hefe des gemeinen Volks"[7].

Der arme Schuster und die Schlacht bei der Ulrepforte

An der „euler gass" – später Ulrichgasse – und hinter der Stadtmauer liegt ein Baumgarten der Familie Overstolz. Hier kommt es im Oktober 1268 zu einer blutigen Schlacht, ausgelöst durch rivalisierende Geschlechter in Verbindung mit dem Herrschaftsanspruch des Erzbischofs Engelbert II. von Falkenburg. Er hatte die Machtbestrebungen seines Vorgängers zu verstärken gesucht, hatte Festungstürme[8] bauen und Steuern erheben lassen sowie eine eigene Besatzung in der Stadt untergebracht. „Edle Geschlechter" unter der Führung der Overstolzen hatten Engelbert besiegt und zwölf Jahre lang auf der Burg Nideggen gefangen gesetzt.

Die durch Handel reich gewordenen Overstolzen gehören zu den Mächtigen der Stadt,[9] die in burgähnlichen, von starken Mauern umgebenen Häusern wohnen. Es sind 15 Familienverbände, die sich selbst als „edle Geschlechter" bezeichnen.[10] Die Kölner Geschlechter-Partei der „Weisen", die mit dem Erzbischof sympathisiert, verbündet sich mit dessen Bündnispartnern Herzog Adolf V. von Limburg und Graf Dietrich VII. von Cleve gegen die Partei der „Freunde", an deren Spitze der Stadtvogt und Anführer des Patriziats Matthias Overstolz steht.

Die Ereignisse werden aus der zeitgenössischen Sicht des Stadtschreibers und Klerikers Gottfried Hagen geschildert, der mit seiner Reimchronik der Stadt Köln auf Seiten der „edlen Geschlechter" steht, die gegen den als machtgierig beschriebenen Erzbischof kämpfen.[11]

Hagen zufolge gelang den bewaffneten Bundesgenossen der „Weisen" der Einbruch in die Stadt mithilfe eines armen, am Fuße der Stadtmauer in einem Mauerbogen wohnenden Schusters und Kerzendrehers namens Havenith. Möglicherweise ist der Name „Habenichts“ ein Spottname, eine Erfindung des parteiischen Gottfried Hagen. Nach dessen Darstellung ist der in elender Behausung wohnende Mann jedenfalls kein zünftiger „Neuschuster“, sondern ein Alt- oder Flickschuster, der Schuhe nicht herstellt, sondern abgetragene repariert.

Eine stattliche Geldsumme habe den Mann motiviert, nächtelang ein Loch unter der Stadtmauer hindurch zu graben:

Zu graben er sofort begann.
Die Erde, die er draus gewann,
beseitigte er in der Nacht,
da gab ja niemand auf ihn Acht.
So grub er, kniete grabend nieder,
bedeckt' das Loch am Tage wieder.[12]

Vierzehn Tage lang musste Havenith hart und tief arbeiten, um den Eindringlingen den Weg in die Stadt zu ermöglichen: „neist Ulreporten in dem bogen, des mennich goet man bleif bedrogen“. Es sind aus Hagens Sicht also die „guten Männer“ der „edlen Geschlechter“, die hier „betrogen“ werden.

In der Nacht zum 15. Oktober 1268 rücken die bewaffneten „Weisen“ und ihre Limburger und Clever Verbündeten gegen Köln vor. Die ersten Männer kommen durch das Loch und öffnen die Ulrepforte im Schutz der Dunkelheit von innen. Die rechtzeitig gewarnte Overstolzenpartei stürmt ihnen entgegen und schlägt sie in dieser Straßenschlacht erfolgreich zurück. Beide Seiten haben zahlreiche Tote zu beklagen, unter ihnen auch Matthias Overstolz.[13]

Gottfried Hagen erwähnt dessen großen Schmerz und den wütenden Sohn, der die Feinde grimmig niederstreckt. Vom weiteren Schicksal des Schusters erzählt er nichts. Dessen Motive, Mut oder Ängste spielen in dem Drama keine Rolle. Er geht lediglich als „Verräter“ in die Kölner Stadtgeschichte ein.

Die Reimchronik endet in frommer Zuversicht: „Gott hait uns noch in allen ziden / gehuilpen her in allen striden / und die live moeder sijn, / dat is der gelouve mijn." Das Ende vom Lied: „Kölne bleif in sinen ehren."[14]

Verleumdet und gepeinigt – ein Prozess gegen zwei Unschuldige

Ein gewisser Paul Noytsche beschuldigt im Jahr 1431 eine ehemalige Magd seiner Mutter, der Mutter einen Topf mit Geld gestohlen und ihrem Stiefvater, dem früheren Gerichtsboten Gotschalk Meischen gebracht zu haben.[15] Meischen, ein bis dahin völlig unbescholtener Mann, und seine inzwischen verheiratete Stieftochter bringen die Sache vor den Greven, den Richter des Hohen Gerichts. Als Noytsche bei seiner Aussage bleibt, bezichtigen ihn Stiefvater und -tochter der Verleumdung. Die Schöffen lassen daraufhin Noytsche ins Stadtgefängnis – die Hacht – bringen, Meischen aber in den Gerichtskeller. Die hochschwangere Stieftochter bleibt vorerst auf freiem Fuß. Noytsche „lebte von seinem Gelde in Saus und Braus", so der Bericht in der Koelhoffschen Chronik. „Er ließ kochen und braten, that sich gütlich und aß und trank an des Hächters Tisch gar köstlich."[16]

Die Schöffen lassen Meischen daraufhin entgegen geltendem Recht – der Rat der Stadt müsste zustimmen – monatelang foltern. Meischens Nachbarn schreiben an den Rat, er habe stets den besten Ruf genossen, nun würden seine Glieder zerschlagen und sein Geschäft werde aufgrund einer Beschuldigung ruiniert, von deren Haltlosigkeit sich der Rat leicht überzeugen könne. Der Rat lässt beide Kontrahenten im Haus des Greven verhören. Noytsche bleibt bei seiner Aussage, und Meischen wird erneut unter Folter verhört. „Ihr lieben Herren" – so seine Worte –, „ich bin ein armer, kleiner, alter Mann. Ihr habt mir zweimal meine Gesundheit zerstört, meine Glieder auseinander gezogen und zerbrochen. Wie ich hier stehe, nehme ich es auf den Tod und die Marter, die ihr mir anthut, dass mein Ankläger mehr des Geldes als meiner Schuld wegen die lügnerischen Worte gegen mich aussagt. Meine Stieftochter hat mir nichts heimgebracht, und ihr mögt sie selbst darum fragen." Die Frau, die gerade ihrem neugeborenen Kind die Brust gibt, wird abgeholt und, da sie bei ihrer Aussage bleibt, „peinlich" befragt. „Sie wurde an das Seil gehängt" – so der Bericht – „und vom Scharfrichter dergestalt gepeinigt, dass ihr die Milch, mit Blut vermischt, aus den Brüsten an die Mauer spritzte. Niemand konnte den Jammer mehr ansehen, sie blieb aber bei ihrer Unschuld. Die Herren ließen nun den Kläger in den Block schlagen und den Boten samt seiner Stieftochter in die Hacht gehen."[17] Auch Noytsche, dem man nicht mehr glaubt, wird jetzt in der Hacht gefoltert.

Großherziger Verzicht auf Rache

Nach drei Tagen beschließen der Greve und die Schöffen, Meischen das Geld, das er während seiner halbjährigen Haft für Arznei und Lebensmittel ausgegeben hat, zu erstatten. Außerdem erhält er zehn Gulden Schmerzensgeld. Auf die Frage des Greven, ob er ein Gerichtsurteil verlange, erwidert er lediglich: „Gott wolle dem Paul Noytsche, meinem Gevatter, seine Missethat vergeben und verzeihen. Ich verzeihe ihm und zugleich allen denjenigen, die mir jemals etwas zu Leid gethan haben." Die Stieftochter äußert sich in gleicher Weise.

Nun wird Noytsche, gefesselt und auf einer Bahre liegend, vor den Greven und die Schöffen gebracht, „wie man einen Dieb zu bringen pflegt". Man fragt ihn: „Du hast da die guten ehrbaren Leute berüchtigt und falsch angeklagt, was sagst du, bleibst du noch bei deinen Worten?" Er erwidert: „Liebe Herren, was ich gesagt, habe ich vom Hörensagen. Ich weiß anders nichts von ihnen als Gutes und Braves. Ich bitte euch und alle Umstehenden, dass ihr mir vergebt und bei den unschuldig Bezüchtigten für mich bitten wollet, dass auch sie mir vergeben mögen."

Daraufhin fragt der Greve Meischen und seine Stieftochter erneut, ob sie ein Gerichtsurteil verlangen. Beide erwidern wie zuvor, dass sie dem falschen Kläger um Gottes willen verzeihen. „So gingen die zwei durch den Dom nach Hause, und man führte den Kläger auf einem Schiebkarren heim. Des dritten Tages trug man ihn auf den Kirchhof St. Cunibert. Hätten die guten Leute einen Rechtspruch verlangt, wäre er erhängt worden.“

Die tapfere Hebamme – „Ehrenmord“ in „besseren Kreisen“

Die folgende Geschichte spielt in einer Zeit[18], in der in Köln noch Feme- oder „heimliche“ Gerichte tätig wurden und insbesondere Angehörige der „edlen Geschlechter“, die irgendeines Verbrechens beschuldigt wurden, über Nacht spurlos verschwinden konnten.

Da hört eines Abends in der Cäcilienstraße eine Hebamme, die sich gerade schlafen legen will, dass an die Tür geklopft wird. Nachdem sie sich rasch angezogen hat, bieten ihr auf der Straße zwei Männer für eine Geburtshilfe eine enorme Summe an – unter der Bedingung, dass sie sich mit verbundenen Augen an einen bestimmten Ort führen lässt. Sie willigt ein und läuft noch einmal in die Wohnung, um das für ihre Arbeit Nötige zu holen. Zugleich steckt sie ein Säckchen Erbsen ein, um sie beim Gang durch die nächtlichen Straßen unbemerkt fallen zu lassen.

In einem großen Haus nimmt man ihr die Augenbinde ab und führt sie in ein prächtiges Schlafzimmer. Hier liegt eine noch sehr junge und schöne Frau in den Wehen, der sie zur Geburt eines gesunden Knaben verhelfen kann. Während sie das Kind wäscht, entdeckt sie zu ihrem Entsetzen unter dem Bett der Wöchnerin eine Totenlade. Und beim Verlassen des Zimmers begegnet ihr an der Tür ein älterer Herr, der ein blankes Schwert in der Hand hält und bei ihrem Anblick rasch sein Barett über die Augen zieht.

Am anderen Morgen erzählt sie ihrem Mann in aller Frühe, was sie in der Nacht erlebt hat. Sie weiß, dass sie sich in einer heiklen Situation befindet: Die Heimlichkeit der Geburt nötigt ihr Stillschweigen auf, andererseits ist sie nicht nur zur Betreuung der Gebärenden und des neugeborenen Kindes verpflichtet, sondern auch dazu, bei gefährdeten Neugeborenen den Arzt zu holen oder uneheliche Geburten zu melden und den Vater des Kindes von der Gebärenden zu erfragen.

Sie entscheidet sich zu handeln. Zusammen mit ihrem Mann geht sie der Spur der Erbsen nach, die vor einem vornehmen Haus in der Glockengasse endet. Daraufhin wendet sie sich an den Küster von St. Kolumba, der ihre Frage, ob in der Nacht eine Leiche in ein Grab oder eine Gruft gebracht worden sei, verdächtig laut und barsch abweist. Da droht sie ihm mit dem Hohen Gericht, falls er ihr nicht die Leiche zeigen würde. Widerstrebend gibt er nach und führt beide zu einem Sarg in einer Familiengruft. Als sie ihn öffnen, finden sie darin eine enthauptete Frau, die ein erwürgtes Kind im Arm hält.

Unverzüglich wendet sich die Hebamme nun an das Hohe Gericht, und die schreckliche Wahrheit kommt sehr schnell ans Licht. Weil die junge Frau ein uneheliches Kind geboren hatte, war sie von ihrem eigenen Vater getötet worden. Das Gericht verurteilt ihn daraufhin zum Tode, verbannt seine gesamte Sippe aus der Stadt und zieht deren Güter ein.

Wenig später erwirkt die Kölner Bürgerschaft beim Kaiser – so heißt es ohne genaue Angaben –,[19] dass dem „heimlichen Gericht" in ihren Mauern ein Ende gesetzt wird.

Die bewegende, wenn auch sagenhafte Geschichte von der tapferen Hebamme lässt gleichwohl etwas vom Selbstbewusstsein einfacher Frauen ahnen. Während der arme Schuster „Havenith" lediglich als „Verräter" und kaum als Mensch von Fleisch und Blut erscheint, gewinnt sie in eindrucksvoller Weise Gestalt.

Zwei Mägde – Hermann von Weinsbergs Erzählungen

Die Mägde, in vielen Bereichen unverzichtbare Arbeitskräfte, stehen in der Lohnskala weit unten. In den Kölner Spitälern stellt man sie mit schlechter Bezahlung als Küchen- und Krankenhilfen („Siechenmägde") ein. Um das Wohlbefinden der Gäste in den Badehäusern kümmern sich ebenso Mägde – denen oft nachgesagt wird, sie besserten ihren kargen Lohn durch Liebesdienste auf.[20]

Wer als Dienstmagd angestellt ist, wohnt in der Regel mietfrei im Hause des Dienstherrn und wird von ihm beköstigt. Für manche Mägde wendet sich dieser Vorteil zum Nachteil: Sie werden Opfer sexueller Belästigungen oder Übergriffe oder werden auf erpresserische Art unter Druck gesetzt. So droht zum Beispiel der Arbeitgeber einer Magd namens Margarethe von Wipperfürth, sie des Diebstahls zu bezichtigen, und macht sie so gefügig.[21]

Auch die Erzählungen und Berichte des Chronisten Hermann von Weinsberg[22] geben uns keinen gründlicheren Einblick in das Leben der Mägde. Er erzählt von erotischen Annäherungen aus der Sicht eines jungen Angehörigen der bürgerlichen Schicht.

Die junge Verführerin und der standhafte Hermann

Delikat ist die Begegnung des 16-jährigen Hermann mit einer jungen Magd auf einer Reise nach Emmerich. Das Schiff, mit dem er unterwegs ist, wird bei Wesel manövrierunfähig. Er muss zu Fuß weiterreisen und wird dabei von zwei Frauen begleitet, die nach Nimwegen wollen. Es beginnt zu regnen, es stürmt und hagelt. Frierend und durchnässt erhalten sie nach tränenreichen Bitten der Frauen Obdach auf einem Bauernhof, wärmen sich am Feuer und essen sich satt. Danach wird ihnen eine kleine Kammer zugewiesen – mit einem einzigen Bett. Hermann gibt eine verblüffende Schilderung der nun folgenden Nacht: „Ich war schamhaft, ich wollte nicht bei ihnen liegen. Sie sagten, ich sollte es tun, sonst würde ich zu Tode erfrieren. Die Kälte drang auch auf das Bett, da kamen die beiden Fräulein, die eine legte sich hinten hin, war eine Gärtnersfrau aus der Friesenstraße zu Köln, die andre war eine junge Magd von sechsundzwanzig Jahren ungefähr, eines Priesters Tochter, hatte zu Köln lange Zeit gedient, war allenthalben wohlgestaltet von Angesicht und Leib. Die legte sich vorne zu mir auf das Bette, also daß ich zwischen beide zu liegen kam. Wir mussten die Hemden alle drei wegtun, damit die Magd im Haus sie trocknen konnte. Die Frau lag still zu Bette, sagte: ‚Schlaft, ich hab einen Mann, behelft ihr euch unter euch beiden.‘ Die junge Person war gar verliebt, ausgelassen und geil, nahm mich in ihre Arme, drückte mich an ihre Brust, machte sich und mich warm, hörte nicht auf zu liebkosen die ganze Nacht. Ich war wohl etwas blöde und einfältig, war auch ruhbedürftig, hätte lieber geschlafen. Doch ging die Nacht herum, daß mir Gott half, daß ich meine Jungfernschaft nicht verlor.“

Die listenreiche Stina

Im selben Jahr 1534 noch gibt er seine fromme Zurückhaltung auf. Als Student der „sieben freien Künste“ zieht er in die „Kronenburse“, ein Wohnheim, in dem die Burschen unter Leitung eines Rektors zusammenleben. Dort arbeitet eine „ziemlich betagte“ Magd namens Stina, die aber gern mit den Studenten flirtet und sich „viel abküssen“ lässt. Hermann versteckt sich eines Abends in ihrem Zimmer, das neben dem seinen liegt, und nachdem sie sich schlafen gelegt hat, kriecht er leise zu ihr ins Bett. „Sie schien immer noch zu schlafen“, erzählt er, „sie hatte sich in ein Laken gewickelt, das machte ich los, sie schlief weiter. Ich handelte, wie ich wollte, aber was ich ihr auch antat – sie schlief. Endlich, da ich scheiden wollte, ward sie gleich munter und flüsterte einen oder den anderen Namen: ‚Seid Ihr’s, seid Ihr’s, wer seid Ihr?‘ und umarmte mich und sprach: ‚Ihr sollt mir sagen, wer Ihr seid.‘ Ich sagte ihr’s, sie redete auf mich ein, sie wolle mich beim Rektor verklagen.“ Hermann bittet sie, nichts zu sagen, wird jedoch am nächsten Tag zum Rektor gerufen. Er fürchtet das Schlimmste, doch die hinzukommende Magd erklärt, er habe „die ganze Nacht gepoltert und sie im Schlaf gestört“. Der Rektor weist ihm ein anderes Zimmer zu, weit entfernt von Stinas Kammer, und Hermann fällt ein Stein vom Herzen.[23]

Der verzweifelte Brandstifter

Ein in der St.-Georg-Pfarre beliebter freundlicher Bäcker, bei dem auch der junge Hermann von Weinsberg oft Weck oder Brot kauft und der „ein fein ehrlich Weibchen und fein züchtige Kinder“[24] hat, gerät in den 1530er-Jahren in Schulden und große Not. Da er die Schulden nicht abzahlen kann und aus Köln fliehen muss, um nicht ins Schuldgefängnis zu kommen, lässt er sich in Deutz nieder, wo er ein kleines Häuschen besitzt. Die Kölner Gerichtsbarkeit kann ihn hier nicht erreichen – ein ständiger kommunaler Streitpunkt: Das alte, zuerst in die Abtei Deutz umgewandelte und 1230 vom Kölner Erzbischof Heinrich I. zur Stadt erhobene Römerkastell ist seither auch im Blick auf juristische Kompetenzen ein Zankapfel zwischen der Stadt Köln, Kurköln und dem Herzogtum Berg.

Die strafrechtliche Entfernung von Köln nützt dem Bäcker freilich nicht viel. Seine Gläubiger bleiben ihm im Nacken und bringen ihn in Deutz ins Gefängnis, wo er bleiben soll, bis er seine Schulden abbezahlt hat. Doch dazu ist er nicht in der Lage. Wenn er sein Häuschen verkaufen würde, läge seine Familie auf der Straße und müsste betteln gehen. Er käme nie mehr auf einen grünen Zweig. In seiner Verzweiflung fasst er einen fatalen Entschluss: Er verkauft das Häuschen, stellt damit die Gläubiger zufrieden, wird freigelassen – und zündet das Häuschen an, nachdem er zuvor seine Frau und zwei Kinder in den Abendgottesdienst geschickt hat.

Die Flammen greifen sogleich auf die Nachbarhäuser über. Schnell entsteht eine Feuersbrunst, die alle Häuser zu vernichten droht. Die Menschen fliehen, viele schleppen ihr Hab und Gut zum Rheinufer und bringen es auf Schiffen in Sicherheit. Als der Morgen graut, sind zahlreiche Menschen, auch Pferde, Kühe, Schafe und Schweine verbrannt.[25] Der völlig niedergebrochene Bäcker bekennt, den Brand aus Wut und „Missmut“ gelegt zu haben. Er wird zum Tode verurteilt und nun selbst auf dem Scheiterhaufen verbrannt. In der großen Menschenmenge, die ihn unter Fluchen und Verwünschungen zur Richtstätte am Hohen Gericht begleitet, befindet sich auch der 20-jährige Hermann von Weinsberg. „Er war ein fröhlicher Mann gewesen und meiner Eltern Gevatter", so seine Erinnerung an den unglücklichen Bäcker, „denn sie hatten ihm ein Kind über die Taufe gehoben und er war ihr Bäcker. Durch Schulden kam er in dieses Elend; wie er aber die Schulden gemacht hat, weiß ich nicht. Gott vergebe ihm seine Sünden. Er war sonst beliebt bei allen Leuten."

SCHARFRICHTER, „HEXEN", BETTLER UND ANDERE AUSSENSEITER

> Die Wärter stehen schon bereit mit Jacken,
> um werkgerecht die Irrenden zu packen,
> die freundlich auf den Dächern springen –
> für diese Leute will ich singen.
>
> Hanns Dieter Hüsch
> („Ich sing für die Verrückten")

Scharfrichter gelten als „unehrlich" – Menschen ohne „Ehre". So einfach ist das: Wer kein Ritter, Bürger, Zunftmeister, kein Geselle oder Lehrling ist, ist nicht „ehrbar", genießt keine Achtung, wird nicht geehrt. Zu „unehrlichen" Leuten zählen unehelich geborene Kinder, körperlich und geistig Behinderte, Aussätzige, „Undeutsche" („Welsche") und Fremde aller Art, Juden und Zigeuner, auch zu entehrenden Strafen Verurteilte, aber auch Vertreter zahlreicher „schmutziger" Berufe – wie Müllmänner oder Kloakenreiniger („Goldgräber") –, die dennoch unverzichtbare gesellschaftliche Aufgaben erfüllen.[26]

Scharfrichter „Meister Hans" und die „Goldgräber"

Ökonomisch betrachtet geht es Scharfrichtern – Henkern – in der Regel besser als Vertretern anderer „unehrlicher" Berufe, weil sie es als eine Art Unternehmer mit einer Schar von Abhängigen wie den Henkersknechten und Kloaken- und Latrinenreinigern zu tun haben.[27]

Der „Goldgräber" Johann von Wassenberg wird 1592 beschuldigt, Henker Jan Gysen (Meister Hans) übel beschimpft und körperlich bedroht zu haben. Er verteidigt sich mit dem Hinweis, er habe einem Knecht helfen wollen, der von Meister Hans keinen Lohn erhalten und deshalb Selbstmordabsichten gehegt habe. Er habe dem Lebensmüden sogar das Messer aus der Hand gewunden. Doch das Gericht hört mehr auf den Henker, weist dem Beschuldigten noch einen Ehebruch nach und verurteilt ihn zu lebenslangem Gefängnis.

Im selben Jahr wird der „Goldgräber“ Thomas von Gymnich aus mehrwöchiger Haft entlassen. Er hatte ohne Genehmigung des Henkers gearbeitet.[28]

Ein bizarrer Streitfall vor Gericht wirft weiteres Licht auf die Beziehung zwischen Kloakenreinigern und Scharfrichtern. Der „schlimme Hermann“, der in diesem Jahr den Dienst als Goldgräber und Schindergehilfe bei Meister Hans aufgegeben hat, begründet seine Kündigung mit dessen ausbeuterischen Methoden: Dieser habe immer viel mehr verlangt, als man leisten konnte. Obenrein seien seine Fässer undicht. Wohl zehnmal habe Meister Hans ihm befohlen, den Unrat an verbotenen Stellen auszukippen. Er habe sich geweigert, und es habe auch aus anderen Gründen Streit gegeben. Auch habe der Scharfrichter Steine aus dem Stadtgraben entfernt und beim Bau eines Stalls verwendet. Gertrud von Westorps, Ehefrau von Hermanns Freund Everdt von Guilich, einem von Meister Hans’ Henkergesellen, verschärft solche Vorwürfe noch: Der Henker habe vom Hinrichtungsplatz zu Melaten Eisenklammern entwendet. Meister Hans streitet alles ab. Das Gericht glaubt ihm – und sperrt Hermann und Everdt für einige Tage ins „Loch“.[29]

Meister Hans lebt mit der Witwe Wilhelma von Buttgen zusammen. Sie hat zwei Kinder – ein Mädchen und einen Jungen – und ernährt sich vom Spinnen mäßig feiner Garne. Ihrem Sohn vermittelt er eine Henkerstelle – zum Bedauern der Mutter im Ausland. 1612 kommt es zu einer Auseinandersetzung zwischen Meister Hans, der Wilhelma inzwischen geheiratet hat, und En van Aich, der Witwe eines Kloakenreinigers. Nach dem tödlichen Sturz ihres Mannes in eine Kloakengrube möchte die mittellose Frau dessen Arbeit fortsetzen. Als der „Meister von der

Nachtkarre" ihr das verwehrt, droht sie ihm, sein früheres Verhältnis mit ihr auszuplaudern. Wilhelma stellt sie spornstreichs zur Rede und fällt wütend über sie her. Ihr Mann hilft ihr dabei. Vor Gericht schildert En Details: Der Ehebruch fand ein Jahr zuvor am St.-Martinstag in Ens Wohnung statt, zuerst gegen ihren Willen, dann aber mit ihrem Einverständnis. Meister Hans streitet das zuerst ab, gibt es aber dann bei einer Gegenüberstellung zu. Er sei damals betrunken gewesen. Nun müssen sich beide der Strafe beugen, die der Scharfrichter sonst bei anderen vollzieht: Sie werden mit Wachskerzen in den Händen am Pranger auf dem Heumarkt („Kax") dem öffentlichen Hohn und Spott ausgeliefert.[30]

Spöttische Reaktionen sind „Goldgräbern" gegenüber eher die Regel als die Ausnahme – wie allein schon dieser Spitzname zeigt. Dabei ist der Beruf des Kloakenreinigers in der ganz und gar nicht reinen Reichsstadt Köln ebenso nützlich wie ehrenwert. Ohne sie wäre der Gestank in der Stadt noch unerträglicher. Doch wo wird Müllmännern und Abfallbeseitigern schon wirklich gedankt?

Die geschilderten Ereignisse zeigen außerdem, dass es auch unter „denen da unten" strenge Hierarchien und harte Konflikte geben kann.

Im Folgenden wird deutlich: Hurenwirte nutzen Dirnen aus, „Hexen" denunzieren sich gegenseitig und Bettler konkurrieren um die besten Plätze an Kirchentüren.[31]

Geduldet, begehrt und missachtet – die Dirnen

Im Mittelalter bestimmt anfänglich die Lehre des Kirchenvaters Augustinus vom „geringeren Übel" die Einstellung zur Prostitution. Sie wird geduldet, weil sie im Blick auf den männlichen Geschlechtstrieb mit all seinen möglichen desaströsen Folgen eine Art Ventilfunktion darstellt.[32] Im Anschluss an Augustinus findet man wie bei anderen städtischen Obrigkeiten so auch in Köln die Auffassung, dass die Prostitution in einer Gesellschaft, die nur etwa 30 Prozent der Bevölkerung die Chance zur Eheschließung und Familiengründung bietet, ein unvermeidbares Übel sei.

Da die Kunden aus allen Gesellschaftsschichten kommen, ist der Verdienst der Dirnen sehr unterschiedlich. Eine Frau behielt von einem Knecht einen Mantel als Pfand. Ein reicher Italiener bezahlte einer Dirne für ein nächtliches Vergnügen in der Privatwohnung eines Kupplers zwei Goldgulden. Tringen von Paffradt wird für ihren dreitägigen heimlichen Aufenthalt bei einem reichen Bürgersohn mit 24 Gulden entlohnt.[33]

Gelegentlich geraten Mägde aufgrund von männlichen sexuellen Übergriffen ins Abseits – so eine Magd namens Greitgin, der ihr Dienstherr nach längerem Drängen die Ehe verspricht. Sie wird schwanger, doch er heiratet eine andere Frau, die die Magd sofort entlässt. Um sich und ihr Kind durchzubringen, arbeitet Greitgin als Dirne.

Ähnlich ergeht es der 20-jährigen Mergen Schriners aus Linz. Als sie von ihrem Dienstherrn, einem Pastor, ein Kind bekommt, zwingt er sie, den Namen seines Neffen als Vater ins Taufbuch eintragen zu lassen, und entlässt sie ins Ungewisse.[34]

Reglementierte Huren und resistente „Sünderinnen"

Seit dem letzten Drittel des 14. Jahrhunderts bereits hat die Obrigkeit in Köln wie auch in vielen Städten im übrigen Reich begonnen, die Dirnen stärker zu kontrollieren und – ähnlich wie die Bettler – von der übrigen Gesellschaft abzuschotten: ein deutlicher Toleranzverlust der städtischen Gesellschaft.[35] Sie müssen seitdem Kleidervorschriften befolgen und werden der Aufsicht des Scharfrichters unterstellt. Bereits 1389 zwang der Kölner Rat Dirnen dazu, rote Schleier oder Kopftücher zu tragen, 1455 bemühte er sich, ihr „Unwesen" auf das Altengrabengässchen und die Straße „Auf dem Berlich" zu beschränken und sie aus den „besseren" Stadtvierteln zu vertreiben und in bestimmten Straßen zu gettoisieren. Die Marspforte ist ein Ort verbotener Prostitution. Deshalb dürfen die Wirtshäuser in der Umgebung nachts auch keine Kölner Bürger beherbergen.[36]

Offiziell ist es verboten, sich nachts auf Kölns Straßen aufzuhalten. Einheimische sollen ab elf Uhr daheim bleiben, Fremde schon ab acht oder neun Uhr ins Gasthaus zurückgekehrt sein. Außer der Abwehr von

Prostitution gibt es noch einen weiteren Grund für diese Maßnahme: Immer wieder wird die Nachtruhe der Bürger durch Gesang oder Gitarrenspiel gestört. Es kommt zu Raufereien zwischen Nachtwächtern und Handwerksgesellen oder Studenten. Hin und wieder werden auch Frauen, die mit Kerzenlicht Verwandte oder Bekannte aufsuchen, in Mitleidenschaft gezogen, weil sie in Verdacht geraten.[37]

Gelegentlich kommt es zu Versuchen, Dirnen ins bürgerliche Leben zurückzuführen. 1471 ist ein ursprünglich als Altersheim für ehrbare Dienstmägde geplanter ehemaliger Beginenkonvent auf dem Eigelstein in ein Haus für ehemalige Prostituierte umgewandelt worden. So wollen es die privaten Stifter, Mitglieder der Patrizierfamilien Quattermart und Hirtz van der Landskrone. Unter Leitung zweier Augustinerinnen aus Brügge werden 24 „bekehrte Sünderinnen, die man einen Monat (lang) bekehrt hatte", mit Zustimmung des Rates der Stadt Köln in Gegenwart ihrer Mütter und der Stifter sowie unter großer Beteiligung der Öffentlichkeit in den Konvent eingeführt. Die auf diese Weise Armut und Elend entronnenen Frauen sollen sich nun an eine ungewohnt strenge Zucht und Ordnung, an regelmäßige Gottesdienste und Gebete gewöhnen. Als sie im April des folgenden Jahres gegen diese Ordnung rebellieren, werden Ausschreitungen gewaltsam beendet und die „Frevlerinnen" bestraft.[38] Auch der Humanist Peter Rinck (gest. 1501) will durch eine Stiftung von 400 Gulden „armen Dirnen" mithilfe geistlicher Treuhänder die Chance geben, ihr Milieu zu verlassen. Seine von Moralvorwürfen freie Haltung mag durch die Tatsache gefördert worden sein, dass er selbst Vater einer unehelichen Tochter war.[39]

Ursula Judin – von der „Schlupfhure" zur begüterten Ehefrau

„Schlupfhuren" bieten sich auf der Straße oder in Privathäusern an. Nur wenigen gelingt danach der Wiedereinstieg ins bürgerliche Leben – so der 1560 im hessischen Friedberg als Kind jüdischer Eltern geborenen Ursula Judin, die in Köln Fuß fassen kann. Ihr konvertierter Onkel, Hebräischprofessor an der Universität, bringt sie in einem Konvent unter.

Dort wird sie im christlichen Glauben unterrichtet. Danach arbeitet sie ein Jahr lang beim Bürgermeister Constantin von Lyskirchen als Dienstmagd. Wenige Jahre später lernt sie einen Gesellen aus Mainz kennen, wird schwanger und zieht mit ihm nach Mainz. 1579 kehrt sie – die Gründe sind unbekannt – mit ihrem Kind nach Köln zurück und wird eine viel begehrte Dirne. Nach kurzzeitiger Verhaftung entgeht sie einer drohenden Ausweisung durch mehrfachen Wohnungswechsel, wird erneut schwanger und verdient so viel Geld – auch als Kupplerin –, dass sie auf den Namen ihrer Tochter in der Achterstraße ein Haus kaufen kann. Erneuter Abschiebung entgeht sie dadurch, dass sie den Buchbinder Niclaß Anraidt heiratet.[40]

Ein Mann namens Ivo Funk scheut das Gerede „ehrbarer“ Leute ebenso wenig wie Anraidt. Nach dem Tod seiner Frau verliebt er sich in eine junge Witwe, die aufgrund ihrer Lebensart in Schmähliedern als Hure beschimpft wird. Nicht ohne Bewunderung vermerkt Hermann von Weinsberg: „Noch scheute disser Ivo Funk das alles nicht und nam disse zur ehe.“[41]

Drangsalierte „Berlich-Dirnen“

1527 wird auf Drängen der Bevölkerung in der Straße Auf dem Berlich ein „Frauenhaus“[42] errichtet. Es bietet allerdings nur vier bis acht Frauen Platz. Eine Gaststätte – das vom Hurenwirt geführte Hurenwirtshaus mit teuren Getränken – dient als Kontakthof. Nur hier ist Prostitution noch erlaubt. Der Rat droht Dirnen, die man anderswo antreffe, sie öffentlich dorthin zu führen. Für den Betrieb erlässt er genaue Vorschriften, so die Öffnungszeiten ab 10 Uhr morgens, und das Verbot für Kleriker, Verheiratete, junge Männer unter 16 Jahren und Nichtchristen. Weil die „gemeinen Frauen“ nicht mit den wahren Christenmenschen, die als Männer sehr wohl ihre Kunden gewesen sein mögen, auf demselben ehrbaren Kirchhof beerdigt werden sollen, wird ein Sonderfriedhof für die Dirnen hinter dem Clarenkloster eingerichtet.[43]

Der an den Einkünften der Dirnen beteiligte Hurenwirt muss im Gegenzug für ihr leibliches Wohl sorgen – bisweilen kommt er dieser Pflicht nur höchst nachlässig nach. 1585 beklagt sich Entgen Seeschneidersche beim Kölner Rat, dass sie und andere Berlich-Dirnen so wenig zu essen und zu trinken erhielten, dass sie ständig Hunger und Durst litten. Peltz Grietgen gibt zu Protokoll, der Wirt habe sie unter Schlägen gezwungen, ihre Freier zu bestehlen, und bei Beschwerden der Bestohlenen auf die Dirnen verwiesen, die daraufhin schon mehrfach grün und blau geschlagen worden seien. Gelegentlich verdient Peltz Grietgen als Domina gutes Geld. So muss sie einmal zusammen mit zwei anderen Dirnen drei Männer mit in Wasser eingelegten Besenruten bis aufs Blut peitschen.[44]

1591 setzen sich die Pastoren der 19 Kölner Kirchspiele mit dem Hinweis auf das biblische Verbot der Hurerei beim Rat für die Schließung des Bordells Auf dem Berlich ein. Der Rat schließt sich dem Begehren an und verfügt die Ausweisung des Hurenwirts und aller Dirnen aus der Stadt – wahrscheinlich nur mit den üblichen Scheinerfolgen, gibt es doch abgesehen von diesem Haus noch zahlreiche andere mehr oder weniger offenkundige oder heimliche Stätten der Lust, seien es nun Badestuben mit weiblichem Service oder bestimmte Trink- und Spielstuben.[45]

Das Geschäft der Kupplerinnen

Anna, die Tochter eines verstorbenen Kölner Goldschmieds, arbeitet als Schlupfdirne und Kupplerin. Sie hat eine Zeitlang als Magd in Antwerpen gedient, wurde durch einen Unfall verkrüppelt und kam nach ihren Aussagen deshalb zur Prostitution. Eines ihrer Mädchen, Margarethe, kommt zu ihr, „weil sie großen Hunger und Kummer leiden" muss. Als Anna sie verkuppelt, auch Ehefrauen zum „schändlichen Fall und Ehebruch" verleitet, wird sie 1597 der Stadt verwiesen.

Tryn van Alden verkuppelt in einem Haus auf der Gereonstraße drei Dirnen und eine Ehefrau, deren Name „aus Ursache" – sie stammt wohl aus „besseren Kreisen" – nicht im Gerichtsprotokoll genannt wird. Auch

Tryn begründet ihr Tun mit Armut: Sie sei Witwe und habe zwei Kinder zu ernähren.[46]

1598 kommt die erst 16-jährige Trin von Aich nach Köln, wo sie zunächst auf dem Heumarkt Obst verkauft und betteln geht. Eine Frau namens Margrete von Unkel lockt sie mit schnellerem Geldverdienst und verkuppelt sie mit Schifferknechten. Margretes Mann Bernd Schnuck zwingt Trin unter Gewaltandrohung zum Geschlechtsverkehr. Wegen schweren sexuellen Missbrauchs der eigenen Kinder wird er schließlich mit dem Schwert hingerichtet. Trin fristet als Straßendirne ihr Leben, nimmt von einem Gesellen für ihre Dienste zehn Albus, von einem gut situierten Bürger zwei Reichstaler.[47]

Manchmal schließen sich Prostituierte zu ihrem eigenen Schutz zu kleinen Gruppen zusammen, doch nur selten gelingt ihnen der Ausstieg mithilfe karitativer Institutionen und Stiftungen oder gar der Aufstieg in die „bessere Gesellschaft“.

Missbrauchte Kinder

Die schändlichste Form der Kuppelei besteht in der Ausnutzung wehrloser Kinder.[48] 1516 steht Engyn, eine Leinenwirkerin, vor Gericht, weil sie ein erst elfjähriges Mädchen, das als Lehrkind bei ihr wohnt, einem Domherrn zugeführt hatte. Ein Jahr später ist Jutta, eine Maklerin, an den „Kax“ auf dem Heumarkt gestellt und danach der Stadt verwiesen worden. Sie hat ein 15-jähriges Mädchen mit einem Mann verkuppelt und ihnen zu diesem Zweck auch noch ihr eigenes Bett zur Verfügung gestellt. Gret van Nuiß wird 1558 mit Kax und Stadtverweisung bestraft, weil sie ihre eigene Tochter verkuppelt hatte. Das Mädchen erhält eine Strafpredigt.

Kindesmissbrauch in der eigenen Familie ist ebenfalls keine Seltenheit. Wenn der Gewaltdiener Dederich von der Borch getrunken hat, vergeht er sich an seinen eigenen Kindern. Tochter Entgen, die die Übergriffe Jahre später als 18-Jährige zu Protokoll gibt, erklärt, er habe auf ihr Flehen und Bitten nicht reagiert. Ihre Schwester habe die Syphilis bekommen, woran auch deren erster Mann gestorben sei. Als das Tun des Vaters ruchbar wird, verlässt er die Stadt. Entgen selbst kann die Klagen und Vorwürfe der Stiefmutter nicht ertragen, läuft von zu Hause weg und lebt seitdem auf der Straße von Gelegenheitsarbeiten – auch von der Prostitution.[49]

Im Banne des Aberglaubens – „zaubernde“ Frauen

Frauen haben in der Regel geringere Erwerbsmöglichkeiten und werden schlechter bezahlt als Männer. Deshalb bieten sie manche Dienste an, die offiziell geächtet, heimlich aber gern in Anspruch genommen werden. Wahrsagerei gehört ebenso dazu wie Zauberei. Selbst Rat und Geistlichkeit suchen hier notfalls Hilfe. Als 1574 aus dem Dom Schmuck und Kleinodien gestohlen werden, werden Wahrsagern laut Hermann von Weinsberg angeblich 300 Taler geboten, falls sie die Diebe ausfindig machen könnten – allerdings ergebnislos.[50]

Tryn von Rychradt und Magdalena von Schwadorp – Zauberei als Broterwerb

Im Sommer 1591 lesen Kinder und Frauen auf abgeernteten Feldern vor den Mauern der Stadt Ähren auf, unter ihnen Tryn von Rychradt, Ehefrau des Grasmähers und Weingärtners Gerhardt von Urfell. Einige Mägde beschimpfen sie als Zauberin. Tryn fragt nach dem Grund. Die Antwort: Gerüchte. Tryn bleibt die Antwort nicht schuldig, bezeichnet die Mägde als „diebische Huren“. Es kommt zum Verhör im Gefängnis auf dem Frankenturm. Weitere „Zeugen“ sagen ebenfalls aus: Tryn habe den plötzlichen Tod mehrerer Menschen verursacht, einen Lehrjungen magisch aufgestachelt, seinem Meister davonzulaufen. Eine Frau berichtet, Tryn habe ihr ein Ei geschenkt, das nach acht oder 14 Tagen voller lebender Würmer gewesen sei, und es habe gestunken. Eine Nachbarin bestätigt: Es seien weiße Maden gewesen. Tryn wehrt sich. Es sei doch bekannt, wie schnell Gerüchte entstünden. Sie habe ihr Leben lang hart gearbeitet und kein Zaubern gelernt. Falls das Ei verzaubert worden sei, habe sie jedenfalls damit nichts zu tun. Vielleicht habe es auch nur zu lange gelegen.[51] Wie die Untersuchung endet, ist nicht überliefert.

Im Jahre 1592 wird Magdalena von Schwadorp wegen des Verdachts der Zauberei verhört. Sie bestätigt: Ja, für ein niederländisches Mädchen, das mit ihrem in der Fremde weilenden Freund sprechen wollte, habe sie zu zaubern versucht. Auf welche Weise? Vom Elendsfriedhof habe sie einen Totenkopf geholt und im Namen des Bösen („Nun brenn’ in tausend Teufels Namen“) 24 Stunden lang in reinem Brunnenwasser gekocht. Je heftiger das Wasser koche, desto schneller werde der Herbeigewünschte in der Regel erscheinen. Doch in diesem Fall habe es nicht geklappt. Danach habe sie den Totenkopf wieder zum Friedhof zurückgebracht. Auch bekennt sie vor Gericht, sie benutze zum Wahrsagen ein Buch, in dem Monde und Planeten abgebildet seien. Als Grund für ihr Tun gibt sie an, sie sei „eine arme Person“ und brauche das Geld, das sie dabei verdiene, zu ihrem Überleben.

Elisabeth Zimmermanns Hokuspokus

Elisabeth, Ehefrau Bernd Zimmermanns, wohnhaft in der Griechenpforte, bessert die karge Haushaltskasse mit dem Reinigen von Kleidern auf – und mit Zaubereien. Glaubt sie selbst daran oder macht sie sich den Aberglauben anderer schlicht zunutze, um anderen scheinbar zu nützen?

So versucht sie einer Frau zu helfen, deren Mann kein Interesse mehr an ihr zeigt und sich möglicherweise mit der Magd einlässt. Sie gibt ihr zwei pergamentene, jeweils gleich lautende Briefe, die ein mit der Schwarzen Kunst vertrauter Pferdehändler angefertigt hat. Ihr Text: „Gott ist das Wort und das Wort ist Gott; ich rufe dich an, Herr, himmlischer Vater, wie Maria, die Mutter Gottes, ihren Sohn am Weißen Freitag am hl. Kreuz anrief: Oh Herr, tröste mich, nicht mehr begehre ich.“ Die frustrierte Frau soll das eine Brieflein behalten, das zweite in der Kleidung ihres Mannes unterbringen. So geschieht's – Ergebnis leider unbekannt.

Auch im Blick auf vermisste Gegenstände versucht Elisabeth zu helfen: Sie betet zwei oder vier Tage lang 60 Vaterunser und 60 Ave Maria beim Anblick von reinem Brunnenwasser. Wenn jemand das Verlorene wiederbekommen soll, sieht sie es im Wasser – manchmal auch die Gesichter von Dieben. Auf diese Weise – sagt sie – hätten schon viele ihr Eigentum zurückerhalten.[52]

Große Not und Armut hätten sie zu solchen Praktiken gezwungen, erklärt Elisabeth bei Verhören, die ohne jede Verurteilung enden. Sie müsse vier kleine Kinder aufziehen, ihr Mann sei „ganz versoffen und verhurt“. Ihre Phantasie bringt sie allerdings auch in gefährliche Nähe zum Hexenwesen: Aus Kleinmut habe sie sich einmal dem Bösen ergeben. Er sei ihr als großer schöner Edelmann erschienen. Dann wieder sei sein Leib rau wie ein Pelz und eiskalt gewesen. Er habe sich zu ihr ins Bett gelegt und sie geküsst. Als sie ihn fragte, wer er sei, habe er geantwortet: „Bernd, dein Mann“; sie darauf „Nein, der Böse“. Er sei ihr von unten in den Leib gekommen und habe ihr aus dem Hals geredet.[53] Eine verwirrende Aussage – vielleicht ein versteckter Hinweis auf einen Seitensprung?

Glaubensgut und Segensformeln – Hiltgen Croschs Zauberei

Auch die mit allerlei Hokuspokus vertraute Hiltgen Crosch macht sich die Frömmigkeit gutgläubiger Frauen zunutze. Ihr Lehrer ist ein uralter Buschhüter aus Esch bei Longerich. Mit zehn oder elf Jahren erlebt sie bei ihm ein furchtbares Unwetter, dem er – so Hiltgen – mit trinitarischen Segensformeln, Vaterunser und Ave Maria erfolgreich entgegentritt. Von ihm lernt sie einen Wurmsegen, der Pferden und Menschen hilft. Für einen Reichstaler verrät er ihr den Spruch, in dem es heißt: „O herre meister mein, wie bistu meiner also jemerlich vergeßen und daß due mich diese maden und diese leidige wurmb also leiß essen.“ Dazu müssen 45 Vaterunser und 45 Ave Maria gesprochen werden. Bei Alpträumen verfährt Hiltgen ähnlich: Sie zündet vor Sonnenaufgang drei Kerzen im Namen der Hl. Dreifaltigkeit an und betet, sobald die Sonne über dem Horizont steht.[54]

Um vermisste Gegenstände in einem Haus wiederzufinden, zündet sie vier Kerzen an – drei für Vater, Sohn und Heiligen Geist und die vierte für St. Helena. Dann müssen die Hausbewohner niederknien und zu jedem Namen fünf Vaterunser und Ave Maria beten, ferner das Glaubensbekenntnis. Verlischt St. Helenas Kerze als erste, ist das Vermisste noch im Haus. Gestohlenem Gut könne man mit Sieb und Schere auf die Spur kommen, erfährt Hiltgen von einem Junker aus dem Bergischen Land, der bei ihr Rat suchte. Sein Bursche war mit einer Reisetasche durchgebrannt. Ihr Beichtvater zu St. Cäcilien rät ihr, die Sache mit dem Zaubersieb geheimzuhalten. Zwar sei das Sieb ein Abbild des Himmels, aber ihren Umgang damit könnten andere Leute für Teufelswerk halten.[55]

Auch Kinder geraten gelegentlich in die magische Subkultur. Die siebenjährige Gertrud wohnt mit ihrer Mutter „hinter Hoven“ bei St. Kunibert. Mit Jenne, dem Dienstmädchen einer Nachbarin, versteht sie sich gut, übernachtet gelegentlich dort und lernt aus einer kleinen Schürze ein Häschen zu zaubern. Sie wickelt, so erzählt sie, den Stoff um etwas Reisig, spricht dabei „Kreuz Teufel“ und „in Marien Name“ – und schon springt der Hase davon, kommt auch zurück und spielt mit ihr. Die Gerüchteküche brodelt, alle Nachbarn wissen sehr bald, dass die Kleine eine Zauberin ist. Bei einem Verhör im Turm soll sie den Zauber wiederholen. Sie weint und will zur Mutter. Nach einem ergebnislos verlaufenen zweiten Versuch vermerkt der Turmschreiber: „Dabei eß also verplieben und nichtz davon geworden.“[56]

Grausam verfolgte Frauen – die „Hexen“

Die Jagd auf „Hexen“ ist seit Erscheinen des „Hexenhammers“ besonders eifrig betrieben worden. Dieses 1487 veröffentlichte Machwerk des fanatischen Dominikaners Heinrich Institoris wird Rechtsgrundlage der

„Hexen“-Prozesse. Vergeblich versuchen der skeptische Kölner Humanist Agrippa von Nettesheim und sein Schüler Johannes Weyer Anfang des 16. Jahrhunderts diesen Wahnsinn wissenschaftlich zu widerlegen. Zu einer Hinrichtung wegen Hexerei kommt es in Köln im 16. Jahrhundert offensichtlich nicht. Ausweisungen der Verdächtigen durch den Magistrat oder das Schöffengericht ist die schärfste Sanktion.[57] Zu Beginn des 17. Jahrhunderts steigert sich aber der Verfolgungsdruck. Wohl ins Jahr 1610 fällt der Lynchmord an einer als Hexe berüchtigten Frau. Im Dezember 1617 bzw. Februar 1618 werden dann die ersten drei Frauen als „Hexen“ auf dem Scheiterhaufen verbrannt. Die Rechtsauffassung der Kölner Schöffen hat sich verändert. Zwischen 1604 und 1613 sind fünf neue Schöffen eingesetzt worden, unter ihnen Walram Blankenberg und Johann zum Romschwinckel – zwei Männer, die später als reisende „Hexenkommissare“ berühmt werden. Mit ihnen beginnt 1627 eine dreijährige Verfolgungswelle. Als erste wird die Postmeisterin Katharina Henot hingerichtet, eine wohlhabende Witwe der Oberschicht.[58] Insgesamt kommt es zwischen 1627 und 1630 zu 33 Prozessen mit mindestens 24 Hinrichtungen – bis auf eine Ausnahme nur Frauen. Etwa ein Drittel von ihnen sind Hebammen und Geburtshelferinnen. Angesichts der hohen Säuglingssterblichkeit projizierten verzweifelte Mütter einen Hexereiverdacht auf die Hebammen, um mit eigenen Schuld- oder Minderwertigkeitgefühlen fertig zu werden.[59]

„Peinlich verhört“ und verbrannt – die Warenausträgerin Christina Plum

Nachdem die 24-jährige Gertraut von Neuss gegenüber den Kirchmeistern von St. Peter geäußert hat, sie kenne eine besessene weibliche Person, wird sie im April 1629 vom Untersuchungsausschuss des Kölner Rates befragt: Ob sie nur eine Person kenne? Oder vielleicht eine ganze Schar von Hexen? Und habe diese Christina Plum ihr Handwerk vielleicht bei der „Henotin“ – der zwei Jahre zuvor hingerichteten Postmeisterin Katharina Henot – gelernt? Die junge Frau bejaht die Fragen und beschuldigt sogleich noch eine ältere Frau und eine Hebamme aus der Schildergasse der Hexerei.

Drei Tage später wird Christina Plum verhört. Ab dem zweiten Verhör fertigt der städtische Schreiber Protokolle an. Anwesend sind jeweils ein Mitglied des Untersuchungsausschusses, der Gefängnisleiter („Turmmeister") und zwei hohe Beamte. Die 24-jährige Obsthändlerin und Warenausträgerin, Tochter eines früheren Gaffelboten der Gürtelmacher, berichtet, sie habe der Postmeisterin Katharina Henot Waren an die Tür gebracht, habe ihr als Magd gedient, in ihrem Weingarten gearbeitet und Arbeitslohn – Zucker, Wein oder Geld – erhalten. Und sie erzählt aus freien Stücken abenteuerliche Geschichten: Die Henot habe sie vor, aber auch nach ihrem Tod nächtlich zum Tanz in ihren Weingarten abgeholt. Außerhalb der Stadt hätten Tanzfeste mit über 1000 Personen stattgefunden. Manche hätten mit dem Teufel Unzucht getrieben. Sie selbst habe dies ebenso wie sexuelle Angebote eines Kölner Geistlichen abgelehnt. Die Henot habe ihr geraten, sich von Gott abzuwenden, sie auch bei der Hand genommen und „ihren Willen gefordert".

Nach Namen anderer „Hexen" und deren Umgang befragt, erwähnt sie eine Altwarenhändlerin und die Besitzerin des Gasthofs Hirsch auf dem Alter Markt, sodann Mitglieder von Kölner Ratsfamilien sowie geistliche und weltliche Honoratioren. Diese Aussagen verursachen Ängste und beträchtliche Aufregung in Köln. Schließlich hat der Kölner Erzbischof und fanatische Hexenverfolger Ferdinand von Bayern die Stadträte kurz zuvor noch als „Beschützer von Giftmischerinnen" angeprangert.

Im Januar 1630 wird sie mit dem Argument, sie sei ja keinen Teufelspakt eingegangen, freigelassen, jedoch nach wahlloser Nennung weiterer Namen erneut inhaftiert. Von ihr vorgeschlagene Gegenüberstellungen werden von den Betroffenen als absurd und würdelos abgelehnt. Nur zwei als Hexen verdächtigte Frauen akzeptieren den verhängnisvollen Vorschlag. Die eine, Sophie Haas, wird wenig später trotz Widerrufs von Christina Plum verbrannt.

Im Juni bezeichnet sich Christina Plum unter der Folter erstmals selbst als Hexe und bittet um die Todesstrafe. Doch ihr fehlen die notwendigen Merkmale: Hexenmal, Pakt oder Buhlschaft mit dem Teufel. Dennoch wird sie zum Feuertod auf dem Domhof verurteilt, jedoch zuvor „aus Gnade“ erdrosselt, weil sie alle Denunziationen widerruft. Teile der Akten, die Namen aus Kölner Familien enthalten, werden mit ihr verbrannt.[60]

Die Hebamme En Volmers – denunziert und hingerichtet

Im Jahr 1630 ist die Hebamme En Volmers etwa 60 Jahre alt und nach zweifacher Witwenschaft mit einem Leinenweber verheiratet. In diesem Jahr stirbt die Frau eines Bäckers, deren Kind sie zur Welt verholfen hat, zwei Wochen nach der Geburt. Der Bäcker gibt ihr die Schuld am Tod seiner Frau und beschuldigt sie der Hexerei – vergeblich. Es ist durch Zeugenaussagen zu deutlich geworden, dass seine Frau durch schwere Arbeiten gleich nach der Geburt ihre Gesundheit ruiniert hat. Als wenig später ein Kind stirbt, bei dem En Volmers ebenfalls Geburtshilfe geleistet hat, wird sie erneut beschuldigt, das Kind verhext zu haben, jedoch von der Anklage freigesprochen. Dann allerdings werden alte Verdächtigungen wieder aufgetischt, und sie wird nach Kontakten zu bereits hingerichteten „Hexen“ – vor allem Hebammen – befragt. Sie schwört bei Gott, unschuldig zu sein, und bezeichnet jede Verdächtigung oder Denunziation als schweres Unrecht. Ein Zeuge unterstützt sie: Seine Frau habe mit ihrer Hilfe fünf gesunde Kinder zur Welt gebracht und sich danach stets wohl gefühlt. Trotz ähnlicher Entlastungsaussagen wird En Volmers im Juli 1630 hingerichtet.[61]

Die tödlichen „Geständnisse“ der Magd Catharina

Ein weiteres Schicksal aus demselben Jahr: Ein in Köln ausgesetztes Findelkind wird von zwei alten Leuten aufgenommen worden, die es Catharina nennen und erziehen. Der Pastor von St. Severin hatte den Lebensunterhalt des Mädchens bezahlt. Es lernt Nähen und Stricken, arbeitete als 20-Jährige in Neuss als Magd und wird von ihrem Dienstherrn schwanger. Als dessen Ehefrau von ihr die Wahrheit hören wollte, drohte der Mann, die Schwangere zu erstechen. Gedemütigt und verängstigt floh sie nach Köln. Als „gefallene" Frau verlor sie die Unterstützung des Geistlichen von St. Severin. Wegen eines gelähmten Armes konnte sie nicht arbeiten, ging betteln, erzählte in Beichtstühlen ihre Geschichte und hoffte auch dort auf Almosen.

Wohl um sich wichtig zu machen, erzählt sie von Hexereien. Ein Kaplan will von ihr Namen der Beteiligten wissen. Catharina antwortet ausweichend, „bestätigt" aber, unsittliche Handlungen beim Hexensabbat vorgenommen zu haben – zum Beispiel „eine Kerze zwischen den Beinen". Als sie vor Gericht gebracht wird, erkennt sie schockiert, dass der Kaplan das Beichtgeheimnis gebrochen hat. Allein aus Armut und um Priestern zu gefallen, habe sie sich der Hexerei bezichtigt. Ihre Erklärungen können sie nicht retten. Der Kerkermeister sticht ihr in drei angebliche „Hexenmale" – Muttermale oder Hautverformungen – auf der Stirn, in sechs auf dem Rücken und drei auf der Brust. Unter der Folter „gesteht" sie, mit dem Teufel gebuhlt, eine Gemeindewiese in Neuss vergiftet und Schlangengift in Weingärten gestreut zu haben. Sie wird zum Tod verurteilt und am 6. Februar 1630 stranguliert und verbrannt.[62]

In diesem für mehrere Frauen entsetzlichen Jahr fordern die an den Verhören beteiligten Aufsichtspersonen für sich eine Leidenszulage. Ein Kerkermeister des Frankenturms beantragt beim Magistrat eine Erhöhung der Spesensätze pro gefolterter „Hexe". Dabei macht er geltend, die Herren Schöffen erhielten beim Verhör der Gefangenen „wegen Gestanks und Unlust" stets „einen Trunk Wein". Sie ließen die Hexen nach der Folter „gelähmt liegen", er aber müsse darauf bedacht sein, dass diese „nicht allein mit geistlichem Trost, sondern auch mit zeitlicher Notdurft, Stroh, Betten, Decken, warmem Sand oder Wasser und dergleichen Sachen versorgt werden, und weil die Hexen sich allemal durch Hunger töten wollen, dass denselben die Speise mit Gewalt eingepresst werde".[63]

Ende der Verfolgung – Anfänge von Vernunft

Der Rat der Stadt Köln setzt schließlich ein deutliches Zeichen gegen die grausame Verfolgung. Als Heinrich Textorius, Dekan an St. Severin, einen aufreizenden Aufruf zur Ausrottung der „Hexen“ veröffentlicht („Heiliges Köln! Wie tief bist du in deiner Lauheit gefallen“), lässt der Rat die ganze Auflage einziehen und öffentlich verbrennen, ja sogar die Druckpresse zerstören.[64] Dagegen können ein Verleger und ein Drucker es ein Jahr später wagen, in Köln in zweiter, erweiterter Auflage die „Cautio Criminalis“ des Kaiserswerther Jesuiten Friedrich Spee von Langenfeld[65] zu veröffentlichen – wenn auch anonym und unter Angabe eines falschen Druckortes. Darin werden „Hexenprozesse“ vor allem aufgrund der unter Folter erzwungenen Aussagen verdammt.[66]

Doch auch Friedrich Spee wagt nicht, die Existenz von „Zauberinnen“ und „Hexen“ grundsätzlich in Frage zu stellen. Denn für die katholische wie die evangelische Kirche seiner Zeit gehört die im biblischen Buch Exodus (22,17) ausgesprochene Forderung, „Zauberinnen“ zu töten, noch zur verbindlichen Lehre.

Zweifellos ist die kirchlich geprägte Bevölkerung seit Jahrhunderten weithin von Magiephantasien und Teufelsglauben durchdrungen. Reliquienkult und Höllenpredigten verschärfen den Aberglauben noch. Fanatische Kleriker wie der Dominikaner Heinrich Institoris, Erzbischof Ferdinand von Bayern oder der Dekan Textorius und eine entsprechende Traktatliteratur gießen weiter Öl ins Feuer.

Die mythologische Gestalt des „Teufels“ überdauert alle Aufklärung und bleibt in frommen Gemütern bis in die Gegenwart erhalten. Ja sogar in Katechismen und höchsten kirchlichen Kreisen – katholischen wie fundamentalistisch-protestantischen – wird der „Leibhaftige“ aller kritischen Bibellektüre und Vernunft zum Trotz als real angesehen. Konsequenterweise werden „Teufelsaustreibungen“ päpstlich genehmigt – mit verheerenden psychischen Folgen für die Betroffenen. Der kirchliche Schoß ist fruchtbar noch, aus dem der Teufel kroch.

Bettler und Jugendliche ohne Zukunft – Opfer maßloser Justiz

Wie schon seit Jahrhunderten sind Bettler und Bettlerinnen auf Gnade angewiesen, die sie besonders auf den traditionellen Plätzen an und in den Kirchen zu finden hoffen. Dass sie vor den Kirchen, auf den Straßen und von Haus zu Haus gehend betteln, bleibt vom Rat der Stadt Köln unbeanstandet. Findelkindern ist an der Südseite des Doms sogar ein „Findlingstor“ zugewiesen.[67]

Seit dem 15. Jahrhundert hat sich die Einstellung den Bettlern gegenüber allerdings geändert. Hungersnöte und Armutsflüchtlinge aus anderen Dörfern und Städten haben ihre Zahl so erheblich vergrößert, dass sie zu einem kommunalen Problem werden. Die zuvor geübte Toleranz verkehrt sich nun ins Gegenteil. In einem Ratsbeschluss von 1534 heißt es: „Alle, die mit Krankheiten behaftet sind und vor Kirchen und auf der Straße ihre widerlichen Wunden und Gebrechen zeigen, sollen diese verdecken, damit die guten Leute nicht durch Geruch und den Anblick belästigt werden.“[68]

Zur Schau gestellt und verfolgt

Manche „guten Leute“ werden durch bettelnde Menschen weniger zu Mitleid als vielmehr zu Spott angeregt. Die „Koelhoffsche Chronik“ berichtet von einem Volksvergnügen makaberer Art aus dem Jahr 1498. In eine auf dem Alter Markt aufgebaute Bretterumzäunung war ein Schwein eingesperrt worden. Fünf blinde Bettler, ausgerüstet mit Harnisch und Knüppeln, durften dort versuchen, das Tier totzuschlagen – wobei sie sich unter dem Gejohle der Zuschauer selbst unweigerlich Verletzungen zufügten. Zur „Belohnung“ und zum Trost für erlittene Schmerzen durften sich die Bettler den Braten des gequälten Tieres teilen.[69]

Bettler und Bettlerinnen, die sich keinen „Stammplatz“ an Kirchentüren erkämpfen können, werden unnachgiebig verfolgt. Immer wieder werden sie aus der Stadt gewiesen, doch immer wieder versuchen sie nach Köln zurückzukehren. Einer Frau namens Mergh von Aldenhoven, die verzweifelt darauf hinweist, dass sie ihr Kind außerhalb der Stadt nicht ernähren könne, wird dennoch zur Abschreckung ein Eisen um den Hals gelegt und bei Rückkehr mit härteren Strafen gedroht.[70]

Adelheit von Erckelenz, wohnhaft in der „Prinkgassen", Ehefrau des Salzträgers Merten Schauffs, der nicht mit ihr zusammenleben will, wird im Juni 1571 von vier Ratsdienern als „unnütze" Person aus der Stadt gebracht. Der Vorwurf: kleine Betrügereien, Zänkereien und Trunksucht. Sie könne keinen Frieden halten, betrinke sich täglich, rede schändlich daher, schädige durch betrügerische Betteleien den Ruf der Bettler und ärgere gute, fromme Bürger. Von vielen wird sie auch der Zauberei beschuldigt. Als sie im August zurückkehrt, wird sie an den Pranger auf dem Heumarkt („Kax") gestellt und danach erneut ausgewiesen – mit der Drohung, man werde ihr im Wiederholungsfall die Ohren abschneiden.[71]

Auf der schiefen Bahn – Jugend ohne Hoffnung

Auch elternlose Kinder und Jugendliche gehören zu den Menschen, die oft „ganz unten" leben müssen. Immer wieder werden sie dort aufgegriffen, wo sie allein oder in Gruppen betteln oder stehlen. Als Heinrich Servas, Mitglied einer jugendlichen Bande, 1589 auf dem Frankenturm verhört wird, ist er schon zum vierten Mal gefangen, zweimal zuvor mit Ruten geschlagen und beim dritten Mal der Stadt verwiesen worden. Anschließend handelt er mit Nähnadeln und führt Botengänge aus. Er stiehlt Silberzeug, versetzt es und zieht mit Messern, Spiegeln, Riemen und ähnlicher „Krämerei" nach Frankfurt und Nürnberg. Danach wird er – inzwischen 20 oder 21 Jahre alt – wieder ausgewiesen, kehrt zurück, versteckt sich in Herbergen oder bei Kumpanen. Seinen Unterhalt verdient er mit dem Verkauf von Kramwaren, als Kranknecht – oder als Dieb. Ab und zu – so bekennt er im Verhör – habe er sich mit Freunden im Weinhaus betrunken, einmal so sehr, dass er sich in einer Kirche, die er als Schlafplatz aufsuchte, übergeben habe.

Der zwölfjährige Peter von Latum kommt 1590 aus Lank-Latum bei Krefeld nach Köln. Seine Eltern leben nicht mehr. Ein Jahr später gerät er wegen Diebstahls zum ersten Mal mit dem Gesetz in Konflikt. Danach wird er zusammen mit anderen Jungen Mitglied einer „kompanie". Sie betteln, stehlen, schlafen auf der Straße, in leeren Fässern, gelegentlich bei gutmütigen Bürgern, im Winter in der Fleischhalle oder in Hospitälern.

Thonieß ist der „captain" einer anderen „kompanie". Seinen minderjährigen Gefolgsleuten – so die Anklage – gibt er Tipps für kleine Diebereien, deren Gewinn er einstreicht. Er sorgt für ihre Kleidung und ihr Essen, führt sie ins Wirtshaus, spendiert ihnen Hering, Käse und Brot und bezahlt die Zeche.

Das weitere Schicksal der meisten dieser Kinder und Jugendlichen bleibt unbekannt. Nicht so im Zusammenhang einiger Todesstrafen. So wird im Februar 1593 Heinrich Servas zu Melaten mit dem Schwert hingerichtet, einer seiner Kumpane vier Jahre später in Wesseling gehängt. Im November 1597 wird der etwa 18-jährige Claeß von Clermundt auf dem Frankenturm wegen Diebstahls und ungehörigen Verhaltens mit Ruten geschlagen und aus der Stadt gebracht. Sein bisheriger Lebensweg: Er ist anderthalb Jahre zuvor bettelnd aus dem „Welschland" gekommen und nach kurzem Aufenthalt im Hospital zum Ipperwald bei einem Schwertfeger[72] in die Lehre gegangen. Dort habe er sich nicht satt essen dürfen. So habe er bettelnd und stehlend in Köln sein Leben gefristet und ähnlich lebende Gleichaltrige kennen gelernt, die in Hospitälern oder unter Bänken auf dem Alter Markt schliefen. Drei von ihnen seien schließlich in Wesseling gehenkt worden.[73]

Diese unangepassten Jugendlichen sind – soweit sie überlebten – offensichtlich im Abseits geblieben. Gesellschaftliches Interesse oder karitative Aufmerksamkeit fehlten.

DIENSTLEUTE, STRASSENHÄNDLER UND „ROTE FUNKEN“

Und du ackerst, und du säst,
Und du nietest, und du nähst,
Und du hämmerst, und du spinnst –
Sag, o Volk, was du gewinnst!

Georg Herwegh
(Bundeslied für den Allgemeinen Deutschen Arbeiterverein)

Arbeitsplätze zwischen Rhein und Fischmarkt

Erzbischof Konrad von Hochstaden hatte 1259 der Stadt Köln das Stapelprivileg erteilt – und damit eine wesentliche Verstärkung der Kölner Wirtschaftskraft bewirkt, die seitdem den Bürgern, allen voran den mächtigen Familienverbänden, zugute kam. Das „Stapelrecht“ zwang seitdem an- oder durchreisende Kaufleute, ihre Waren hier auszuladen, zu stapeln und für drei Tage Kölner Bürgern und Händlern zum Verkauf anzubieten.[74] Fische und andere verderbliche Waren mussten zum Konservieren freigegeben werden. Köln wurde Hauptumschlagplatz des gesamten Westens speziell für Seefische. Hier wurden die Fische gewaschen, zerteilt, gepökelt, gelagert, gewogen, umgepackt und weiterverkauft – Arbeit für viele Bedienstete, Arbeitsknechte und Mägde.[75]

Die Arbeitsknechte[76] tragen die Güter von den Schiffen oder ankommenden Karren zu den Waagen der Kaufhäuser und auf den Markt oder von dort in die Häuser von Käufern. Sie dürfen keine Waren transportieren, die nicht ordnungsgemäß vermessen und versteuert sind. Selbst Geschäfte zu machen ist ihnen verboten. Sie dürfen keine Geschenke annehmen und nur den üblichen Lohn verlangen. Bei einem Verstoß gegen die Vorschriften verlieren sie ihre Arbeitsmöglichkeit.

Die wegen ihrer Anzahl „Vierzehner“ genannten Arbeitsknechte, die allein berechtigt sind, die Güter von den Schiffen zu tragen, müssen verhindern, dass Schiffer oder Kaufleute Güter zur Umgehung des Stapelzwangs verstecken oder heimlich umladen. Andere gehen den Wiegern an den Waagen der Kaufhäuser zur Hand. Im Leinwandkaufhaus sind vier von ihnen tätig, die gegen regelmäßigen Lohn auch Reinigungsarbeiten übernehmen.

Auch auf den vielfältigen Märkten kommen Arbeitsknechte zu Lohn und Brot: auf dem Fischmarkt, dem Kohlen-, dem Salz- und dem Kornmarkt sowie an den Kränen. Dem für den Transport zuständigen städtischen „Weinschröder“ sind ebenfalls solche Knechte zur Seite gestellt. Als Helfer der Torschreiber, die Tierart und Größe der Herde notieren, arbeiten Viehtreiber, die das Vieh in die Ställe der Käufer treiben. Außerdem überwachen sie die Ordnung auf dem Viehmarkt, den sie auch reinigen.

Die Arbeitskräfte vom Fischmarkt

Um 1425 war das neue städtische Fischkaufhaus errichtet worden. Zwischen dem Rheinufer und dem Chor von Groß St. Martin ist der Fischmarkt günstig gelegen. Die streng eingehaltenen Fasten- und Freitagsgebote machen den Fischumschlag zu einem Handelszweig, der dem der Fleischer nach Umsatz und Wertung kaum nachsteht. Hinzu kommt, dass Köln nicht nur für den eigenen städtischen Bedarf an der Fischvermarktung beteiligt und interessiert ist, sondern auch als Fernhandelsplatz Bedeutung hat.

Das Fanggebiet liegt zwischen Siegburg, Bonn und Düsseldorf. Das Fischamt mit seinen 15 Meistern ist verantwortlich für Fang und Verkauf. Beides verschafft nicht wenigen Kölnern und Kölnerinnen Lohn und Brot: Fischern, Kaufleuten, Akzise- und Waagemeistern, aber auch zahlreichen Knechten, die die Gebühren einziehen, den Fisch wiegen, transportieren und verpacken. Im Gegensatz zu teurem Fleisch gehören Rheinfische – Hecht, Karpfen und Scholle, auch Krebse – zu den wichtigsten Nahrungsmitteln der ärmeren Bevölkerung.

Fischmarkt, Lintgasse, Salzgasse und Unter Käster bilden ein Karree. Die in einer Zunft zusammengeschlossenen Fischhändler – die „Fischmenger" – entstammen meist vornehmen Familien. Fisch ist auch „erlaubtes" Handelsgut für Frauen, die „Feschwiever" sind ebenfalls Zunftmitglieder. In der Lintgasse wohnen die Lindenbast verarbeitenden Fischkorbhersteller. In der Salzgasse wird der Grundstoff zur Konservierung von Fisch verkauft. Unter Käster („inter cistarios") ist das Quartier der Handwerker, die Kisten und Fässer für den Fischverkauf herstellen. Sie alle brauchen auch Knechte, Mägde und Hilfskräfte – von deren Leben freilich keine Kunde berichtet. Nur in besonders dramatischen Fällen gewinnen im späten Mittelalter „kleine Leute" sogar in Chroniken Gestalt.

Müllmänner, Karrenschieber und Kutscher

Viele arme Haushalte, aber auch Brauereien und Bäcker halten sich ein Schwein als Abfallverwerter für Speisereste und Abfälle. Tagsüber treiben Hirten das Vieh durch die Straßen zu den Weiden. Unterwegs durchwühlen die Tiere die reichlich vorhandenen Müllhaufen und verstärken den ohnehin weit verbreiteten Gestank. 1445 war ein entsprechendes Verbot des Rates der Stadt Köln folgenlos geblieben, ebenso später eine angedrohte Beschlagnahmung aller frei laufenden Schweine.

Die Schmutzarbeit der Müllmänner

Müllmänner gelten wie Scharfrichter oder Kloakenreiniger („Goldgräber")[77] als „unehrlich" – Menschen ohne „Ehre". 1448 nehmen Wilhelm Roggelgin und Peter Pluckgassen, die beiden ersten in der Stadtgeschichte erwähnten Müllmänner, ihre Arbeit mit Knecht und Pferd und einem Karren auf. 1481 schließt die Stadt einen Vertrag mit dem Bauer Dietrich Wylde, der danach alle 14 Tage in einem bestimmten Viertel Abfälle – meist Mist – abtransportiert und an Bauern verkauft. Der Erfolg ist gering, der Unrat nach wie vor so beträchtlich, dass manche Leute bei Regenwetter lieber mit Holzpantinen aus dem Haus gehen.

Auch hundert Jahre später hat sich an diesem Zustand kaum etwas geändert. Immer noch werfen die Kölner Schutt und Hausratsabfälle kurzerhand auf die Straße, wühlen Schweine im Abfall. Mit unzähligen Ratsedikten wird die offensichtlich gleichgültige Einwohnerschaft zu mehr Reinlichkeit aufgerufen – vergeblich. Noch weit ins 19. Jahrhundert hinein wird die Stadt mit dem Mist und den Abfällen in ihren Mauern nicht fertigwerden – zum Vorteil der armen Tierhalter und der Schweinehirten.[78]

Schürger und Sesselträger

Um die Mitte des 17. Jahrhunderts erhalten Karrenschieber („Schürger“), die mit ihren Karren Gepäck transportierten, konzessionierte Standorte am Eigelsteintor und an der Rheingassenpforte – wo die meisten Fremden ankamen. Bald darauf findet man sie mit ihren blauen Schürzen und Tragriemen als „Eckensteher“ an allen Hauptstraßen. Auch ihre Lebenssituation wird nur durch Protokolle der Untersuchungsrichter („Turmbücher“) erkennbar. Dort findet man auch den Hinweis darauf, dass im Jahre 1611 drei junge Leute wegen einer Prügelei und des Singens unzüchtiger Lieder zu Wasser und Brot verurteilt wurden: neben einem Schürger noch ein Holzträger und ein Pferdeknecht.[79]

1716 kommen Sänften und auf Anregung der Armenverwaltung nach dem Vorbild anderer Städte Tragsessel in Umlauf – bequem und angenehm für betuchte Bürger angesichts holpriger und schmutziger Straßen und Gassen. Vom Armenhaus bestimmte Sesselträger wurden von der Stadt angestellt. Sie sollten nicht fluchen, schwören, rauchen und saufen und sonntags reine Wäsche anziehen, beim Tragen im gleichen Schritt gehen und auch nachts ihren Dienst versehen. In sechs Stadtbezirken ist ihnen dafür jeweils ein fester Standort bestimmt.

Die Lohnkutscher, denen diese Konkurrenz lästig ist, versuchen ihre Arbeit zu behindern, so dass der Rat der Stadt ihnen sogar mit Strafen drohen muss.[80]

„Nur keine fressenden Möbel" – die Lohnkutscher

Im 19. Jahrhundert bestimmen Lohnkutscher mehr und mehr das Stadtbild. Unzählige Fuhrleute erreichen Tag für Tag Köln, laden Fracht ab oder auf und fahren weiter. In einem „Blatt der Ankündigungen" ist 1821 zu lesen, dass ein Fuhrmann aus Uerdingen anbietet, Fracht für Neuss, Krefeld, Uerdingen, Rheinberg und Wesel zu laden. Ein anderer aus Waldniel bietet „Landfuhren" nach Viersen, Dülken und Waldniel an, ein weiterer aus Lennep nach Wermelskirchen, Lüttringhausen, Lennep und Hückeswagen. Ein Fuhrmann aus Deutz bietet 1829 „bequeme Gelegenheit nach Mülheim und retour" für fünf Silbergroschen pro Person. Der Anlass: ein Konzert in Mülheim.[81]

Im „Stadtverkehr" sind Kölner Fahrzeuge unterwegs. Im Juni 1829 informiert ein Kutscher namens Nacatenus ein „hochgeehrtes Publikum" per Annonce in der Kölnischen Zeitung darüber, dass während der Gereons-Kirmes „nicht zwei, sondern drei Wagen, nachmittags zu dem gewöhnlichen Preise" bereitstehen.[82] „Die Bürger bedienten sich bei festlichen Gelegenheiten der ungeheuren Kasten der Lohn- und Heuerkutscher", erzählt der Chronist Ernst Weyden. „Selbst Kaufherren, die eigene Wagen besaßen, hielten keine Pferde, denn ‚nur keine fressenden Möbel' war ein Grundsatz der alten Kölner."[83]

Die Fuhrleute und Kutscher müssen sich auf Anordnung des Königlichen Polizeipräsidenten und Landrats Karl Philipp von Struensee zu einer ersten Kontrolle im Freihafen (später: Frankenwerft) einfinden. Dort steht ein „Rhein-Kommissär" bereit, „um alles zum Transport der Waren, der Steinkohlen und Baumaterialen dienende Fuhrwerk zu untersuchen und zu nummerieren“. Ohne solche Kontrollen dürfen hinfort keine Fuhrwerke mehr zur Ladung zugelassen werden – eine Art „Technischer Überwachungsverein“![84]

Von den Lebensumständen der Kutscher und ihrer harten Arbeit ist in den Quellen kaum die Rede. In einem anonymen „Schmerzenslied“ klagt immerhin ein schwer arbeitendes Fiakerpferd über seine Leiden, die bereits um fünf Uhr morgens beginnen:[85]

Jitzt kütt dä ehtzte Passagier,
‚He Kutscher‘, röf he, ‚Fahr er mir‘! –
Och Gott! Et eßn’en Decke
Zweihundert Punt Gepäck dobei,
Ich Pähd – muß Alles träcke!

Kaum ben ich widder op der Stell,
Do steig en Kammerzoofs-Mamsäll
Met dreien en dä Wage,
Die sinn ’su fett un wibbelich,
Dat Wäng ’un Finstre kraache.

Watt leven doch in schöner Eh’
De Pähdcher van der haute-volée!
Datt eß e löstig Völkche,
De kriggen Zucker, winnig Ströhm
Un selten Protoköllche.

Straßenleben und „fliegende Händler“

Ausführlich und anschaulich schildert der Chronist und Zeitzeuge Ernst Weyden das Straßenleben an den Markttagen. Er erzählt von den Rufen der Gemüsehändlerinnen, der Marktweiber, die ihre Waren laut anpreisen und ebenso laut über den Preis verhandeln. Auch an fliegenden Händlern ist kein Mangel: „Hier flickt einer Porzellan, versilbert Kupfer und Messing, macht Flecken aus und preist der Himmel welche Mittel an." Abseits vom Markt ist das Leben nicht weniger bunt: Drehorgelspieler intonieren „Guter Mond, du gehst so stille" oder „Heinrich schlief bei seiner Neuvermählten". „Die Monotonie einzelner Straßen wird von Zeit zu Zeit unterbrochen durch Trommelfell zerschmetterndes Peitschenknallen, in dem es die Fuhrknechte zu einer gewissen Virtuosität gebracht haben, durch das Jammergeschrei der Schweine, das Stöhnen der Schafe und Kälber, die man alle auf offener Straße schlachtet und zurecht macht. Von morgens bis abends tönt in den Hauptstraßen das stereotype Rufen der Verkäufer und Einkäufer: Gein Milch? Haht er gein Lumpe? Hat er nix zo binge?! Und nun die Gemüseweiber: Haht er gei Foder?"[86]

„Zu den Straßenstaffagen" – so Ernst Weyden – „gehören auch die immer im Trabe daherschlenkernden Barbiere, die Perückenmacher mit den aufgemachten Perücken daherrennend oder mit den Schachteln, in denen sich die zurechtgemachten Haartouren der Damen befanden, und zu gewissen Tageszeiten die Bäckerbuschen in den blauen Schürzen, welche Brot zu ihren Kunden trugen oder mit den Hefebüttchen bei den Bauern Jagd auf Hefe machten."[87]

Bis zum Ende des 19. Jahrhunderts beleben noch viele Straßenhändler Kölns Straßen, Gassen und Märkte. In den Armenvierteln bieten Händlerinnen aus den ländlichen Vororten heiße Pellkartoffeln feil. Fliegenfängerhändler und Eisverkäufer, Blumen- und Obsthändler mit ihren Karren gehören ebenso zum Stadtbild wie niederländische Fischhändler, die Heringe und Bücklinge verkaufen. „An den Freitagen", so erinnert sich der Bildhauer und Schriftsteller Hermann Becker, „verwandelte sich die Gemüsefrau in ein Fischweib und rief beständig vom Morgen bis in den späten Abend hinein: ‚Fresche Schellfisch!' In dieses Konzert mischte sich plötzlich eine männliche Stimme mit dem fortgesetzten Ausruf: ‚Gelt [kauft] Ehr Lehm?' Es war der Lehmbauer, der den Leuten Lehm verkaufte, den man unter das sogenannte Schrotgries [Kohlenstücke] mengte, damit es weniger rasch verbrenne. Er wurde in der Ausdauer noch überboten von dem Sandbauer aus der Gegend von Bergisch Gladbach, der mit der Ruhe eines Muezzin alle zwei oder drei Minuten ausrief: ‚Wieße Sand gefällig?‘ Denn man benötigte in den Familien weißen Sand in großen Mengen, um die Küchengeschirre aus Metall zu scheuern und die Fußböden zu bestreuen. Ab und zu erscholl auch der Ruf: ‚Gelt Ehr fing Besseme?‘ Es war der Besenbinder aus Rath, Höhenberg oder Lustheide, der aus dem Heidekraut Besen band, die man ‚fing [feine] Besseme‘ nannte im Gegensatz zu den groben Besen aus Birkenruten.“[88]

Hermann Becker erinnert an Berufe und Tätigkeiten, die im 19. Jahrhundert zum Teil schon ausgestorben sind. „Der Kalverdräger“ war ein Metzgern behilflicher Viehtreiber. „Klatschmänner“ waren Maurer, die sich damit beschäftigten, Häuser aus Fachwerk zu Ostern oder vor der Kirmes schön rosa, grün, gelb oder blau „zo wieße“. Ölanstrich konnten sich nur Besitzer besserer Häuser leisten. „Der Lööschtemann alter Zeit hatte vor Einführung der Gasbeleuchtung die öffentlichen Öllaternen zu reinigen und anzuzünden. Karepäcker waren die Gehilfen der Fuhrleute, die mit ihren riesigen vierspännigen Lastwagen die Frachtgüter über Land beförderten. Die Päckelchesdräger aber waren die Vorläufer unserer jetzigen Dienstmänner.“[89]

Als das rechtsrheinische Poll 1888 Stadtteil von Köln wird, steigert sich der Verkehr über die hölzerne Schiffsbrücke. Fischverkäufer bieten den Poller „Maifisch“ an, und viele Bauern können die Kölner dank ihrer Kühe auf den Poller Wiesen mit Milch versorgen. Ihre Töchter laden die Kannen auf Eselskarren und verkaufen die Milch auf den linksrheinischen Märkten.

Der „Zebingemann“

„Hat er nix zo binge?“ Mit diesem Rufe hat sich der „Zebingemann“ seinen Namen eingehandelt. Seit dem Mittealter gibt es reisende, namenlos gebliebene „Zu-binden-Männer“, die in irgendeinem Straßenwinkel an einer improvisierten Feuerstelle ramponiertes Blechgeschirr löten oder Frechener Steingut geschickt mit Draht flicken. In alte Körbe flechten sie neue Böden, aus alten, zerbrochenen Zinnlöffeln gießen sie in einer Steinform neue. In einem Gedicht von Joseph Wach wird ein solcher „Zebingemann“[90] liebevoll beschrieben:

Bei Wind un Rähn trick durch de Stroße
Dagsüvver dä Zebingemann.
Es nit allein, es nit verloße,
Hä kaum de Arbeid manne kann.

Se brängen Döppe, Pött, zerbroche,
Hä bingk un droht se widder ganz.
Dat widder mer de Milch kann koche,
Un Nümmes geiht an im elans.

An singem Käärche lit dat Hüngkche,
Et nöört, et hät de Auge zo.
Dem Mädche mit däm Rusemüngkche
Säht hä – kick en sing Auge blo -:

„Do hätzig Kind! Vör alle Dinge
Spill nit m'em Föör, do beß zo nett;
Ich kann de Hätzer nit mieh binge,
Die rauh de Leev zerbrochen hät.“

Der Lehrer und Journalist Peter Paul Faust erinnert sich ebenfalls an einen Zebingemann, der mit an Kordeln aufgereihten Töpfen durch Kölns Straßen zog:[91]

Hä drog al Döppen an ner Kood
Dran Schnuut un Henk avginge.
Die fleckten hä mit Liem in Droht,
Reef: „Hat Ehr nix zo binge?“

Broterwerb durch Schmuggelgeschäfte

Während der linksrheinischen Franzosenherrschaft bildet der Rhein auch eine wirtschaftliche Grenze. Der zuvor lebhafte Handel ist unterbrochen, die Einkaufsmöglichkeiten sind massiv eingeschränkt. Nun wird Schmuggel für manche Kölner Kaufleute ein einträgliches Geschäft, an dem die von ihnen angeheuerten Schmuggler teilhaben. In Deutz, Mülheim und Hittorf haben die Kaufleute ihre Lager mit den zollpflichtigen Waren, die – wenn es gelingt – an den Zöllnern vorbei über den Rhein gebracht werden.

Die meisten „kleinen" Schmuggler wohnen im südlichen Köln rings um die Severinskirche. Es sind ganz überwiegend Handwerker, Tagelöhner, Hausarme und Gelegenheitsarbeiter, die von den wirtschaftlichen Problemen der Zeit hart betroffen sind. Allein zwischen 1803 und 1811 werden in Köln 330 Schmuggelprozesse geführt, davon 29 gegen Frauen.[92]

Es gibt bestechliche „Douaniers", doch mit den unbestechlichen kommt es an der Brücke gelegentlich zu gewalttätigen Auseinandersetzungen. Bei Verfolgungsjagden versuchen die Schmuggler, ihre Ware hinter Gartenzäunen oder in Kellerlöchern zu verstecken. Im Juni 1807 wird das Ehepaar Schülgen erwischt, als es mit 288 Solinger Messern im Pferdewagen die Rheinbrücke überquert. Die beiden müssen eine Geldstrafe bezahlen und für sechs Monate ins Gefängnis. Ein Jahr zuvor werden der 24 Jahre alte Tagelöhner Peter Thelen und sein 16-jähriger Komplize Joseph Bernicken von Zollbeamten ertappt. Sie wollten 34 Kilogramm Zucker aus dem Rechtsrheinischen nach Köln bringen. Vom „Tribunal correctionel" werden sie zu einer empfindlichen Gefängnisstrafe und einer Geldbuße verurteilt. Fünf Jahre später wird Thelen wieder erwischt, diesmal mit fünf Kilogramm Tabak. Weil er allein unterwegs war, fällt die Strafe etwas milder aus. Die 56-jährige Gärtnerin Margret Hambach büßt ihren Versuch, illegal Tabak nach Köln zu bringen, ebenfalls mit einer Haftstrafe. Danach wird sie unter Überwachung gestellt.[93]

Im selben Jahr legt der Rheinschiffer Rudolf Wiehl mit seiner Barke am Kran an der Markmannsgasse an. Durch das Kellerfenster eines am Rheinufer gelegenen Hauses will er Schmuggelware weiterleiten. Zöllner stellen ihn und drei weitere Verdächtige – und werden verprügelt. Doch die vier Täter werden freigesprochen, weil die Ware nicht dingfest gemacht worden ist und Augenzeugen fehlen.[94]

Der aus Deutz stammende Schuster Martin Schaeffer sowie die Kölner Tagelöhner Antoine Esser und Chrétien Embs bringen im Januar 1813 sechs Ballen Baumwolle von Mülheim nach Nippes, werden erwischt und mit Gefängnis bestraft.[95]

„Die raffinierteste Schmugglerklugheit", so Ernst Weyden, „die selbst den Ulysses in der Schlauheit der Erfindung ihrer Mittel überbietet, und scheinbarer Diensteifer stehen hier in offenem Kampfe. Ein paar Schmuggler sind glücklich an der Cerberus-Höhle vorbei, rasch drängen sie sich durch das enge Markmannsgassen-Tor. [...] Unter dem lautesten Jubel der Umstehenden, die stets Partei für die Schmuggler nehmen, machen ein paar Douaniers Jagd auf einen Zollfrevler, der sein Heil in der Schnelligkeit seiner Füße sucht und gewöhnlich in dem Labyrinthe der Winkel und Gässchen dieses Stadtteils glücklich entkommt."[96]

Während der Chronist Ernst Weyden das Schmuggeln der „kleinen Leute" eher verständnisvoll kommentiert, reagiert der Königlich Bayrische Hofrat und Reiseschriftsteller Albert Klebe, Professor der Geographie und Statistik in Würzburg und München, auf eine von ihm beobachtete Schmuggelaktion mit missbilligender Herablassung: „Die Dreistigkeit, mit welcher diese Leute ihre Geschäfte treiben, ist wirklich sehr groß. [...] Die umstehenden Leute sahen mit vieler Teilnahme an dem glücklichen Erfolg diesem Geschäft zu, als ein durch den Zulauf des Volkes aufmerksam gewordener Zollaufseher es gewahr wurde, zu spät, um es zu verhindern, doch früh genug, um von den Menschen ausgelacht zu werden, was er dann schon gewohnt ist."[97]

Die berühmteste Schmugglerin wird in preußischer Zeit „Et Bolze Lott".

„Et Bolze Lott“

Scholastika Bolz (1825–1902) ist Tochter eines „Rhingrollers“, eines am Rhein arbeitenden Sack- und Kohlenträgers. 21-jährig heiratet sie Johann Friedrich Steinhausen. Er übt den gleichen Beruf wie ihr Vater aus, doch seine Gewalttätigkeit führt zu längeren Haftstrafen und schließlich zur Einweisung in die Arbeitsanstalt Brauweiler. Dort stirbt er.[98]

Die junge Frau muss nun für ihren Lebensunterhalt selbst aufkommen. Sie versucht es als Kerzenverkäuferin („Käazemöhn“). Doch als die opferwilligen Kirchenbesucher merken, dass sie die Kerzen, anders als versprochen, nicht anzündet, bleibt die Kundschaft aus. Die verwitwete, immer noch „Et Bolze Lott“ genannte Scholastika Steinhausen reagiert mit Flüchen oder deftigen Redewendungen. Als sie im Winter, vor der Kirche hockend, von einem Priester gefragt wird: „Hatt ehr ald jett kräje?“, erwidert sie mürrisch: „Eja, en kahl Fott!“

1856 wird in Köln die Mahl- und Schlachtsteuer[99] eingeführt. Die Erhebungsstelle befindet sich am Filzengrabentor, am Rheintor dagegen ist die „Einbringung steuerpflichtiger Waren“ verboten. Dort wird nun kräftig geschmuggelt – auch von Frauen, die sich von Kontrolleurinnen unter die Röcke schauen lassen müssen. Unter ihrer Krinoline, einem durch Stahlreifen aufgeblähten Unterrock, kann auch „et Bolze Lott“ bequem ein Säckchen Mehl oder ein paar Kilo Fleisch unterbringen. Zöllnern, die sie festnehmen wollen, unterstellt sie lautstark unsittliche Annäherungen. Die Umstehenden ergreifen in der Regel Partei für die auch körperlich recht starke Frau, die die Lacher auf ihrer Seite hat.

1874 wird die Mahl- und Schlachtsteuer in Köln abgeschafft, und die verwitwete Scholastika Steinhausen geht auf Wanderschaft, handelt vor Kirchen, an Häusern, auf Jahrmärkten und in Wallfahrtsorten mit Kerzen und allerlei Gebrauchsgegenständen. In ihren letzten Lebensjahren wohnt sie in der Großen Spitzengasse, wo ihr loses Mundwerk immer noch Heiterkeit, aber auch Ärger auslöst. Ein alter Zebingemann soll ihr dort einmal so Paroli geboten haben: „Lott, ich krigge alles gefleck – nur ding Schnüß, do kann ich och nix maache!“

Das desolate Leben der „Roten Funken“

Im 18. Jahrhundert ist die „freie Reichsstadt Cölln“ mit ihrer durchschnittlich 300 Mann starken stadtkölnischen Truppe ihrer reichsstädtischen Pflicht nachgekommen. In Kriegszeiten wird die Truppe erheblich verstärkt. In Friedenszeiten versehen sie Wach- und Zolldienste für die Stadt. Aufgrund ihrer leuchtend roten Uniformröcke nennt der Volksmund sie „Rote Funken“.

Die Stadt wirbt sie an, Einheimische werden bevorzugt, jeder muss sich mindestens sechs Jahre verpflichten. Der tägliche Sold beträgt fünf Kreuzer und eindreiviertel Pfund Brot. Damit können verheiratete Soldaten den Lebensunterhalt für ihre Familien kaum bestreiten. Für Wichse, Puder und Zopfband müssen sie zudem noch selbst aufkommen. Erheblich Vorbestrafte oder „Unehrliche“ – etwa Abdecker oder Scharfrichter – dürfen nicht eingereiht werden.

Der sechsjährige Dienst kann mehrfach verlängert werden. Danach steht den Stadtsoldaten eine Invalidenversorgung zu. Halbinvalide können noch zu Wachdiensten herangezogen werden. Wer auch dazu nicht mehr in der Lage ist, kommt in den Realinvalidenstand. Die tägliche Brotportion erhält er weiter, die Pension richtet sich nach dem Dienstgrad des Betroffenen. Weil der Sold nicht reicht, dürfen verheiratete Soldaten nebenher noch arbeiten. Lukrativ ist für einige, sich als Anwerber oder Unterhändler für fremde Werbekommandos in der Stadt zu betätigen – und sich mit den üblichen ruppigen Methoden dabei nicht beliebt zu machen.[100] Andere kann man Schuhe flicken oder Strümpfe stopfen sehen – ein Anlass für reichlichen Spott.

Verspottet und drangsaliert

Laut „Kriminalprotokoll“ aus dem Jahr 1737 sind Soldaten von Studenten tagsüber wie auch nachts angegriffen worden, so dass sie „offtmahlen mit bluthigen köpffen undt wunden abweichen“ mussten.[101] Sie sind nicht nur Prügelknaben der Studenten, sondern auch der Hafenarbeiter („Ringroller“). 1784 richtet der Rat öffentliche Kritik an beide Seiten. Er beklagt, dass die Soldaten „bald durch strafbare Widersetzlichkeiten und eigenthätige Auflehnungen an Erfüllung ihrer Pflicht behindert werden, bald durch ausschweifende Nachtschwärmer und Ruhestörer gefoppt, mißachtet und mißhandelt werden. Alles kommt von der Soldaten bisherigen gelinden Nachsicht her.“[102]

Die Soldaten müssen nun, um ihre Autorität zu erhöhen, ihren Dienst mit scharf geladenem Gewehr versehen – doch dadurch ändert sich kaum etwas. Vom rein militärischen Standpunkt aus fehlt so etwas wie Kasernendrill. Die Soldaten wohnen in ärmlichen Gegenden der Stadt, und die Möglichkeit, ihren kargen Lohn als Gesellen, Zimmermann oder Handlanger aufzubessern, ist für sie wichtiger als der Militärdienst.

Um ihre Disziplin zu verstärken, gibt es seit 1749 ein „Reglement“, das bei Fehlverhalten Strafen vorsieht: „mit Esel reiten / Stock Schlä-gen / Gassen lauffen / Pfahl stehen“ – oder Entfernung aus dem Dienst. Diese Strafen, besonders das Reiten auf einem hölzernen Esel mitten auf dem Neumarkt, sind kaum geeignet, das Ansehen der Soldaten zu erhöhen.

Im letzten Drittel des 18. Jahrhunderts lässt die Disziplin immer mehr nach, und der Alkoholkonsum nimmt zu. Der Dienstbetrieb ist kaum noch aufrechtzuerhalten, öffentliche Sicherheit und Ordnung in der Stadt sind gefährdet.

Daraufhin werden die Strafen verschärft. Arrest und Stockhiebe gibt es nun schon bei geringsten Vergehen. Diebstahl, Misshandlungen, Raufereien, Beschädigungen in Wald und Flur und Desertion haben Gassenlaufen zur Folge. Auf Verräterei, Mord, Plünderung, Meuterei, Duellieren und Überlaufen steht jetzt die Todesstrafe.[103]

Verarmung unter französischer Herrschaft

Inflationäre Entwicklungen führen in der Franzosenzeit zu Nöten in der Bevölkerung – auch bei den Stadtsoldaten: Hubert Wiertz, dessen Frau im Kindbett stirbt, schreibt 1794 an die Behörde, es sei für ihn sehr hart und schwer, seine vier Kinder „bei dießer auserordentlicher Theurung der lebens-mittelen und lieben brodts weiters zu ernähren". Der 68 Jahre „alte und betrübte Witwer" bittet um Aufnahme seiner beiden kleineren Kinder ins Armenhaus. Hier würden sie immerhin verköstigt und hätten auch sonst keine große Not zu leiden.

Der Hauptmann Robert von Karpffen, langjähriger Chef der dritten, 170 Mann starken Kompanie, schreibt fünf Jahre später, er lebe mit seiner 80-jährigen Frau in bitterster Armut. Die Municipal-Verwaltung bewilligt zwar sein Gehalt, bezeichnet sich selbst jedoch als zahlungsunfähig und verweist ihn an eine Einrichtung der Armenfürsorge.

Ein Bittsteller namens Grosholtz beklagt sich beim Bürgermeister („Bürger maire") darüber, dass er sich trotz pünktlichem Dienst mit Frau und vier Kindern nur höchst kümmerlich habe durchbringen können. Immer wieder sei er vertröstet worden, habe bisher „freudlos geschmachtet und mit Frau und Kinder im Elende geseufzet". Er bittet um einen vorteilhafteren Dienst oder bessere Entlohnung.

Angesichts ihrer Not versuchen Betroffene schließlich, sich selbst zu helfen. Die Veteranen gründen eine „Wolthätigkeits Kassa", aus der Matheis Pohl, der „Chef der Ordonnanzen ehemaliger Stadtsoldaten", Beihilfen zahlt – 1799 zum Beispiel nach dem Tod eines verarmten Kameraden die Begräbniskosten. [104]

Als 1801 durch den Friedensschluss von Lunéville das ganze linke Rheinufer endgültig an Frankreich kommt und die Reichsarmee aufgelöst wird, hoffen die ehemaligen Stadtsoldaten auf versprochene Pensionszahlungen – vergeblich. Hauptmann von Lunickhausen und Musterschreiber Rabanus Vaasen schreiben deshalb gemeinsam mit anderen Offizieren an den „Bürger Maire", sie hätten bisher „mit schmertzen auf eine tröstliche resolution Vergeblich gewartet, da wir aber nun ohne alle Nahrung sind, und uns keines weges mehr zu helffen wissen, so ersuchen wir sie bürger Maire, demütigst, diese unseren Elende umstände zu beherztigen“.[105]

Von der traurigen Gestalt zum gefeierten Idol

1806 treten im Rosenmontagszug mehrere ehemalige Stadtsoldaten auf, „die von den Heldenthaten ihres Anführers lustige Dinge erzählen“. Sechs Jahre später werden die „Funken“ in einer Veröffentlichung gerühmt: „De köllsche Funcke sin bekannt; Om Kölln erömm, un wick en't Land.“[106]

1823 – mittlerweile regieren nach dem Fall Napoleons die Preußen in Köln – ist es dann so weit: Die „Funken“ werden, nun in Gestalt guter oder saturierter Bürger, fester Bestandteil des Rosenmontagszugs. Sie erscheinen „in ihrer rothen, dieses Mal ganz neuen Uniform, mit ihrem gewaltigen, dicken Kommandanten, dessen Gaul unter ihm keuchte“.[107]

Zu dieser Zeit gibt es in Köln noch 130 „echte“ Stadtsoldaten, die meist als Invaliden oder Tagelöhner mehr schlecht als recht ihr Dasein fristen. Wie mögen sie auf ihre Doppelgänger in den Zügen reagiert haben? Geradezu grotesk wirkt die Verherrlichung der alten Funken im Gedicht des Kölner Poeten Samuel Schier:[108]

O Heldenschaar, wie bringt Erinnerung
An deine Taten jene Zeit zurück,
In der mit der Begeist'rung kühnem Schwung
Nach Feinden spähte dein verwegner Blick.

„DIE DA UNTEN" – DIE SOZIALE SCHIEFLAGE

Alles ist dein Werk! O sprich,
Alles, aber nichts für dich!
Und von allem nur allein,
Die du schmiedst die Kette, dein!

Georg Herwegh
(Bundeslied für den Allgemeinen Deutschen Arbeiterverein)

In den eineinhalb Jahrhunderten nach dem Dreißigjährigen Krieg wandelte sich das äußere Bild der Stadt Köln weiter zum Schlechteren. Zwar gab es immer mehr wohlhabende Bürger, die aufwendige Wohnhäuser errichteten, einige Kirchen wurden im Barockstil erbaut, aber im Ganzen machte sich wirtschaftliche Stagnation bemerkbar, geradezu ein Niedergang der stolzen Reichsstadt. Gegen Ende des 18. Jahrhunderts häuften sich die Reisebeschreibungen, die von heruntergekommenen Häusern, zahllosen Bettlern und Unmengen von Schmutz berichten.

Neben der kleinen Gruppe reicher Großkaufleute und anderer Wohlhabender gibt es im 18. Jahrhundert etwa 4300 zünftige Handwerker, Kaufleute, städtische Bedienstete und Selbstständige, die den Mittelstand bilden. Doch mehr als ein Drittel der Bevölkerung lebt in ungesicherten Verhältnissen: Kleinhändler, Gesellen, Schankwirte, Tagelöhner, Knechte, Mägde und Gelegenheitsarbeiter.

Arm und reich – die Schere geht auseinander

Nicht für alle Arbeitsfähigen gibt es jedoch auch Arbeit. Wo vorher Zünfte und Gilden über einen kleinen Markt gewacht und damit für übersichtliche Arbeitsbedingungen gesorgt haben, herrscht nun die Freiheit des Marktes, die zusätzliche Konkurrenz aus dem Ausland mit sich bringt. Viele Menschen geraten in Not.

1757 stellt der Stadtrat eine Liste bedürftiger Personen auf, an die verbilligtes Brot verteilt wird. Nach weiteren Teuerungen wird fünf Jahre später Brot an die Armen kostenlos verteilt. Doch auf der anderen Seite hält man sich an Kindern schadlos, um die Kosten wieder einzutreiben. Sie werden 1760 im städtischen Waisenhaus zu „Industriearbeiten" herangezogen, vor allem zum Baumwollspinnen und Weben.[109]

Die Not führt manche Menschen zur Selbsthilfe oder zum organisierten Protest. So gründen Barbiergesellen im Jahr 1768 eine „Gesellenlade", eine Art Krankenkasse. Sechs Jahre später protestieren junge Handwerker auf verschiedenen Plätzen Kölns, weil der Stadtrat nichts dagegen unternimmt, dass auch große Teile des Zunftbürgertums aufgrund auswärtiger Konkurrenz verarmen. Kappesbauern protestieren aus ähnlichen Gründen vor den Toren Kölns.[110]

Der Niedergang der Wirtschaft hat zuvor schon die Verelendung vieler Handwerker bewirkt. Nun führen weitere Veruntreuungen städtischer Gelder und die allgemeine Zerrüttung der Finanzen zu Unruhen und wachsender Kritik am Rat der Stadt. Die Vorwürfe häufen sich, es geht um Verwandtenbegünstigung, Stimmenkauf und Bestechungen. Im Sommer 1769 wird eine von der Stadt zur Unterhaltung eines Zucht- und Arbeitshauses konzessionierte Lotterie eingestellt. Der Grund: Mehrere Ratsherren sind des Betrugs und der unlauteren Bereicherung beschuldigt worden. Verdächtigt werden auch zahlreiche Familienangehörige dieser Herren. Sie werden beschuldigt, Lose mehrfach verwendet und damit ihre Gewinnchancen beträchtlich erhöht zu haben.

Angesichts dieser hemmungslosen Gier und Bereicherung, die in scharfem Gegensatz zur Verelendung der ärmeren Schichten steht, wird der Lotterieverkauf eingestellt. Der Prozess gegen die Direktion der Lotterie dauert mehrere Jahre.

Die Verschuldung der Stadt hat zudem inzwischen ein Höchstmaß erreicht. Die Armut der unteren Schichten verschärft sich noch, als im Juni 1789 die geistlichen Kurstaaten den Getreidehandel mit Köln blockieren. Aufgrund der folgenden Versorgungskrise bricht im Herbst eine Hungersnot aus. Wieder einmal sieht sich der Rat gezwungen, „Brotpfennige“ zur Unterstützung armer Familien auszugeben.[111]

In seinen anonym erschienenen „Briefen eines reisenden Franzosen“ zeichnet der Reiseschriftsteller Karl Riesbeck ein düsteres Bild der Stadt. Ein Drittel der Bewohner seien Bettler. Straßen und Einwohner seien „gleich schmutzig und finster“. Köln sei „in jedem Betracht die abscheulichste Stadt Deutschlands“ und „wenigstens noch um ein Jahrhundert hinter dem ganzen übrigen Deutschland zurück“.[112]

So endet das 18. Jahrhundert vor allem für die „kleinen Leute“ eher deprimierend.

Enttäuschte Hoffnungen

Mit dem Einzug der französischen Truppen am 6. Oktober 1794 endet die Geschichte der freien Reichsstadt, die nun Teil der französischen Republik wird. Die Franzosen werden vielfach als Befreier begrüßt, und am Neumarkt wird sogar ein Freiheitsbaum errichtet. Als erstes lösen sie die Zünfte auf, gestatten Gewerbefreiheit und geben Juden und Protestanten alle Bürgerrechte, belasten die Bevölkerung aber auch durch erhebliche Steuern.[113] Trotzdem stehen die Bürger auch loyal zum Kaiserreich Napoleons. Die Hoffnungen der Unterschicht[114] werden allerdings enttäuscht, denn die zudem durch Kontributionen verstärkten wirtschaftlichen Probleme wirken sich vor allem auf die Armen und Ärmsten aus.

Etwa ein Prozent der 46.000 Kölner Bürger zählt zur Oberschicht, zehn Prozent zählen zur Mittel- und der Rest zur Unterschicht. Die Franzosen haben die Zünfte und ihre Privilegien abgeschafft, doch damit eben auch deren Schutzfunktion für breite Teile der Mittelschicht, die nun vom sozialen Abstieg bedroht sind. Viele Handwerker geraten in Not.

Notleidende – unterstützt und kontrolliert

Zu Beginn des 19. Jahrhunderts besteht die Mehrzahl der Kölner Haushalte aus selbständigen Handwerkern und unselbständig Tätigen. Die an der Armutsgrenze lebenden „Hausarmen“ machen etwa 50 Prozent aus. Sehr oft sind es Frauen: ältere, verwitwet oder vom Ehemann verlassen, oder jüngere mit einem arbeitslosen oder kranken Ehemann.[115]

Wer nun Unterstützung vom städtischen Wohlfahrtsbüro haben will, braucht ein Zeugnis der Nachbarn, des zuständigen Pfarrers oder des Polizeikommissars. Betroffen sind besonders Gesellen, Tagelöhner, Arbeitslose und allein stehende Frauen, die als Wäscherinnen oder Näherinnen arbeiten.[116]

„Armutszeugnisse“ – die Hausarmen

Einem solchen „Armutszeugnis“ aus dem Jahr 1799 zufolge ist die arbeitslose Witwe Sybilla Beekhausen, wohnhaft im Perlenpfuhl, eine „blutarme Person“, die sich und ihre drei kleinen Kinder nicht ernähren kann. Die 77-jährige Bürgerin Prechers hat sich „durch Waschen bisher wirklich geplagt“, ist jetzt aber gichtbrüchig und lebt „kümmerlich“. Das bescheinigen ihr besorgte Nachbarn im Januar 1800.

„Es ist jedermann bekannt“, schreibt die Frau eines Steinmetzen vom Griechenmarkt im März 1801 an das Wohlfahrtsbüro, „daß mein Mann Borgias Otten, ein Steinhauer, so elendig schon in der sechsten Woche an dem Lungenhusten bettlägerig lieget und keine Hoffnung zur Besserung nicht mehr vorhanden. Da ich in diesem betrübten Zustand gar unvermögend bin, die Hälfte Notwendigkeit zu etwaiger Verpflegung nicht beischaffen kann, mit zwei armen kleinen Kindern belästiget bin, so sehe ich mich samt meinem kranken Mann in betrübtem Zustand gesetzet und muss große Not erleiden. Gruß und Verbrüderung, demütige A.M. Ottens.“

Der Kupferdrucker Block, wohnhaft Auf der Burgmauer, ist schon seit zwei Jahren arbeitslos. Zwei Kinder sind chronisch krank, seine Frau kränkelt seit der Geburt des vierten Kindes.[117]

Die meisten Hausarmen wohnen in Kölns typischen „Armenstraßen“: der Kupfergasse, der Mariengarten- und der Löhrgasse, der Maximinen- und der Minoritenstraße sowie dem Kattenbug.

Manche Frauen unter den Armen und auch Hausarmen geraten ins gesellschaftliche Abseits. „Gestern Abend wurden zwei fremde liederliche Weibsbilder mit einem betrunkenen Soldaten angetroffen, dieselben wurden ergriffen und verhaftet“, heißt es im September 1811 in einem Vernehmungsprotokoll zweier in Düsseldorf aufgegriffener junger Frauen aus Köln. Die 22-jährige Anna Maria Tümmeler, zeitweise Magd bei einem Kölner Schneider, wird in das seit diesem Jahr in der ehemaligen Abtei Brauweiler existierende „Bettlerdepot“[118] gebracht – obwohl ihr kein Betteln nachgewiesen wurde. Viele der dort Eingelieferten sind junge, unverheiratete Frauen – arbeitslose oder unangepasste. 61 Prozent stammen aus Köln, fast 70 Prozent von ihnen kommen aus textilverarbeitenden Berufen: Spitzenklöpplerinnen, Schneiderinnen, Weberinnen oder Strickerinnen. Die meisten von ihnen sind unter 14 oder über 60 Jahre alt. Arbeit haben sie entweder noch nicht oder nicht mehr gefunden. Und sie sind offensichtlich ganz überwiegend kein „arbeitsscheues Gesindel“ – werden aber dennoch stigmatisiert und ausgegrenzt.[119] Immerhin sorgt das Wohlfahrtsbüro bei den Hausarmen im Fall großer Not für Abhilfe.

Preußische Notprogramme, „Zucht und Ordnung“

Nach dem Sturz Napoleons werden die machtpolitischen Karten der europäischen Mächte 1815 auf dem Wiener Kongress neu gemischt. Die durch Kriege wirtschaftlich geschwächten Preußen übernehmen das

Rheinland. „Do hierode mer ävver in en ärm Famillich“ – so soll Abraham Schaafhausen, einer von Kölns reichsten Bankiers, den Machtwechsel kommentiert haben. Französisches Recht bleibt bestehen, doch „Zucht und Ordnung“ werden verstärkt. Das Industriezeitalter bringt Fortschritte[120], doch die sozialen Probleme bleiben und werden durch das starke Bevölkerungswachstum noch verstärkt.

Aufgrund der Kriege der vergangenen Jahrzehnte fehlen in der Landwirtschaft Arbeitskräfte. 1816 bewirken zudem starke Klimaschwankungen extreme Ernteeinbußen. Die „Erdäpfel“ sind schlecht oder erfroren, der Wein wird nicht reif, und das Obst verfault schon an den Bäumen. Sparrezepte wie „Spartanische Suppe“ oder „Not-Salat“ aus jungem Klee, Birkenknospen, Ampfer, Hopfen oder Löwenzahn werden verbreitet. Neben privaten Notprogrammen hilft die Berliner Regierung mit ostdeutschen Getreidelieferungen. Im Sommer 1817 sinken nach guten Ernten die Brotpreise. In allen Kirchen werden Dankgottesdienste gefeiert. Dennoch: Unter den 49.000 Einwohnern Kölns sind 19.000 tägliche Almosenempfänger. Ein Drittel der Bevölkerung gehört zu den Armen, den Tagelöhnern und Bettlern.[121] Nach der vom Oberbürgermeister Karl Josef von Mylius, dem Präsidenten der Armenverwaltung, 1816 veranlassten „vollständigen Ausmittlung sämtlicher Armen und Hilfsbedürftigen der Stadt Köln als Vorbereitung zu einer besseren Armenordnung“ ist ein Sechstel der Bevölkerung unterstützungsbedürftig. Dabei berücksichtigt die Armenverwaltung nur Kranke, „Krüppel“, Greise und Witwen mit Kindern, nicht aber „Faulenzer“ und „Taugenichtse“. Die Armenpflege sei für alle damit Befassten wichtig, weil nur dadurch „die Bettelei aufgehoben und die verwahrloste Jugend zu fühlender Frömmigkeit, zur Sittlichkeit und zur Arbeitsamkeit zurückgeführt werden“[122] könne.

Wie dramatisch die Not ist, zeigt ein dringender Appell der Leitung der Entbindungsanstalt. Für eine Tagelöhnerfrau, Mutter mehrerer Kinder, die Drillinge bekommen hat, werden 1829 „Menschenfreunde“ gesucht, die „der armen Frau milde Gaben in Geld oder Kleidungsstücken zukommen lassen“. Anderenfalls sei „mit Gewißheit vorauszusehen, dass die Kinder, gleich so vielen anderen in dieser Anstalt zur Welt gekommenen Kindern, bald nach ihrer Entlassung im Elende umkommen werden“.[123]

Zwei Jahre später ruft Heinrich von Wittgenstein, Landgerichtsrat und Mitglied im Stadtrat, eine freiwillige Arbeitsanstalt für Arme als Einrichtung der Armenverwaltung im ehemaligen Minoritenkloster ins Leben und wird zugleich ihr Leiter. Hier werden Knaben und Männer am Webstuhl oder als Schuster und weibliche Kräfte mit Spinnen, Nähen und Sticken beschäftigt.[124]

Wer längere Freiheitsstrafen zu verbüßen hat, kommt in Köln – bis zum Bau des „Klingelpütz“[125] im Jahr 1838 – ins zum „Correktionshaus“ umgebaute ehemalige Klarissenkloster am Neumarkt. In 86 verschließbaren Räumen werden 320 Männer und Frauen mit Baumwoll- und Leinweberarbeiten, mit Sticken und Nähen beschäftigt. Sie schlafen nach Geschlechtern getrennt in Räumen, die bis zu 36 Personen fassen, jeweils zu zweien auf einer Pritsche, auf einem Strohsack, der dreimal jährlich gewechselt wird. Im Sommer erhält jeder Gefangene eine Wolldecke, im Winter zwei. Zum Anstaltspersonal gehören neben dem Direktor ein Inspektor, sechs Schließer und ein Krankenwärter. Bei ernsthaften Erkrankungen wird ein Arzt oder Wundarzt hinzugezogen.

Arbeitsuche um jeden Preis

Armut und Not spiegeln sich auch in den Annoncen Arbeitsuchender. Eine Frau mittleren Alters, die bereits mehrere Jahre lang bei „angesehenen Herrschaften“ gedient hat und „nicht allein über ihr gutes Betragen, sondern auch über ihre häuslichen Kenntnisse und Geschicklichkeit die besten Zeugnisse besitzt“, sucht 1821 dringend eine Stelle als Haushälterin. Sie „sieht auf kein Salär, sondern vielmehr auf gute Behandlung“! Auf ähnliche Weise sucht ein Drechslergeselle Arbeit, der „mehr auf gute Behandlung als auf Lohn sieht“.[126]

Manchmal ist des einen Leid des anderen Freud: 1822 werden zwei Nachtwächter wegen „grober Dienst-Vernachlässigung“ vom Königlichen

Polizeipräsidenten entlassen und zwei arbeitslose Kollegen stattdessen angestellt.[127]

Manche verdienen sich ein Zubrot durch sportliche Leistungen. Im Horst'schen Saale auf dem Domhof, so meldet die Kölnische Zeitung im März 1832, werde ein Wettringen stattfinden, zu dem sich auch starke Männer aus dem Publikum gemeldet hätten – drei Heizer, die auf Dampfschiffen ihre schwere Arbeit verrichten. Außerdem „fünf der stärksten Männer der Stadt“.[128] Ob die gewonnen haben, die es am nötigsten hatten, ist nicht überliefert.

Die Kontrollfunktion der „Armenpflege“

Im Bericht der Armenverwaltung von 1830 kommen lebhafte Kontrollabsichten unverhohlen zum Ausdruck: „Das Wohlbefinden der bürgerlichen Gesellschaft ist so sehr abhängig von dem Zustande, in welchem sich die dürftige Klasse der Einwohner befindet; die Entwicklung des allgemeinen Wohlstandes so sehr bedingt durch die Wirksamkeit der Mittel, welche zur Verminderung der Armuth und zur Verhütung steigender Verarmung in Anwendung gebracht werden, dass kaum ein anderer Zweig der öffentlichen Verwaltung begründeteren Anspruch auf die Theilnahme macht, als die Armenpflege.“[129]

Bettler und Arbeitsscheue werden 1843 mit Gefängnis bis zu sechs Wochen und anschließender Besserungshaft bedroht. Um die Überfüllung der Strafanstalten zu vermeiden, legen die Gerichte die Begriffe möglichst weit aus.[130]

Noch deutlicher wird das Kontrollinteresse in der „Armenordnung“ von 1847: Pflicht der Armenväter sei es, die hilfsbedürftigen Familien „unter steter Aufsicht zu halten, sie zur Arbeitsamkeit, Ordnung und guter Kinderzucht anzuleiten und über die Mittel, wie einer jeden Familie mit dem möglichst geringen Zuschuss aus öffentlichen Mitteln geholfen werden könne, ihr Gutachten bei den Bezirksvereinen abzugeben“. Die Armenväter entscheiden ebenfalls darüber, ob der Arme einen Überweisungsschein für den Arzt erhält oder nicht. Nach 1848 wird die Überwachung der Armen noch rigoroser gehandhabt werden: Wer von öffentlicher Fürsorge lebt, wird vom Wahlrecht ausgeschlossen. Ein einziger Besuch beim Armenarzt reicht dazu aus.[131]

„Wirkschulen“ und Kinderarbeit – zum Nutzen der Arbeitgeber

Seit dem 17. Jahrhundert arbeiten viele Kinder in „Wirkschulen“, die ursprünglich von religiösen Frauenorden zur praktischen Unterweisung der Kinder gegründet worden waren, danach aber unter weltlicher Trägerschaft mehr und mehr der Ausbeutung der billigen Arbeitskräfte dienten.

Die Not der Kinder wächst. Kölner Ursulinen versuchen, in einem schon 1640 von ihnen errichteten Asyl Mädchen vor Straßenbettelei oder Prostitution zu bewahren. Mädchen – auch Frauen – der Unterschicht sehen sich zu außerhäuslichen Beschäftigungen gezwungen und werden als billige Hilfsarbeiterinnen im Textilgewerbe eingesetzt, besonders als Strickerinnen und Spitzenklöpplerinnen.[132]

Verschiedene Initiativen wollen der Armut und dem Elend der Kinder entgegenarbeiten. Im Gebäude des aufgelösten Zucht- und Arbeitshauses in der Walengasse (später Waisenhausgasse) wird 1807 ein Waisenhaus eingerichtet. Ende des Jahres beherbergt es 199 Waisen- und Findelkinder, weitere 77 kommen auf Kosten der Anstalt zu Pflegeeltern. Durch Arbeit tragen die Kinder zu ihrem Unterhalt bei.[133] Sie wird 1826 durch die Vereinigung des Waisenhauses mit einer Industrieschule noch intensiviert. Hier werden vor allem Jungen mit Drechsler- und Tischlerarbeiten beschäftigt. Diese Kinderarbeit wird im ersten Kölner Stadtführer von 1828 – dem Zeitgeist entsprechend – nur positiv dargestellt:

„In den hellen und luftigen Sälen erzieht man hier 200 Kinder, die mit dem sechsten Jahre Aufnahme finden können. Diese werden in den nöthigen Elementarkenntnissen unterrichtet und überdies zu Handarbeiten angehalten, in welcher Beziehung sie in vier Classen getheilt sind, in Schumacher, Schneider, Leinweber und Wollengarnspinner. Die Zeit ihrer Entlassung wird durch ihre Gesundheitsumstände sowohl als durch ihre erlangten Kenntnisse bedingt. Dann kommen sie zu Handwerkern in die Lehre, wobei sich das Waisenhaus aber doch noch eine gewisse Aufsicht über dieselben vorbehält. Die Mädchen sind entweder Näherinnen oder Strickerinnen: ihr Austritt aus der Anstalt erfolgt selten vor dem siebzehnten Jahre."[134]

Solcher Umgang mit Kindern gilt auch für die von religiösen Organisationen eingerichteten Wirkschulen, deren Zahl 1822 auf 32 anwächst. „Ein trauriges Bild ‚weißen Sklavinnentums'", so Ernst Weydens Urteil über diese Schulen, „in denen vielleicht 800–1000 Mädchen, die für gewisse Jahre an die Vorsteherinnen dieser Schulen verkauft waren, im Spitzenklöppeln unterrichtet wurden, der unverschämtesten, schnödesten Gewinnsucht ihre Jugend und ihre Gesundheit zum Opfer bringen mussten."[135]

Auf ähnliche Kritik stößt die 1824 gegründete „Armenfreischule" des evangelischen „Frauenvereins", der sich laut Statuten „aus angesehenen Frauen der Gemeinde" zusammensetzt. In dieser vom preußischen König mit einer finanziellen Starthilfe versehenen Ganztagsschule – einschließlich der Sonntage – erhalten Kinder zwischen sechs und 15 Jahren aus sozial schwachen Familien freien Unterricht, freie Kleidung und ein Abendbrot. Sie müssen allerdings „zum Besten der Anstalt in der Werk-Schule arbeiten" – für Kölner Fabrikanten, mit denen die Schule Lieferverträge abschließt.[136]

So hat sich auch unter preußischer Herrschaft die Situation der Kinder nicht verbessert. 1815 gehen mehr als die Hälfte aller Jungen und Mädchen in Köln nicht zur Schule. Stadt und Regierung verhalten sich passiv – die Unternehmer profitieren von der Kinderarbeit. Erst 1825 setzt Preußen auch im Rheinland die Schulpflicht durch. Von 9000 Kindern erhalten in diesem Jahr jedoch etwa 3000 noch keinen Unterricht. Nur mühsam lassen sich die Unternehmer dazu verpflichten, die Arbeitszeiten der Kinder in den Fabriken so zu verkürzen, dass sie wenigstens abends von sechs bis acht Uhr die Abendschule besuchen können.[137] Erst 1839 kommt es in Preußen zu ersten Arbeitsschutzmaßnahmen – jedoch eher aus Sorge um den Zustand der preußischen Armee, die kräftige Soldaten braucht. Kinder dürfen in Fabriken seitdem nur noch ab dem neunten Lebensjahr arbeiten. Nacht-, Sonntags- und Feiertagsarbeit wird verboten und eine höchstens zehnstündige Arbeitszeit festgelegt.

Doch in der Praxis werden auch diese durchaus noch nicht kinderfreundlichen Bestimmungen immer wieder unterlaufen. Das Wohl der Kinder bleibt dem der Unternehmer untergeordnet. Im Mittelalter waren sie karitativ besser geschützt. Seit Beginn der „Wirkschulen“ und nun erst recht im beginnenden Industriezeitalter werden sie systematisch ausgebeutet.

LEBENSKÜNSTLER UND KÖLSCHE LEBENSLUST

Des Morgens, wann ich fresch opston
Un kruffen us dem Sack,
Dann ärgert för kapott zo gon
Mich all dat Bürgerpack.

Heinrich Peter Bock[138]

Im Mittelalter erregten „kleine Leute" in der Regel nur als Objekte der Strafjustiz öffentliche Aufmerksamkeit. Ihre Individualität blieb dahinter zumeist verborgen. Im Verlauf des 19. Jahrhunderts ändert sich das – zumal wenn es sich um originelle Menschen handelt, deren Überlebenskunst, Mut oder kölscher Mutterwitz bei „guten Bürgern" gutmütiges Schmunzeln oder sogar Anerkennung hervorruft, wie das Beispiel der rigoros schmuggelnden „Bolze Lott" bereits zeigte. In dieser Zeit entsteht auch eine urkölsche „Dynastie", deren Ahnherr den Namen Millowitsch schon zu seinen Lebzeiten über Köln hinaus bekannt macht.

Franz Andreas Millowitsch – Urahn einer Theaterfamilie

Der Begründer dieser „kölschen Dynastie" wird 1797 im pommerschen Küstrin geboren. Drei Jahre später stirbt sein Vater. Die Mutter zieht mit ihm und seinen beiden Schwestern nach Köln, heiratet erneut, doch sie verliert auch ihren zweiten Mann bald nach der Hochzeit.

In Köln erlernt Franz Andreas das Handwerk eines Rotgerbers, bastelt daneben an Stockpuppen und spielt intensiv Akkordeon. Von 1815 bis

1820 dient er in einem Infanterieregiment, danach lebt er als Tagelöhner mit seiner Frau Maria Agnes am Großen Griechenmarkt, kauft am benachbarten Rothgerberbach die Abfälle der dort tätigen Gerber auf und verkauft sie an die Kappesbauern der Umgebung als Düngemittel. Auch Hausfrauen, die die Abfälle zum Feueranmachen benutzen, gehören zu seiner Kundschaft. Als künstlicher Dünger hergestellt wird und die Geschäfte schlechter gehen, bessert er die Haushaltskasse als Straßensänger, Bauchredner und Puppenspieler auf. An der „fliegenden Rheinbrücke" auf der Deutzer Seite unterhält er das wartende oder ankommende Publikum mit dem Akkordeon („Quetschenbüggel") und seinen Stockpuppen. Zwar gefällt den wartenden Bürgern sein Puppenspiel, doch sie wollen in der Regel neben dem unvermeidlichen Brückengeld nicht auch noch für ihn Geld ausgeben. Die Erträge bleiben kümmerlich.

Nun versucht er, eine Konzession für ein Puppentheater in der Stadt zu erhalten. Doch hier hat der ehemalige Schneidergeselle und Anstreicher Christoph Winters bereits eine Monopolstellung. Mit seinen Figuren Tünnes und Schäl, Hänneschen und Bärbelchen erreicht er breite Bevölkerungsschichten. Auch Ferdinand Franz Wallraf und Matthias Joseph DeNoël haben Stücke für ihn geschrieben.[139] Mit der Begründung, in Köln könnten keine zwei Puppentheater zugelassen werden, lehnt die Königliche Regierung Millowitschs Bitte um eine Konzession ab.

Doch er lässt nicht locker, bittet um Genehmigung „zur Anlage eines Puppentheaters in einer gewissen, allenfalls zu bestimmenden Entfernung von der Stadt" – vergeblich. In einem Brief an die Oberste Regierungsbehörde, den Oberpräsidenten der Rheinprovinz, beschreibt er, „wie einem Tagelöhner zu Muthe ist, der sich immerhin in einer ungewissen Stellung befindet".

Wiederholt weist er auf seine fünfjährige Militärzeit, seine pünktliche Zahlung der Gewerbesteuern und die Aussicht hin, dass mit seinem „auf Moral gegründeten" Puppenspiel die Menschen „von Verschwendung, Trunk und Kartenspiel abgehalten würden". Doch erneut teilt ihm die Regierungsbehörde mit, dass „ein Puppentheater in Köln vollkommen befriedigt und keine Veranlassung vorhanden ist, in der Umgegend ein weiteres entstehen zu lassen". Ein Dokument bürokratischer Phantasielosigkeit! Schließlich gibt die Königliche Regierung doch noch nach: 1846 erhält Millowitsch die begehrte Konzession, die er auch für Gastspiele in anderen Städten nutzt – mit Programmen wie diesen: „Doktor Faust – mit Gesang und Feuerwerk", „Die afrikanische Höhle", „Oberon" oder „Die Bleidiebe".

Der Mundartdichter Joseph Wach schildert Millowitsch, der anfänglich mit Geige und Akkordeon unermüdlich von Haus zu Haus zog und die Leute mit rauer Stimme zum Weinen und Lachen brachte:[140]

Groß un schwer en grovem Kiddel
Geit dä Mann vun Huhs zo Huhs,
Doch nit strich hä möd de Fiddel,
Trick mem Quetschenbüggel uhs.
Un hä singk met rauer Stemme,
We dat Völkche kriesch un laach,
Wat mer gitt, dat deit he nemme,
Hät der Penning nit verach.

Als Franz Andreas Millowitsch 1875 stirbt, hat sein Sohn Caspar schon die Regie übernommen – die Volkstheater-Dynastie geht ihren Weg. Enkel Wilhelm Josef wird allerdings die Puppenspielära der Familie beenden und ihr Ende launig kommentieren: „Ich will es Euch bekunden, die Puppen sind verschwunden. Es war mir zu gewöhnlich, wir spielen jetzt persönlich."[141]

So gehört die Familie Millowitsch zu den ersten berühmten „Aufsteigern" in Köln. Durch ihren Nachfahren Willy Millowitsch (1909–1999) ist ihr Name mit der Geschichte des volkstümlichern Theaters in Köln verbunden geblieben.

„Orgels Palm“ – der Straßenmusiker

Johann Joseph Palm wird im Jahre 1801 als Sohn des Tagelöhners Franz Palm und seiner Ehefrau Katharina Franzen in der Kleinen Neugasse 3809 (später 7) geboren. „Dunkler Schatten liegt über seiner Jugendzeit, und niemand weiß, ob er überhaupt etwas Vernünftiges gelernt hat“ – meint noch sein erster Chronist Joseph Bayer. Doch Palms Nachkommen wissen später mehr zu erzählen.[142] Danach hat der Vorfahre etwa 1815 – die Franzosen haben gerade ihre Herrschaft an die Preußen abtreten müssen – eine Lehre als Vergolder, Lackierer und Anstreicher begonnen. Er verschönert nun Häuser und Schuppen, Altäre und Gesimse, vergoldet Fresken und bessert sie aus.

Als die unter türkischem Joch leidenden Griechen 1820 ihren Unabhängigkeitskampf beginnen, werden sie aus allen europäischen Ländern mit Waffen oder durch Freiwillige unterstützt. Unter den mehr als 200 deutschen Freiheitskämpfern ist auch Palm. Er hat sich dem englischen Dichter Lord Byron angeschlossen, der 1824 in Griechenland an der Malaria stirbt. In der Schlacht bei Navarino wird die türkische Flotte von englischen, französischen und russischen Kriegsschiffen versenkt. Der Befreiungskampf der Hellenen ist damit erfolgreich beendet. Johann Joseph Palm – so die Überlieferung – zieht weiter in die Türkei und nach Russland, kehrt schließlich 1830 nach Köln zurück und heiratet. Nach dem Tod seiner Frau Cäcilia heiratet er Sophia, die den vier Palm'schen Pänz eine gute Stiefmutter ist und ihm noch weitere neun Kinder schenkt.

Als Palm seine große Familie nicht mehr durch seinen erlernten Beruf ernähren kann, zieht er mit der Drehorgel durch Kölns Straßen. So wird er bald stadtbekannt. 1849 wird ein erstes Bild von ihm gemalt: Über einem mit mehreren Verdienstorden geschmückten Samtwams trägt er den weiß geschnürten Waffenrock der „schwarzen Husaren“ und auf dem Kopf eine schwarze Troddelmütze. In diesem Bild mag der Grund für eine andere Überlieferung liegen, wonach er – wohl nach seiner Rückkehr aus Russland – von den Preußen zum Leib-Husarenregiment Nr. 1, den „Schwarzen Husaren“, nach Danzig eingezogen wurde. Als

Dank des Staates erhielt er statt einer Rente eine Orgeldreher-Konzession. Zwischen 1848 und 1882 soll die Familie 15-mal umgezogen sein, achtmal allein in der Straße „Unter Krahnenbäumen“.

Joseph Roesberg, Besitzer der Weinwirtschaft „Zum Hahnen“ in der Minoritenstraße, dessen Karnevalslieder in Köln erstmals zu Volksliedern werden, versorgt seinen Freund mit Erfolgsschlagern wie „Et Schmitze Nettche“ oder „Schnüsse Tring“, die durch „Orgels Palm“ nun erst recht populär werden. „Eines Tages“, so eine Anekdote, „hielt er dem Musikdirektor Franz Weber seine Sammelbüchse hin mit den Worten: ‚Bitte, Herr Kollege, geben Sie auch einen kleinen Beitrag für unsere Kunst‘. Mit Ferdinand Hiller hatte er ein ähnliches Zusammentreffen. Als er unter dessen Fenster sein Örgelchen drehte und ihn dadurch beim Komponieren störte, bat Hiller ihn, mit dem Leierkasten weiterzuziehen, worauf Palm höflich erwiderte: ‚Recht gern, Herr Kapellmeister, denn Künstler und Kollegen müssen sich gegenseitig gefällig sein.‘“[143]

Im hohen Alter wird Palm die Orgel zu schwer. Er ersetzt sie durch eine Pappschachtel, in der man durch ein Guckloch Bilder sieht, die durch einen Spiegel reflektiert werden. Milden Spendern reicht er schließlich dazu folgende Visitenkarte:

Joh. Jos. Palm
Militair-Invalide
81 Jahre alt
kann nicht mehr mit der Orgel gehen, jetzt
komme ich mit einem Romantischen Panorama.
Krahnenbäumen No. 60.

Am 29. Januar 1882 stirbt der beliebte Straßenmusiker. Die Zeitungen nehmen Notiz davon, und unzählige Menschen folgen seinem Sarg zum Friedhof Melaten. Später sind es immer wieder Zeiten der Not, die solche Volkskünstler hervorbringen, besonders nach den beiden Weltkriegen.[144]

„Maler Bock" – ein kölscher Diogenes

Heinrich Peter Bock gehört zu den wenigen „kölschen Originalen", die der bürgerlichen Gesellschaft entschieden distanziert gegenüberstehen. Er schimpft über das „Bürgerpack" und neigt in fast anarchistischer Art zu subversivem Ulk, mit dem er berühmt wird.

Am 30. Juli 1822 erblickt er in der Maximinenstraße 92 als Sohn des Schreiners Joseph Bock und seiner Ehefrau Christine das Licht der Welt. Über seine Kindheit und Jugend wird nichts berichtet, was seine spätere Originalität ahnen lässt. Der Vater möchte, dass er Metzger wird, doch der Sohn ist jedem bürgerlichen Beruf und erst recht jeder preußischen Ordnung abhold. Seine militärische Laufbahn endet rasch. Das Militär in Deutz kann offensichtlich nichts mit ihm anfangen; schon nach wenigen Wochen muss der 19-Jährige die Kaserne wieder verlassen. Bald macht er in seltsamer Aufmachung in Köln auf sich aufmerksam: Am linken Fuß ein Pantoffel, am rechten Fuß ein Stiefel mit Reitersporn, über der linken Schulter ein kleiner spanischer Mantel, auf dem Kopf ein spitzer Federhut und unterm linken Arm eine Rolle, angeblich mit Zeichnungen.

Ein anderer beschreibt ihn so: „Eine Kunstnatur mit langen Haaren, wallend bis auf die Schultern, mit ledernem Käpplein aus dem vorigen Jahrhundert, mit einem Rocke, dessen Schnitt aus der Zeit der Restauration zu sein scheint."

Sesshaft ohne festen Wohnsitz

Bock, der offensichtlich selbst nicht malt, stilisiert sich als Künstler und Kunstfreund, als „feiner Kenner der echten Rubens und Coegio's, als ausgemachter Gemmenfreund, Conservator und Retoucheur alter Gemälde". Legendär sind seine Methoden, den hungrigen Magen zu füllen. Er besucht eine Wirtin aus gegebenem Anlass in ihrem Lokal, überreicht ihr einen Strauß Feldblumen, etwa mit diesen Worten: „Schöne Frau, ich gratuliere herzlich zu Ihrem Namenstag. Sie sind die Edelste ihres Geschlechtes. Mögen Amouretten Sie in ihren Träumen umspielen." Die Umschmeichelte lädt ihn zu Speis und Trank ein. Bock vertilgt enorme Mengen und verabschiedet sich artig – nicht ohne seinen Blumenstrauß diskret zum nächsten Termin mitzunehmen.

Einen festen Wohnsitz hat er nicht. Seine Nächte verbringt er unter den Bögen der alten Stadtmauer. In der kalten Jahreszeit verzieht er sich in einen leeren Möbelwagen oder häufiger noch in einen großen eisernen Dampfkessel am alten Ufer, „aus dem er" – so die Überlieferung –, „wenn der wohlbeleibte Polizeisergeant Spickenheuer ihn aufforderte herauszukommen, freundlich lächelnd den Kopf herausstreckte und den machtlos dastehenden Mann höflich bat, sich doch zu ihm in seinen Salon zu bemühen." Nach frostigen Nächten macht schon mal das Gerücht die Runde, er sei erfroren: „Der Bock eß diß Naach en der Prumenad verkahlt."

Doch der kölsche Diogenes verblüfft die Leute immer wieder durch seine eiserne Gesundheit – und Überlebenskunst. 1865 bittet er in einer eiskalten Nacht die Torwache von St. Severin, sich dort am heißen Ofen wärmen zu dürfen – der werde ja auf Staatskosten geheizt. Nachdem die Soldaten am Morgen ihr Frühstück mit ihm geteilt haben, erteilt er ihnen – zumeist Analphabeten – zum Dank Unterricht im Lesen und Schreiben. Es sei eine Ehre für ihn, „als ehemaliger leichter Kavallerist den Fußkranken beizustehen".

Verhaftungen wegen „fortgesetzter Müßiggängerei" können nicht ausbleiben. Er kommt in die Arbeitsanstalt nach Brauweiler – in sein „Landgut", wie er sagt.

Vom „Landgut" Brauweiler in die Lindenburg

Im Januar 1873 erscheint in der Berliner Zeitung folgende, von einem Schelm aus Köln lancierte Meldung: „Der am 12. d. M. in Brauweiler bei Köln verstorbene, auch in weiten Kreisen bekannte Maler Professor Bock, früher dahier wohnhaft, hat sein ganzes, nicht unbedeutendes Vermögen testamentarisch zu frommen und milden Zwecken vermacht. Unter anderem bestimmte er eine Summe von 20.000 Thalern zur Erbauung eines katholischen Mägdehauses dahier und 10.000 Thlr. zu Stiftungen für zwei Jünglinge, die sich dem Studium der katholischen Theologie widmen wollen. Dem bekannten Asyl in der Spinnmühlengasse in Köln vermachte er 5000 Thlr. Und dem erzbischöflichen Stuhle daselbst 10.000 Thlr., deren Zinsen zur Aufbesserung schlecht dotierter Vicarienstellen verwendet werden sollen. Bock, ein bedeutender Künstler, namentlich durch seine Altarbilder bekannt, war unverheiratet und trat vor etwa zehn Jahren vom Protestantismus zur römisch-katholischen Kirche über, ein Schritt, der ihm namentlich in hiesigen Künstlerkreisen viele Anfeindungen verursachte, so dass er den Entschluss fasste, sich auf sein Landgut in Brauweiler zurückzuziehen und dort den Rest seiner Tage in Ruhe und wahrer Frömmigkeit zu verbringen."

In der Karnevalszeit erscheint nach Veröffentlichung dieser Geschichte, die die „Kölnische Zeitung" mit ironischem Kommentar nachdruckt, in der Domstadt ein Flugblatt („gequetscht, verlegt und verschlissen von der Hanswurstlichen Hofdrückerei"), in dem ein empörter „Maler Bock" dem ahnungslosen „Germania"-Redakteur Paul August Majunke vorwirft, er habe ihn beleidigt und verhöhnt. Auch sei die angebliche Schenkung an das Asyl absurd: „Hat der Staat nicht selbst heidenmäßig viel Geld?" Und dann die angebliche Konversion! Maler Bock kontert: „Sie halten mich wohl für so wankelmütig, wie Sie es sind!" Aber Hopfen und Malz sei wohl bei diesem Hal- nein: Majunken verloren. Das Flugblatt endet mit Mahnung und Adresse: „Bessern Sie sich! Arbeitsanstalt Brauweiler, 17. Februar 1873, Bock, Maler und moderner Diogenes."

Vier Jahre später kommt Heinrich Peter Bock wegen einer eitrigen Brustfellentzündung ins Bürgerhospital und wird im Juni 1878 in die Lindenburg überwiesen, wo er sich laut Aufnahmeschein als „Gemälde-Restaurateur" vorstellt. Ist er wirklich psychisch krank? Sollte er den Verrückten nur spielen, so verliert er das Spiel; denn einen Monat später verlegt man ihn nach Düren in die Provinzial-Irrenanstalt, in der er am 2. Dezember 1878, erst 55-jährig, stirbt.

Schon zu seinen Lebzeiten wird ein Lied über ihn gesungen, in dem seine Verachtung des bürgerlichen Lebens und des Militärs ebenso wie sein Appetit – auf sieben Hühner gleichzeitig – zur Sprache kommt. Schon morgens, wenn er aus dem Schlafsack kriecht, ärgert er sich maßlos über das „Bürgerpack“:

Des Morgens, wann ich fresch opston
Un kruffen us dem Sack,
Dann ärgert för kapott zo gon
Mich all dat Bürgerpack.
Sugar ald en der Prumenad
Röf su ne stiefe Strühzaldat:
„Maler Bock! Maler Bock!
Stipp de sibben Hööner op!“[145]

„Maler Bock“ ist übrigens der einzige unter Kölns „kleinen Leuten“, dem wenigstens ein Gässchen am Rhein gewidmet ist.[146] Die „Aufsteiger“ Franz Raveaux, Andreas Gottschalk, Robert Blum und August Bebel wurden mit Straßennamen gewürdigt. Die beiden ersten waren für Köln, Blum und Bebel für ganz Deutschland von großer, heute fast vergessener Bedeutung. Sie trugen zur Selbstorganisation der „unten“ lebenden und arbeitenden Menschen bei und strebten Gerechtigkeit für alle an. „Maler Bock“ hatte genug zu tun, sein eigenes karges Leben zu organisieren. Auch er schwamm gegen den Strom, aber eher allein.

Närrisches Treiben statt „geordneter“ Feste

Der Karneval des „rohen Pöbels“

Im frühen 19. Jahrhundert ist der Karneval in Köln noch eine Domäne der „kleinen Leute“, des „rohen Pöbels“, wie Albert Klebe im Jahre 1800 naserümpfend vermerkt: „Alle Wirtshäuser ertönten von Musik und Gläserklang und dem Brüllen und Jauchzen des besoffenen Pöbels. […] Man sah hier nichts als Fuhrleute mit schmutzigen Kitteln, mit verzerrten Larven und lang herunterhängenden Haaren von Werg oder Flachs,

Bauern in plumper, schmutziger Tracht, schmierige Caminfeger und altväterlich gekleidete Weiber. In diesem von Tabak, Punsch und Ausdünstungen duftenden Tumult trieb sich der Pöbel mit Entzücken herum.“[147]

Verständnisvoller äußert sich zwei Jahre später ein Kölner Zeitgenosse in der Tageszeitung „Beobachter im Rheindepartement“: „In den Häuschen und Hütten der niederen und ärmeren Classe wird die Geschichte der Fastnachts-Farcen erzählt. Die unermesslichen Perücken von Flachs und Werg, die Nasen-Ungeheuer, mit allen Farben bemalt, und mit hundert Auswüchsen besetzt, die Zwittermasken, aus denen weder Geschlecht, noch Vaterland, noch Stand herauszurathen ist, werden in diesen Hütten geboren. Während mancher Goldpapier-König und mancher Sultan, zu dessen Talar ein Schlafrock und zu dessen Turban eine Serviette geliehen werden soll, ausgebrütet wird, ist kein Brod im Hause. Bettzeug, Kleider und Hausrath werden versetzt, um während drey Tagen zu geniessen, was seit einem Jahr entbehrt ward.“

Die von der Französischen Revolution propagierte Idee der Gleichheit hinterlässt wenigstens im Karneval ihre Spuren in der Domstadt. Standes- und Klassenunterschiede werden für einige Tage überspielt. „Die Häuser stehen den Masken offen“, bemerkt der Kölner Zeitgenosse, „sie werden mit Höflichkeit empfangen. Mancher würde nie einen Fuß unter ein Dach setzen, wo er jetzt maskiert an den Theetisch oder an die Tafel gezogen wird. Vielleicht sieht mancher mit einem Blick, was er durch jahrelanges Forschen nicht entdeckt haben würde.“[148]

Die Weiberfastnacht ist in dieser Zeit noch vorwiegend eine Domäne der Marktfrauen, die die Männer zum Auftakt des Karnevals wenigstens symbolisch entmachten, indem sie ihnen die Mützen vom Kopf reißen und damit Fangball spielen. „An diesem Tag“ erinnert sich der Mundartautor und Zeitzeuge Fritz Hönig, „ward das öffentliche Fest officiell eingeläutet, und vom Rathausthurme herab spielten derzeit um 12 Uhr Mittags Musicanten heitere Weisen. Die Gemüse- und Obsthändlerinnen des unmittelbar am Rathause gelegenen Marktes ließen es sich nicht nehmen, nachdem sie sich vorher durch ein gutes Frühstück gestärkt, bei welchem dem edlen Nass in allen Qualitäten reichlich zugesprochen wurde, lustige Tänze aufzuführen. Sie beanspruchten für sich von 12 bis 1 Uhr die Alleinherrschaft auf dem großen Marktplatze, und wenn ein Mann es wagte, den mitunter allzu stark angeheiterten Repräsentantinnen des Bedürfnishandels zu nahe zu treten, wurde der allzu Kühne in den Strudel mit hineingerissen und gezwungen, seine Kopfbedeckung als willkommene Beute zu lassen."[149]

Hanswurst contra „Held Karneval"

Eine beliebte Figur der „kleinen Leute" ist der mittelalterliche Reimsprecher Bellengeck – so genannt wegen seines bunten Kleids und seiner klingenden Schellen. Der Hanswurst, eine mittelalterliche Figur aus Sebastian Brants ‚Narrenschiff', ist als Inbegriff der Sinnlichkeit ebenfalls ein Liebling des Volkes. Wie in der französischen Zeit, so fallen beide Gestalten auch unter den Preußen zeitweise in Ungnade. Obrigkeitstreue Kölner Honoratioren wollen Anfang der zwanziger Jahre – es ist die Zeit der Romantik – den Karneval „reformieren". Bürgerlicher Schöngeist soll den wilden Geist ungeregelter Ausgelassenheit vertreiben. Der „Held Karneval" lässt den Hanswurst zwar noch mitregieren, doch möglichst nur als harmlosen Clown.

1823 organisieren betuchte Kölner Bürger, Schriftsteller und Intellektuelle, unter ihnen Matthias Joseph DeNoël, einen großen wohlgeordneten Maskenzug. Im Festwagen besteigt der gekrönte „Held Karneval" den Thron, und vom Neumarkt aus setzt sich die närrische Karawane in Bewegung. Mit Schaudern blickt DeNoël[150] auf die früheren Zeiten zurück. Da seien „die Ungebildeten in sinnloser, oft ekelhafter Vermummung" auf den Straßen umhergezogen und hätten „durch ihr wüstes Benehmen" die Gebildeten abgeschreckt. Doch nun sorgt ein „Festordnendes Komitee" für gepflegtes Brauchtum und stößt 1825 in seiner Karnevalszeitung einen großen Seufzer der Erleichterung aus: „Gottlob: die organisierten Maskenzüge haben Gemeinheit und ekelhafte Vermummung von den Straßen verscheucht."[151]

Im Revolutionsjahr 1830 darf das närrische Treiben nur hinter verschlossenen Türen stattfinden. Der Hanswurst aber wird vom Volk, allen Verboten zum Trotz, in Ketten durch die Straßen geführt. Das Narrenfest bewegt sich in den nachfolgenden Jahren ständig zwischen Verbot und Erlaubnis. Auf einem Maskenball werden Sympathien für die französische Revolution laut, und um Mitternacht lässt man dort „gallische Hähne“ krähen.

Zwölf Jahre später stößt das etablierte „Festordnende Parlament“, das mit Politik und den „niederen Volksschichten“ nichts zu tun haben will, in den eigenen Reihen auf Kritik eines sich „democratisch“ nennenden aufstrebenden kleinen Bürgertums. Diese Minderheit gründet schließlich unter Federführung des Zigarrenhändlers Franz Raveaux[152] eine „Allgemeine Karnevalsgesellschaft“, zu der auch ärmere Schichten Zugang finden. Die wohlsituierten „Festordner“ werden mit einem Lied verspottet:[153]

Nein, da mag ich nicht hinein,
Das sind nicht die Meinen,
Die da närrisch scheinen,
Stolz damit vereinen.
Ich will hin, wo Jedermann
Sich recht herzlich freuen kann,
Trägt er auch kein englisch Kleid.
Wo sich alle Menschen gleich
Da nur ist das Narrenreich.

DEMOKRATISCHER AUFBRUCH – ETAPPEN DER EMANZIPATION

Mann der Arbeit, aufgewacht!
Und erkenne deine Macht!
Alle Räder stehen still,
wenn dein starker Arm es will.

Georg Herwegh
(Bundeslied für den Allgemeinen Deutschen Arbeiterverein)

Das Massenelend führte im „Vormärz", nach der französischen Juli-Revolution von 1830 bis zur demokratischen Revolution 1848, zu Unruhen, Empörung und Aufständen in Deutschland. Sie gipfelten 1844 im schlesischen Weberaufstand.

Die bürgerlich-demokratische Februarrevolution führt 1848 in Frankreich zur Ausrufung der Republik. Die Auswirkungen sind enorm: In Wien wird Fürst Metternich gestürzt, in Berlin zwingen Barrikadenkämpfer am 18. März das Militär in die Defensive. König Friedrich Wilhelm IV. gibt zum Schein nach und verspricht Reformen. In Solingen und Elberfeld kommt es zu Angriffen auf Fabriken, in Krefeld zur Erhebung der Seidenweber. Und in Köln, einer Stadt mit inzwischen 94.800 Einwohnern, demonstrieren im März mehr als 10.000 Menschen für Freiheit und Bürgerrechte. Für einige Monate entsteht eine politische Öffentlichkeit mit freier Presse, Versammlungen, Vereinen und Parteien. Zum ersten Mal werden Ansätze von Demokratie erfahrbar.

Die Erfolge gegen Arbeitslosigkeit, Ausbeutung und Massenelend sind freilich gering, werden zudem in der Bismarck-Ära wieder zurückgedrängt. Doch der Kölner Humor bleibt trotz alledem unverwüstlich.

Besonders markant äußert er sich bei den belächelten wie auch ernsthaft gewürdigten „kölschen Originalen“.

Opfer militärischer Willkür – Beginn einer Bürgerbewegung

Ein beliebtes Volksfest ist die jährlich auf dem Alter Markt gefeierte Martinskirmes. Im August 1846 endet sie nach einigen Steinwürfen jugendlicher Heißsporne in hemmungsloser Militärgewalt. Menschen werden durch die Straßen gehetzt und wahllos zusammengeschlagen. Auch Frauen und Kinder werden durch Kolbenstöße verletzt. Es kommt zu schwersten Verletzungen und mehreren Todesfällen. Der Zigarrenhändler Franz Raveaux, Kandidat für den Stadtrat, sammelt zusammen mit demokratisch engagierten Freunden Augenzeugenberichte.[154]

Brutale Militärgewalt

Das Haus eines Bierbrauers wird auf Befehl eines Leutnants gestürmt, obwohl bereits die Polizei im Haus ist. Türen und Fenster werden zerschlagen. Die Ladenfenster eines Kaufmanns werden demoliert, weil man dessen aus dem Fenster blickende Ladenmädchen beschuldigt, mit Steinen geworfen zu haben. In der Budengasse werden mehrere Personen, darunter Frauen und Kinder, durch Hiebe und Kolbenstöße zu Boden geworfen.

Stadtkommandant Friedrich Wilhelm Freiherr von der Lundt schickt eine bereitstehende Kompanie wieder in die Kaserne. Den ihn umringenden Bürgern verspricht er eine strenge Untersuchung der Übergriffe und versucht das Militär gleichzeitig zu entschuldigen: Die Soldaten hätten nur auf Anordnung der Polizei gehandelt und seien außerdem durch Steinwürfe gereizt worden.

Um zehn Uhr abends traben Dragoner aus der Deutzer Kaserne heran, schlagen ahnungslose Passanten in Straßen fern vom Alter Markt zusammen und reiten einige nieder. Ein junger Mann schleppt sich zu einem Wirtshaus in der Großen Neugasse. „Ein Theil der Kopfhaut ist nebst dem Ohr durch einen Säbelhieb vom Kopfe getrennt, nur noch an einem Lappen über die Schulter hängend, auf der anderen Seite des Kopfes 4 bis 5 sich durchkreuzende Säbelhiebe, ein Stich durch den Arm etc."

Franz Boldermann und Heinrich Statz

Ebenfalls um zehn Uhr abends geht ein Trupp Dragoner in der Großen Budengasse gegen den 19-jährigen Franz Boldermann noch brutaler vor. Als sich der Schneidergeselle, um den Reitern auszuweichen, hinter eine Pumpe stellt, ruft ein Dragoner: „Da steht noch einer!" Ohne den jungen Mann anzuhören, befiehlt Oberst Leopold von Woedtke, Kommandeur des 4. Dragoner-Regiments: „Haut den Kerl nieder, schlagt den Hund tot!" Franz wird dreißig Meter weit durch die Gasse geschleift. Obwohl er keinen Widerstand leistet und mehrfach seine Unschuld beteuert, schlagen die Dragoner – auch der Oberst – immer wieder auf ihn ein, auch dann noch, als er blutend auf dem Boden liegt. „Ihr Schurken, ihr Mörder!" rufen Anwohner aus geöffneten Fenstern. „Ihr habt einen Menschen erschlagen!" Der Oberst wiegelt ab: „Liebe Leute, seid nur ruhig, es ist vielleicht durch ein Unglück ein Mensch überritten worden." Franz Boldermann wird bewusstlos ins städtische Hospital getragen. Ein Säbelhieb hat Kopf und Hirn so getroffen, dass die Ärzte eine dauernde linksseitige Lähmung befürchten.

Noch Furchtbareres widerfährt zur gleichen Zeit dem Fassbindergesellen Heinrich Statz. Als er auf dem Heimweg zum Buttermarkt den völlig leeren Alter Markt überqueren will, lassen Soldaten ihn zunächst passieren. Doch dann folgen ihm zwei Gendarmen. Der eine versetzt ihm einen Säbelhieb über den Kopf, der andere versucht das gleiche, stolpert und fällt zu Boden. Voller Wut ruft er einigen Soldaten zu: „Haltet den Kerl auf! Schlagt den Kerl tot!" Als Statz weitereilt, sticht ein Infanterist mit dem Bajonett auf ihn ein. Er wankt auf den Markt zurück, ein hilfreicher Bürger zieht ihn in sein Haus und holt einen Arzt, der eine schwere Schädelverletzung und Stichwunden im Unterleib feststellt. Auf einer Bahre wird der Verwundete, von Nachbarn begleitet, ins städtische Hospital gebracht, wo er wenig später seinen schweren Verletzungen erliegt.

Die Bilanz dieses Tages: ein Toter, sieben Schwerverletzte, zahllose Leichtverwundete, zerschlagene Fenster und Türen und demolierte Häuser, an denen Blutspuren sichtbar bleiben. Franz Raveaux registriert die Straßen und Plätze, in denen es zu Übergriffen gekommen ist: Hochstraße, Höhle, Kaufhaus, Sandkaul, Unter Goldschmied, Große Budengasse, Am Hof, Wallrafplatz, Minoritenstraße, Appellhofplatz, Herzogstraße, Glockengasse, Trankgasse und Maximinenstraße. „Also Straßen, die meistens vom Altenmarkte sehr entlegen, und in denen die Bewohner keine Ahnung von den auf dem Altenmarkte statt gehabten Ereignissen hatten."

Unbewaffnete „Bürger-Companien" – eine Bürgerinitiative

In der Bevölkerung schlagen Entsetzen und Empörung in blanke Wut um, als ihnen am nächsten Morgen in einem Extrablatt der „Kölnischen Zeitung" eine amtliche Bekanntmachung des Regierungspräsidenten Karl Otto von Raumer präsentiert wird. Darin wird die Schuld an den Vorfällen allein den Bürgern angelastet und wahrheitswidrig behauptet, die Uniformierten hätten die Menschen zuerst gütlich zum Auseinandergehen aufgefordert, um Gewalt zu vermeiden. Falls es erneut zu „Unordnungen" kommen sollte, würden die Behörden „auch fernerhin mit allem Ernste dem Gesetze Achtung verschaffen und die öffentliche Ordnung aufrecht halten".

Am 5. August werden daraufhin mit Zustimmung der Behörden sechs unbewaffnete „Bürger-Companien" gebildet, die den ganzen Abend über in den Straßen patrouillieren. Am nächsten Tag versammeln sich viele Menschen in einem Saal, um die Begräbnisfeierlichkeiten für den getöteten Heinrich Statz vorzubereiten. 60 Taler werden dafür gesammelt und ohne Druckerlaubnis vervielfältigte Flugblätter verteilt. Weitere Ermittlungen will man nicht allein den Behörden überlassen. Deshalb wird ein siebenköpfiges „Berichterstattungskomitee" gewählt, zu dem auch Raveaux gehört.

Am 7. August geben mehrere tausend Menschen Heinrich Statz das letzte Geleit. Der Leichenzug bewegt sich durch weite Teile der Stadt und führt demonstrativ auch am Haus des Stadtkommandanten vorbei zum Melaten-Friedhof. Der in der Bevölkerung beliebte Pfarrer Kerp und der ins Berichterstattungskomitee gewählte Kaplan Max Georg Drouven halten die kirchlichen Grabreden.

Dank des sensiblen Auftretens der unbewaffneten Bürger-Kompanien kommt es auch während der Nachkirmes einen Tag später zu keinerlei Zwischenfällen. Stadtratsmitglied Heinrich von Wittgenstein dankt als Chef der gesamten Bürgergarde den Bürger-Kompanien für die der Stadt geleisteten Dienste.

Die Augenzeugenberichte des Berichterstattungskomitees bleiben allerdings folgenlos. Eine von Gerichts- und Militärbehörden sehr zögerlich eingerichtete gemischte Untersuchungskommission kommt zu keinem Ergebnis. Der Stadtkommandant geht Beschuldigungen trotz Namensnennungen nicht wirklich nach. Von militärischen Bestrafungen wird nichts bekannt und das halbherzig begonnene Unternehmen endet wie das Hornberger Schießen. Versuche verletzter Bürger, uniformierte Straftäter vor Gericht zu bringen, verlaufen ebenfalls im Sande. Die Obrigkeit verliert in Köln weiter an Ansehen. König Friedrich Wilhelm IV. im fernen Berlin beklagt die Kölner Ereignisse freilich aus seiner Sicht. Mit „gerechtem Schmerz" beklagt er die „Auflehnung gegen die öffentliche Ordnung". Sie sei „überall ein schweres Verbrechen, am meisten in einer Stadt, welche mit Recht als ein Bollwerk Deutschlands gilt".[155]

Was der Monarch als „Auflehnung" versteht, ist in Wirklichkeit eine Art Bürgerinitiative, gegründet zum Selbstschutz der „kleinen Leute" und zur Kontrolle „von unten". Ist bisher die Kleinkriminalität kleiner Leute vor Gericht gebracht worden, so werden nun erstmals die Behörden in Köln von einer aufbegehrenden Öffentlichkeit aufgefordert, an kleinen

Leuten begangene Verbrechen zu ahnden. Es ist der Vorabend der demokratischen Revolution 1848/49.

Das „Go-in“ im Rathaus – die „Forderungen des Volkes“

Am 25. Februar 1848 berichtet die „Kölnische Zeitung“ in einem Extrablatt über Unruhen in Paris. Einen Tag später bringt die Zeitung die sensationelle Nachricht, nach Barrikadenkämpfen in Paris sei der Thron des Königs Louis-Philippe öffentlich verbrannt und Frankreich zur Republik erklärt worden. Der württembergische Demokrat Wilhelm Zimmermann, wenig später Mitglied der Deutschen Nationalversammlung, beobachtet in Köln Jubel und Bestürzung: „Die Republik in Frankreich! Ein Blousenmann unter den Häuptern der Regierung! Gleichheit und Brüderlichkeit! Das war für das Kölner Volk zum Entzücken, und die Marseillaise spielte in allen Caféhäusern mit Gesangbegleitung. Umsonst zischten andere darein und ließen zur Sühne das ‚Heil dir im Siegerkranz‘ spielen, aber die Musik wurde ausgepfiffen, sie mußte verstummen. Betroffen, Lots Salzsäule gleich, standen die sonst sichersten und erhabensten Leute, die Kaufleute, Banquiers, die Besitzenden, die Personen der feinen Bildung.“[156]

1848 hat die Selbstorganisation der bürgerlichen Demokraten in vielfältigen Vereinen und mit ihnen auch vieler „kleiner Leute“ einen ersten Höhepunkt in Deutschland erreicht. In Köln versammeln sich am 3. März, angeführt von dem Armenarzt und „Frühsozialisten“ Andreas Gottschalk[157], ungefähr 5000 Menschen, überwiegend Handwerksgesellen, in Sonntagskleidung vor dem Rathaus, um den Gemeinderat zur Annahme von sechs „Forderungen des Volkes“ zu bewegen.

Plädoyer im Rathaus

Ein Teil der Menschenmenge dringt in die Vorhalle des Rathauses ein. Gottschalk erreicht den Oberbürgermeister Johann Anton Steinberger im Rathaussaal und erhält die Erlaubnis, dem Gemeinderat die in Köln bereits auf Flugblättern kursierenden „Forderungen des Volkes" zu überreichen:

„1. Gesetzgebung und Verwaltung durch das Volk. Allgemeines Wahlrecht und allgemeine Wählbarkeit in Gemeinde und Staat.

2. Unbedingte Freiheit der Presse.

3. Aufhebung des stehenden Heeres und Einführung einer allgemeinen Volksbewaffnung mit den vom Volke gewählten Führern.

4. Freies Vereinigungsrecht.

5. Schutz der Arbeit und Sicherstellung der menschlichen Lebensbedürfnisse für alle.

6. Vollständige Erziehung aller Kinder auf öffentliche Kosten."

Als 7. Punkt findet sich auf einigen Exemplaren noch die Forderung „Friede mit allen Völkern".

Sodann erhält Gottschalk die Möglichkeit, den Ratsmitgliedern die Forderungen zu erläutern.[158] Er beginnt mit dem Thema „Schutz der Arbeit". „Heißt es Ungerechtes verlangen?", fragt er. „Hat ja doch das Tier seine Nahrung und sein Lager und wir, Menschen, denen nur der Tod einen Feiertag der drückendsten Mühen gewährt, wir sollten nicht verlangen dürfen: daß Schutz unserer Arbeit werde vor der Ausbeutung durch das Capital?" Er fordert die Sicherstellung der Grundbedürfnisse und fragt: „Sie wollen die Abschaffung der Armut – sie ist ja eine nicht eben angenehme Begleiterin des Reichthums. Manche Ihrer Maßnahmen bezweckten wenigstens eine Milderung derselben. Aber alle werden nutzlos, weil unzureichend, und verloren bleiben, wenn Sie nicht die Armut an ihrer Quelle angreifen und vernichten." Alles komme auf die „Erziehung und Ausbildung der arm Geborenen" an. Die aber sei unzureichend, von Armenschulen und Waisenhäusern ganz zu schweigen, in denen die Kinder eher abgerichtet würden. Der Gemeinderat solle sich deshalb auch nicht darüber wundern, daß so abgerichtete Menschen „brotlos werden und elendiglich verkommen, wenn eine Maschine erfunden worden ist, die die rohe Arbeit derselben sechshundertfältig ersetzt". Abschließend wirbt Gottschalk beim Gemeinderat um Zustimmung „im Namen jenes würdigsten aller Stände, der für den Schweiß seiner Arbeit nicht hat, womit seine Blöße zu decken oder seinen Hunger zu stillen“. Er plädiert für Gerechtigkeit, rät zur Klugheit, „denn des Zunders ist allerwärts so viel aufgehäuft“, und appelliert schließlich: „Machen Sie unser Gesuch zu dem Ihrigen!“

Gottschalk wird eingeladen, an der Beratung des Gemeinderats teilzunehmen. Den Vorwurf, er wolle die Monarchie abschaffen, weist er zurück. „Aber mit demokratischer Grundlage, mit Betheiligung des ganzen Volkes an der Gesetzgebung und Vertretung“, fügt er hinzu. „Was wir aber nicht wollen, ist eine auf dem Geldbesitz beruhende Verfassung, ist die Herrschaft einer Oligarchie, einer Camarilla, der Börsenmänner und Geldspekulanten, damit wir nicht, wie die Franzosen, eine Revolution zu machen haben, um uns von ihr zu befreien und die gekränkte öffentliche Sittlichkeit zu sühnen.“

Dem Einwand, er stifte Unfrieden und Uneinigkeit, begegnet er mit einem Bekenntnis zur anzustrebenden Einheit des Vaterlandes. „Aber“, so gibt er zu bedenken, „Sie erreichen dies nur, indem Sie eine Brücke hinüberbauen ins Proletariat; Sie erreichen dies nur, indem Sie mit Zurückhaltung Ihrer Standesvorurtheile dasselbe mit offener Brüderlichkeit umfangen und seine Kinder als die Ihrigen betrachten.“ Damit kommt er auf die 6. Forderung zu sprechen: „Das preußische Erziehungswesen mag besser sein als manches andere, gut ist es nicht. Der sicherste Maßstab, daß ein Erziehungssystem nichts wert ist, ist eine so massenhafte Verarmung wie in unserem Lande. Tüchtig erzogene Menschen werden nur ausnahmsweise arbeits- oder erwerbslos. Die heutige Erziehung dagegen ist nur eine Abrichtung zu einem bestimmten Zweck, nicht eine freie Entwicklung aller menschlichen Fähigkeiten. Die Erziehung sollte aber wenigstens so einzurichten sein, daß der Mensch, dieses durch Anlagen und Kräfte so reiche Wesen, wohl im Stande bleibt, mit toten Maschinen zu konkurrieren.“

Der „Kölner Fenstersturz"

Mitten hinein in die Diskussion ertönen von draußen zwei Trommelwirbel, und eine große Menschenmenge stürzt mit dem Ruf „Die Soldaten, sie haben schon einen erschossen!" herein. Hastig verlassen die Abgeordneten den Saal. Einer von ihnen ruft: „Lassen Sie uns nur alles gewähren, morgen können wir doch thun, was wir wollen!"

Was war geschehen? Vor dem Eingang des Rathauses war ein Bataillon Infanterie mit einigen Offizieren und Polizeibeamten an der Spitze erschienen und hatte den Platz besetzt. Die Menschen stürzten nach den beiden noch freien, aber sehr engen Ausgängen des Platzes, einige wurden niedergetreten. Erschossen wurde niemand.

Die Menschen im Rathaus fordern den Oberbürgermeister mit Erfolg auf, den Rückzug des Militärs zu veranlassen. Daraufhin verlässt die Menge den Saal. An eine Fortsetzung der gemeinsamen Beratungen ist allerdings nicht zu denken; denn der Gemeinderat ist nicht mehr beschlussfähig. Einer der Ratsherren hat sich im oberen Stockwerk im Stroh versteckt, ein anderer gar im Turm, und zwei weitere sind panikartig aus dem Fenster des Rathaussaales gesprungen, wobei sich der eine beide Beine gebrochen hat.

Den in Köln erhobenen Forderungen wird in der preußischen Rheinprovinz in der Folgezeit nur höchst begrenzt Rechnung getragen. Dennoch stellt die Aktion im Rathaus, zwei Jahre nach der Bürgerinitiative von 1846, einen erheblichen gesellschaftlichen Fortschritt dar. Hier probt das Volk unter Anführung demokratisch gesinnter Bürger gewaltfreien Widerstand gegen herrschendes Unrecht. Hier wird zudem in einem vorher nicht gekannten Ausmaß die Forderung nach Mitwirkung erhoben, die nun durch den Kölner Arbeiterverein auf organisatorische Füße gestellt wird.

Der Kölner Arbeiterverein

Die Herausforderung zur Bildung eines Arbeitervereins ist in Köln evident: Lag die Arbeitszeit in den Fabriken und Handwerksbetrieben in den 1820er-Jahren noch bei täglich zwölf Stunden, so steigt sie in den 1850er-Jahren auf bis zu 14 Stunden. Viele Menschen müssen dabei noch lange Wege zur Arbeitsstelle in Kauf nehmen. Einen freien Samstag oder Lohnfortzahlung im Krankheitsfall gibt es für sie nicht.

Ärmere Leute ernähren sich von Mehlsuppen, Schwarzbrot, Kartoffeln, Kohl, Speck, Malzkaffe und Rübenkraut. Die Mahlzeiten werden mit Zinn- und Holzlöffeln gemeinsam aus einer „Kump", einer Schüssel, gegessen. Essbestecke oder Porzellan können sie sich nicht leisten.

Doch die Reichen werden ständig reicher. Kölns Spitzenverdiener sind in der Jahrhundertmitte der Zuckerraffineur Carl Joest mit 60.000 Talern, der Bankier Johann Heinrich Stein mit 20.000 bis 25.000 Talern und die Großkaufleute August und Ludolf Camphausen mit je 24.000 Talern pro Jahr. Wohlhabend sind bisweilen Ärzte und Apotheker – bis zu 6000 Taler. Unter den Handwerksmeistern gibt es nur ganz wenige, die 1000 Taler versteuern. Wer sein Leben einigermaßen fristen will, braucht wenigstens 400 Taler im Jahr. So viel verdienen jedoch weniger als fünf Prozent der Kölner Bevölkerung.[159]

Wenige Tage nach den Rathausereignissen vom März 1848 finden sich ungefähr 300 Männer, meist Arbeiter und Handwerker, in der Wirtschaft Simon in der Mühlengasse zusammen. Es ist die Geburtsstunde des „Kölner Arbeitervereins". Als zukünftige Basis des Vereins wird ein provisorisches Komitee aus Vertretern einzelner Gewerke gewählt. Die meisten Berufe sind hier schon vertreten: Steinbauer, Schuster, Schneider, Schmiede, Anstreicher, Lithographen, Schreiner, Färber, Bäcker, Barbiere, Buchbinder, Maler, Gewerbetreibende, Kaufleute, Maschinenbauer, Fassbinder, Schiffer, Schlosser, Klempner, Gerber, Sattler, Goldarbeiter, Tapezierer, Instrumentenmacher, Uhrmacher, Vergolder, Fabrikarbeiter, Bierbrauer, Branntweinbrenner, Metzger, Drechsler, Zimmerleute und Silberarbeiter. Erstmals in der Geschichte Kölns erhalten Schiffer und

Fabrikarbeiter zusammen mit Vertretern „zünftiger" Handwerksberufe eine gemeinsame Organisation, die sich für ihre Interessen starkmacht.[160]

Die Vereinszeitung

Bereits zehn Tage nach der Gründungsversammlung gibt der Verein im April die „Zeitung des Arbeitervereins zu Köln" heraus, die später in „Freiheit, Brüderlichkeit, Arbeit" umbenannt wird. In ihr formuliert der Vorstand seine Forderungen nach mehr Beteiligung an betrieblichen Entscheidungsprozessen, einer gerechten sozialen Absicherung und der Etablierung wirksamer Arbeitsschutzgesetze.

Eine neue Entwicklung setzt ein. Nun gibt es in der Domstadt nicht mehr nur die bürgerliche „Kölnische Zeitung", sondern aufgrund gelockerter Zensur erstmals ein Blatt, das Klagen und Protest der Arbeiter publik machen und ihre Forderungen verstärken hilft. Im Juni erscheinen zudem unter Federführung von Karl Marx die „Neue Rheinische Zeitung" und die von dem Demokraten Carl Cramer herausgegebene Zeitung „Der Wächter am Rhein. Ein Blatt zur Besprechung der öffentlichen Angelegenheiten".

Zum ersten Mal in der Geschichte ist so etwas wie Pressevielfalt zu spüren, ein Forum auch für sozialen Protest und demokratische Forderungen. In Köln hat sie mit dem Blatt des Arbeitervereins begonnen, in dem auch dem Schicksal einfacher Arbeiter breiter Raum gegeben wird.

Die Klage des Seilergesellen Heinrich S.

Am 12. Mai 1848 erscheint in der „Zeitung des Arbeitervereins zu Köln" die Klage des Seilergesellen Heinrich S. über seinen Arbeitgeber. Er ist – so seine Darstellung – seit dem achten Lebensjahr bei der Firma Guilleaume[161] beschäftigt. Im 18. Jahr wurde ihm das rechte Bein durch ein Seil gebrochen. Danach kam er für fünf Monate in die Klinik und war insgesamt drei Jahre lang fast gehunfähig. Der Klinik bezahlte er 36 Taler, die ihm trotz Versprechungen von seinem Arbeitgeber nicht erstattet wurden.

Trotz Mahnung der Ärzte, das Bein zu schonen, ging er „aus Not" rasch wieder arbeiten – von morgens fünf bis abends acht Uhr. Wer zehn Minuten zu spät kann, musste zweieinhalb Silbergroschen, wer einen halben Tag fehlte, fünf Silbergroschen Strafe zahlen.

„Sehr oft" – so Heinrich S. –, „wenn der rohe Stoff schlecht war, wurde die Schuld dem Arbeiter zur Last gelegt und derselbe mit 10 Silbergroschen Strafe belegt, noch öfter aber wurde die ganze Arbeit, welche oft eine dreitägige war, für unbrauchbar erklärt, und der Arbeiter erhielt für seinen Fleiß und seine Mühe gar nichts, der Herr aber ließ sich nicht abhalten, die so genannte schlechte Arbeit für gute zu verkaufen, von welchem Falle wir uns nur zu oft überzeugt haben."

Heinrich S. wird nach Akkordarbeit mehrfach gehunfähig und krank. Doch Krankengeld wird ihm mit dem Hinweis verweigert, er sei „saufen gegangen". Nur einmal erhält er eine Nachzahlung von fünf Silbergroschen. Sein Hilferuf an den Kölner Arbeiterverein endet mit dem Satz: „Das ist gar nicht mehr zu ertragen und ich ersuche Sie, mit Herrn Guilleaume zu reden, oder die Sache durch die Zeitung bekannt zu geben."[162] Eine Reaktion der Seilfabrik ist nicht überliefert.

Die Scheltrede eines Arbeiters

Im Juli 1848 veröffentlicht die Zeitung des Arbeitervereins einen Beitrag („Von einem versprengten Arbeiter"), der Zorn ebenso wie Stolz zum Ausdruck bringt. „Der Arbeiter verlangt keinen Umsturz der Regierung", heißt es darin, „ihm ist's gleich, ob der Teufel oder seine Großmutter auf dem Throne sitzt, aber er will nicht wie das Vieh behandelt sein. Ihr sollt ihm seine Kräfte nicht in seinen Jugendjahren rauben, und sollt ihn in seinem Alter nicht darben lassen. Der Arbeiter wird trotz der Arbeit älter als die Thee trinkenden Geld verschwendenden Blassgesichter der Reichen. […] Bei unseren Kindern fährt kein Doktor in der Karosse an, aber bei Euch alle Tage. So gerade wie es bei dem Arbeiter mit seinen Kräften steht, so steht es auch mit seinem Geiste; er ist nie stumpf, nie unthätig, es sei denn durch übermäßige Arbeit, es sei um sich zu erholen und neue Kräfte zu sammeln. Unterdrücket ihn so hart und so lange ihr könnt, entbehren könnt Ihr ihn nicht. Wer schafft Euer Kapital? Könnt Ihr vielleicht auch arbeiten? Nein, sage ich Euch, Ihr könnt das Geld vergeuden, welches Euch der Arbeiter verdient, aber Ihr könnt kein Kapital schaffen. Das vergangene Unrecht, welches Ihr an uns verübt habt, könnt Ihr schwerlich wieder gutmachen. Ihr seid die Redlichen, welche arme Familien um ihr erspartes Geld, welches sie bei euch auf Zinsen legten, betrügen. Ihr seid diejenigen, welche den Bürger an den Bettelstab bringen, indem Ihr mit dem anvertrauten Gelde Bankrott macht."[163]

Gottschalks Solidarität mit Häftlingen

Nach den März-Ereignissen im Kölner Rathaus sind Andreas Gottschalk und zwei Mitangeklagte beschuldigt worden, „durch Reden in öffentlichen Versammlungen so wie durch Druckschriften ihre Mitbürger zur gewaltsamen Änderung der Staatsverfassung, zur bewaffneten Auflehnung gegen die Königl. Macht und zur Bewaffnung eines Theiles der Bürger gegen den Andern geradezu angereizt zu haben, ohne daß jedoch diese Anreizungen einen Erfolg gehabt haben". Als Untersuchungsgefangener erlebt er nun im Gefängnis „Klingelpütz" Haftbedingungen von „kleinen Leuten", die ihn im August 1848 zu einer geharnischten Beschwerde an die Behörde veranlassen.[164]

Die preußische Strafordnung von 1824 schreibt verschiedene „Disziplinarmittel" vor: Kostherabsetzung bei Wasser und Brot, Entzug der warmen Speise, Arbeitsentzug in isolierter Zelle, Dunkelhaft, fünf bis 15 Hiebe im Anstaltshof, Kettentragen bei Männern, Klötze tragen bei Frauen.[165]

Nach dem Studium der Kriminalprozessordnung moniert Gottschalk als Erstes, dass Untersuchungs- und Strafgefangene unter dem gleichen Dach untergebracht sind. Latrinen müssen gemeinsam benutzt, Belästigungen aller Art ausgehalten werden. Der Zustand der Zellen ist gesundheitsgefährdend – besonders bei Kälte, wie er im März selbst erlebt hat. Dann lässt eine Luke unterhalb der Decke Heizluft herein. Resultat: „Der obere Raum der Zelle ist glühend heiß, und indem die leichtere warme Luft stets nach oben strebt und die Strömung unter der Thüre her anregt und unterhält, ist der untere Raum der Zelle eisig kalt." Gottschalk ist davon überzeugt, dass hier der Grund nicht nur für schwere Erkältungs-, sondern auch für Augenkrankheiten vieler Gefangener liegt. Die schlechte Durchlüftung führt auch im Sommer zu stickiger Luft. „Daher und von der Nähe der Latrinen der faulig moderige Geruch aller bewohnten Zellen und Säle und der Überschuß an Ungeziefer, Fliegen, Spinnen, Maden, Mücken, Asseln, Flöhen und Wanzen."

Den Gesundheitszustand jugendlicher Strafgefangener findet der inhaftierte Arzt besonders besorgniserregend: „Ich sehe nur bleiche und welke Gestalten, und die Sterblichkeit muß nach einer ungefähren Schätzung ziemlich stark sein. Diese Thatsache wird von den Aufsehern nicht in Abrede gestellt, nur leiten sie dieselbe vom Kummer und Gram über die verlorene Freiheit her." Für Gottschalk haben die Todesfälle nicht nur psychische, sondern vor allem physische Ursachen: „die durchaus unzureichende Menge der Nahrungsmittel, die Schwerverdaulichkeit und Reizlosigkeit der wenig Nahrungsstoffe enthaltenden Speisen, der Mangel an Bewegung in freier Luft" und „die anhaltende Beschäftigung in geschlossenen Räumen". Das Leiden der Strafgefangenen sei durch die Größe ihrer Vergehen keineswegs gerechtfertigt. Mit seiner Beschwerde hofft Gottschalk zur Verbesserung ihrer Haftbedingungen, besonders der gefangenen Kinder, beizutragen. Auf eine Antwort wartet er vergeblich.

Der Kampf um das Wohl der Kinder

Nachdem Andreas Gottschalk in einem spektakulären Prozess von Kölner Geschworenen freigesprochen worden ist,[166] widmet er sich erneut den gesundheitlichen Problemen der Menschen – besonders denen der Kinder.

„In den gangbarsten Straßen unserer Stadt sind die Kinder, welche dort und besonders abends Almosen erflehen, eine gewöhnliche Erscheinung", schreibt Andreas Gottschalk 1849 in der Zeitung des Kölner Arbeitervereins. „In Lumpen gehüllt und meistens ohne Strumpf und Schuh, vermag die raueste Witterung, vermögen Regen und Schnee nicht, dass diese Kinder vor zehn Uhr die Straßen verlassen. Wir waren schon oft Zeuge, dass solche Kinder, vor Hunger und Kälte erstarrt, noch ganz spät abends vor der Thüre eines Reichen lagen [...], und unwillkürlich muss sich hier die Frage aufwerfen: Leben wir in einer Gesellschaft von Menschen oder wilden Tieren?" Wirkschulen und die „Armenfreischule" mildern das Elend teilweise ab. Doch Gottschalk lehnt die Trennung armer Kinder von den Kindern der Reichen grundsätzlich ab. Er fordert die gleichberechtigte und kostenlose schulische Erziehung aller Kinder – ohne Kinderarbeit.[167] Durch Bildung soll sich die Gesellschaft emanzipieren, Menschenwürde hergestellt und Selbstbestimmung ermöglicht werden!

Doch damit ist es in Köln noch schlecht bestellt. Erst 1853 strebt der preußische Landtag ein Gesetz an, das Kinderarbeit in Fabriken für Kinder unter zwölf – bisher sieben – Jahren verbieten und die Arbeitszeit bis zum 14. Lebensjahr auf sieben statt bisher zehn Stunden bei drei Stunden Schulunterricht[168] begrenzen soll. Die rheinischen Handelskammern und Unternehmen erheben Einspruch und beklagen drohende Nachteile für die Industrie.

In der entscheidenden Diskussion in der Zweiten Kammer des Landtags plädiert der Abgeordnete Eugen Thissen, Pfarrer der Kölner Arbeiterpfarre St. Jakob, uneingeschränkt für den Gesetzentwurf. Er berichtet von den „Interessen rücksichtsloser Fabrikanten", denen das Wohl und Wehe der Kinder gleichgültig sei: „Morgens um sieben Uhr müssen die Kinder in den Fabriken sein, und damit sie rechtzeitig erscheinen, müssen sie um 6 Uhr morgens aufstehen. Dann müssen sie bis 12 Uhr arbeiten; um eins geht es in die Fabriken zurück. Um 6 Uhr abends kommen sie zur Noth heraus, um von 6 bis 8 Uhr in der Schule zu sein, wo sie erschöpft an Körper und Geist sitzen." Thissen beschreibt, wie „dieser fortdauernde Zwang auf das Gemüth der Kinder wirkt und wie der kindliche Frohsinn dadurch unterdrückt wird", wie der „unbefriedigte Trieb nach Spiel und Zerstreuung" verkümmert. Zwar sei der Gesetzentwurf unvollkommen, er führe aber wenigstens zur Milderung der Not. Deshalb empfiehlt Thissen dem Landtag „mit ganzer Wärme die Annahme des Gesetzes".[169] Peter Reichensperger, katholischer Appellationsgerichtsrat in Köln, gehört zu einer ähnlich plädierenden Gruppe, und so wird das Gesetz trotz anfänglich heftiger Gegenreden „mit sehr überwiegender Majorität angenommen".[170]

Gottschalk engagiert sich unermüdlich ohne Rücksicht auf seine eigene Gesundheit. Als Köln im Sommer 1849 von einer schweren Cholera-Epidemie heimgesucht wird, die bis zum November 13.000 Tote fordert, versucht er unermüdlich, gerade den besonders betroffenen Armen zu helfen. Schließlich fällt er in seinem Haus in der Röhrergasse selbst der Seuche zum Opfer. Unermesslich ist die Trauer. Die Zeitung des Arbeitervereins schreibt:[171]

Da, am achten des September ist in Köln ein Mann gestorben,
Der beim schlichten Proletarier den Namen Freund erworben,
Der den armen Kranken heilte durch sein tief ergründet Wissen,
Der die Medizin ihm zahlte, der sich selbst den Schlaf entrissen.

Robert Blum – Autodidakt und Mann des Volkes

Die Wirkung, die Andreas Gottschalk als Armenarzt und Hauptgründer des Kölner Arbeitervereins in seiner Zeit erzielt, ist groß. Von großer Bedeutung für ganz Deutschland ist die politische Arbeit Robert Blums, des aus ärmsten Verhältnissen stammenden Vorkämpfers und Märtyrers der deutschen Demokratie, dessen Tod breiteste Volksschichten erschütterte und der von der Arbeiterbewegung des 19. Jahrhunderts als einer der Ihren verehrt wurde. Bis in die Gegenwart hinein werden persönliche Schicksalsschläge oder Niederlagen mit dem Satz „Erschossen wie Robert

Blum“ kommentiert – auch wenn bei manchen der reale Hintergrund in Vergessenheit geraten ist.

Lehrling, Gehilfe und Theaterdiener – die frühen Jahre

Robert Blum wird 1807 am Fischmarkt (später Mauthgasse) geboren. „Cologne“ steht im Taufschein – denn das Rheinland gehört noch zu Frankreich. Im Elternhaus geht es ärmlich zu. Engelbert Blum, gelernter Fassbinder wie sein Vater, ewig kränkelnd, schlägt sich als Schreiber und Aufseher in einer Stecknadelfabrik durch, wo er vor allem Kinder überwachen muss. Sie sind billiger als Erwachsene, und ihre kleinen Hände sind für feine Tätigkeiten besser geeignet.

Der dreijährige Robert ist nach einer Masernerkrankung neun Monate lang blind und bleibt dauerhaft sehgeschädigt. 1815 stirbt der Vater, gerade 34 Jahre alt, an Tuberkulose. Ein Schicksalsjahr für die Familie, zugleich eines der großen Politik. Napoleons Ordnung war gestürzt, jetzt regierte Preußen. Roberts Mutter, Maria Catharina, geb. Brabender, hält die Familie mit Näharbeiten über Wasser. Sie heiratet noch im selben Jahr den Schifferknecht Caspar Georg Schilder, einen recht rauen Gesellen, der seinem hoch begabten Stiefsohn wenig Förderung bietet. Er arbeitete auf einer Fähre, die zwischen Köln und Deutz verkehrt.

Der Stiefvater bewahrt die Familie vor Hunger, doch im Hungerwinter 1816/17 muss auch der Neunjährige ums tägliche Brot kämpfen, im Winter um fünf Uhr morgens aufstehen und am Bäckerladen drei Stunden lang anstehen. Danach muss er sich glücklich schätzen, wenn er „seine Beute durch das furchtbare Gedränge mit Lebensgefahr nach Hause schaffen konnte“. Nicht selten entreißen Erwachsene dem Knaben das Brot. Dann muss die Familie hungern – und Robert noch obendrein Schläge in Kauf nehmen. In der Weihnachtszeit bittet er seinen ebenso vermögenden wie geizigen Großonkel um Hilfe. „Die zufällige gute Laune des Greises“, so seine Erinnerung, „machte den Knaben zutraulich, so dass er die Noth des Hauses in schlichten Worten erzählte. Dies wirkte auffallend. Der Geizige gab ein reichliches Gericht Erbsen, etwas Kartoffeln, ein Stück geräuchertes Schweinefleisch und sechs Stüber."[172]

1817 wird Robert Messdiener in der Kirche Groß St. Martin, besucht die Pfarrschule, zwei Jahre später dann das Jesuiten-Gymnasium[173], leider nur für kurze Zeit, denn die Eltern können die Schule bald nicht mehr bezahlen. Es ist bitter für den Vierzehnjährigen, dass er nun in die Lehre geschickt wird. Nach zwei gescheiterten Versuchen probiert er es bei einem Gelbgießer – einen Metallberuf, spezialisiert auf die Herstellung von Messingschnallen und Beschlägen. Robert ist diese Arbeit zuwider, er wird täglich beschimpft und erhält schlechte Kost, doch er hält vier Jahr lang durch. Doch dann flieht der Gelbgießer wegen verschiedener Betrügereien aus Angst vor den Behörden aus der Stadt.

Nun geht Robert auf die Walz, findet aber nur sporadisch Arbeit. Unterwegs verfasst er Reiseskizzen und Gedichte. 1827 findet er eine Arbeit bei einem Laternenfabrikanten, reist als Handlungsgehilfe mit Lampen durch Deutschland. Ein halbes Jahr lang, unterbrochen durch Geschäftsreisen, bleibt er für die Firma in Berlin. Das geistige Leben hier fasziniert ihn. Er geht ins Theater, besucht Museen, hört Vorlesungen an der Universität. Und er schreibt weiter. Einige Gedichte werden sogar gedruckt. Im Sommer 1830 ist der Laternenfabrikant mit seinen Öllampen am Ende – er kann sich nicht auf Gaslaternen umstellen. Niedergeschlagen kehrt Robert Blum zu Fuß nach Köln zurück – keineswegs voller Sehnsucht. Aus Paris treffen revolutionäre Nachrichten ein: König Karl X. ist gestürzt, halb Europa in Aufruhr. Heinrich Heine und die Poeten des „Jungen Deutschland" preisen die Revolution. „Juble auf, Europa! / Jauchze, unterdrückte Völkerschaar", dichtet Robert Blum.

Beruflich kommt er weiter, wird am Stadttheater in Köln Theaterdiener. Dessen Direktor Friedrich Ringelhardt fördert ihn. Mit ihm geht er 1832 nach Leipzig ans dortige Stadttheater. Er steigt auf, wird Theatersekretär, schreibt Feuilletons, Kritiken und politische Theaterstücke. Für den mit ihm befreundeten Komponisten Albert Lortzing schreibt er ein Libretto. Gemeinsam mit zwei Leipziger Autoren verfasst er ein

Theaterlexikon in sieben Bänden, dessen erster Band 1839 erscheint. Das Lexikon wird zum Standardwerk.[174]

Demokratischer Vorkämpfer und Fürsprecher der „kleinen Leute"

1848 wird Blum Leipziger Abgeordneter in der als Folge der Revolution entstandenen ersten demokratisch gewählten gesamtdeutschen Volksvertretung: dem „Paulskirchenparlament", der Frankfurter Nationalversammlung. Dort setzt er sich als einer der führenden Köpfe der Demokraten für eine republikanische Verfassung des geplanten deutschen Nationalstaats ein.

Blums Tragödie beginnt, als die Linken im Frankfurter Parlament den Wiener Revolutionären ihre Sympathie bezeugen wollen. In Wien wird er freudig begrüßt und – eher ehrenhalber – mit militärischen Rängen bedacht. Nach einem Sieg der kaiserlichen Truppen wird er, obwohl er nicht mit der Waffe gekämpft hatte, trotz seiner Immunität als Abgeordneter von einem Standgericht zum Tode verurteilt und in der Brigittenau bei Wien erschossen. Er stirbt mit den Worten: „Ich sterbe für die Freiheit. Möge das Vaterland meiner eingedenk sein!"

Die Nachricht von Blums Hinrichtung begeistert den preußischen Abgeordneten Otto von Bismarck, löst in Deutschland aber weithin einen Sturm der Empörung aus. Im ganzen Land finden Protest- und Gedenkversammlungen statt, werden Hunderte von Liedern gedichtet. Die Rheinschiffer setzen ihre Flaggen auf Halbmast.

Den Trauerfeiern in zahlreichen deutschen Städten folgen Petitionen, in denen, wenn auch vergeblich, der Abbruch der diplomatischen Beziehungen zu Österreich gefordert wird. In Blums Geburtsstadt Köln wird ein Requiem gehalten, zu dem sich in und vor der überfüllten Minoritenkirche mehr als 3000 Menschen versammeln. In Leipzig nehmen 15.000 an einer Totenfeier teil, in der Dresdner Frauenkirche über 8000. Die Menschen erinnern sich an ihn als politischen Bahnbrecher in Sachsen, als Vizepräsident des Vorparlaments, Verfechter einer freiheitlichen Ordnung und Fürsprecher der „kleinen Leute". Die von Karl Marx geführte „Neue Rheinische Zeitung" veröffentlicht ein Gedicht von Ferdinand Freiligrath, das den Werdegang Blums schildert – „ein prächtig Proletarierkind, ein derber Küferjunge" –, der sich als Handwerkslehrling, Theaterdiener und Kassierer hochgearbeitet hat.

Kindheit in Kasematten, Aufstieg in Leipzig – August Bebel

Zu den Menschen, die in Köln aus „kleinen Verhältnissen" stammen und trotz schlechter Startbedingungen „aufsteigen", gehört neben Robert Blum auch August Bebel (1840–1913). Blum wurde zum Märtyrer der Freiheit, Bebel wird einer der wichtigsten Führer der Sozialdemokratie des 19. Jahrhunderts. Auch er berichtet detailliert über seine karge Kindheit und Jugend, bleibt zeitlebens „denen da unten" zugewandt. So gehört auch er zu Kölns ersten „kleinen Leuten", deren Bedeutung weit über Köln hinausreicht – und die in der deutschen Geschichtsschreibung ausführlich gewürdigt werden.

August Bebel wird in den Kasematten von Deutz geboren: als Sohn des Unteroffiziers Johann Gottlob Bebel und seiner Frau Wilhelmine, geb. Simon. „Das ‚Licht der Welt'", so seine Erinnerung an seine Kindheit, „in das ich nach meiner Geburt blickte, war das trübe Licht einer zinnernen Oellampe, das notdürftig die grauen Wände einer großen Kasemattenstube beleuchtete, die zugleich Schlaf- und Wohnzimmer, Salon, Küche und Wirtschaftsraum war."

Die preußische Unteroffiziersfamilie lebt hier in kargen Verhältnissen. Das Gehalt ist sehr knapp. Die Mutter darf eine Art Kantine führen, kann kleine Bedarfsartikel an die Mannschaften der Kasematten in der einzig vorhandenen Stube verkaufen und „abends bei der mit Rüböl gespeisten Lampe den Soldaten die steinernen Näpfe mit dampfenden Pellkartoffeln füllen, à Portion 6 Pfennig preußisch".

Der Vater muss 1843 und 1844 nach 15-jähriger Dienstzeit als schwer kranker Mann monatelang im Militärlazarett liegen, „den Tod und das

Elend seiner Familie vor Augen". Nachdrücklich bittet er die Mutter, nach seinem Tod die Jungen nicht ins Militärwaisenhaus zu bringen, weil damit die Verpflichtung zu einer späteren neunjährigen Dienstzeit in der Armee verbunden sei. „Meinem Vater schlug insofern die Erlösungsstunde", erinnert sich August Bebel, „als ihm im Frühjahr 1843 der Posten eines Grenzaufsehers angeboten wurde, für welchen Dienst er sich seit langem gemeldet hatte. Er nahm den Posten an, und so zog die Familie teils zu Fuß, teils auf dem Frachtwagen sitzend, der die Möbel trug – denn eine Eisenbahn gab es zu jener Zeit noch nicht –, nach Herzogenrath an der belgischen Grenze. Aber unser Bleiben war hier nicht lange. Noch war die dreimonatige Probezeit nicht zu Ende, so hatte sich mein Vater infolge des anstrengenden Nachtdienstes eine schwere Erkrankung zugezogen. Wir mussten mit dem schwerkranken Mann dieselbe Reise in derselben Weise wieder nach Köln zurücklegen."

1844 stirbt der Vater 35-jährig an Lungentuberkulose. Die Mutter bleibt ohne Pension zurück und muss die Kasematte verlassen. Sie wäre – so Bebel – „schon jetzt gezwungen gewesen, nach ihrer Heimat Wetzlar überzusiedeln, wenn nicht der Zwillingsbruder des Vaters, August Bebel, sich der Mutter und unserer annahm. Um diese Pflicht besser erfüllen zu können, entschloss er sich, Herbst 1844, meine Mutter zu heiraten." Der strenge Zwillingsbruder, ebenfalls Invalide, ist Aufseher in der zum Arbeitshaus gehörenden Gefangenenanstalt in Brauweiler. Die Familie wohnt im Gefängnis, und August hört nachts oft das Stöhnen und Geschrei gepeinigter Insassen.

1846 wird seine Mutter erneut Witwe. Da sie ohne Versorgungsansprüche auf die Straße gesetzt wird, übersiedelt sie zu ihrer Familie nach Wetzlar, wo August und sein Bruder – der jüngste ist ein Jahr zuvor gestorben – mit Hilfe einer wohltätigen Stiftung die Volksschule besuchen können. Die Mutter versucht, die Lebenssituation durch Heimarbeit zu verbessern, muss diesen Versuch aber aufgrund von Schwindsucht aufgeben. Nun arbeitet August oft bis in die späte Nacht hinein als Kegelaufsetzer und hilft mit seinem Bruder in der Landwirtschaft. 1853 stirbt die Mutter. August wird von einer Tante aufgenommen, kommt zu einem Drechsler in die Lehre und begibt sich als Geselle nach Leipzig.[175]

Dort findet er rasch Arbeit in einer größeren Werkstatt. Die Stadt ist ein Mittelpunkt des Vereinswesens von Arbeitern und Handwerkern, deren Bildungsbestrebungen von demokratischen und liberalen Kreisen unterstützt werden. Auf deren Anregung wird 1861 der „Gewerbliche Bildungsverein" gegründet, dem auch Bebel sofort beitritt. Er wird Leiter der Vereinsbibliothek und der Abteilung für Vergnügungen.

Im Herbst 1862 beginnen die Vorbereitungen zur Gründung eines überregionalen Deutschen Arbeitertages. Als Mitglied des vorbereitenden Ausschusses steht Bebel den Forderungen des Sozialisten Ferdinand Lasalle nach einem allgemeinen, gleichen, direkten und geheimen Wahlrecht noch ablehnend gegenüber. Er hält die Arbeiter noch nicht für politisch reif genug.[176]

In der Folgezeit rückt er kontinuierlich weiter nach links. Über Jahrzehnte arbeitet er mit Wilhelm Liebknecht zusammen. Mit ihm gründet er 1869 die Sozialdemokratische Arbeiterpartei (SDAP). 1875 ist er an der Vereinigung mit dem Allgemeinen Deutschen Arbeiterverein zur Sozialistischen Arbeiterpartei Deutschlands (SAPD) beteiligt. Während der Repressionen gegen die Partei durch das Sozialistengesetz entwickelt er sich zur Führungsfigur der deutschen Sozialdemokratie und wird ab 1892 einer der beiden Vorsitzenden der Sozialdemokratischen Partei Deutschlands (SPD), zu der sich die SAPD nach Aufhebung des Gesetzes umbenannt hat. In den volkstümlichen Bezeichnungen „Kaiser Bebel" oder „Arbeiterkaiser" spiegelt sich seine Popularität wider.

Die gleichen Repressionen, denen die Sozialdemokraten auf Reichsebene ausgesetzt sind, werden auch in Köln wirksam, besonders gegenüber Arbeitern in verschiedenen Betrieben.

Die „Brutstätten der Umsturzpartei"

Die Industrialisierung, die in Köln in den 1830er-Jahren einsetzt, macht in der zweiten Hälfte des Jahrhunderts rapide Fortschritte. Fabriken lösen die älteren „Manufakturen" ab, Arbeitsabläufe werden den Maschinen angepasst und Massenfabrikation ersetzt handwerkliche Einzelanfertigung. Arbeitslos gewordene Handwerksgesellen ziehen in die Großbetriebe. Die Eisenbahn wird zum Motor der Entwicklung, und in Köln ansässige Eisenbahngesellschaften profitieren davon – weniger die Arbeiter.

1871 streiken die Arbeiter in der Zentralwerkstätte der Rheinischen Eisenbahnen in Nippes für mehr Lohn. Wortführer ist der damals 29-jährige, aus Saarbrücken stammende Schlosser Johann (Jean) Witzka.

Wortführer Johann Witzka

Im Mai 1875 vertritt er beim Vereinigungsprozess der Arbeiterparteien in Gotha als Mitglied der Sozialdemokratischen Arbeiterpartei (SDAP) 80 Mitglieder aus Kalk[177] und tritt in diesem und im folgenden Jahr bei Parteiversammlungen in Mülheim und Kalk auf. Nach der Gründung der örtlichen Organisation der Metallarbeiter-Gewerksgenossenschaft in Mülheim wird er 1877 einer ihrer Sprecher. Die Gewerkschafter treffen sich regelmäßig sonntags um 10 Uhr beim Gastwirt Karl Gau.

Nach den Attentaten auf Kaiser Wilhelm I. im Mai und Juni 1878 versuchen zahlreiche Vertreter von Eisenbahndirektionen in Köln, den Einfluss der SAPD einzudämmen, und beschließen Maßnahmen „gegen die verderblichen, alles zerstörenden Ideen einer wahnwitzigen, vaterlandslosen Partei". Sämtliche ihnen untergebenen Arbeiter sollen sich verpflichten, gegebenenfalls aus der Partei auszutreten und entsprechende Vereine oder Versammlungen strikt zu meiden. Anderenfalls – so müssen alle unterschreiben – erkläre man sich mit der „sofortigen Entlassung aus dem Arbeitsverhältnisse einverstanden". Der Königliche Polizeipräsident von Köln verbietet die Kölner Metallarbeitergewerkschaft. Johann

Witzka kommentiert dies im August im letztmals erscheinenden Metallarbeiterorgan „Panier“: „Mit großen Hoffnungen haben wir uns getragen, als wir in Nippes eine Mitgliedschaft von fast 300 Mann hatten, wir waren stolz darauf, doch auch hier haben die humanen Aktionäre der Rheinischen Bahn mit meisterhaftem Geschick die Hungerknute[178] geschwungen und leider auch mit nicht geringem Erfolg. Die schönste Mitgliedschaft von Deutschland, sie ist vernichtet – wir wollen hoffen, nur für den Augenblick!“

Die Auswirkungen des „Sozialistengesetzes“

Als am 30. Juli auch noch das „Gesetz gegen die gemeingefährlichen Bestrebungen der Sozialdemokratie“ verabschiedet wird, versammeln sich sechs Arbeiter der Zentralwerkstätte der Eisenbahn in Nippes im dortigen, als sozialistisch verschrienen Lokal „Kaiserglocke“, um Protestaktionen zu beraten. Sie werden denunziert und sollen daraufhin entlassen werden. Der Schlosser Andreas Augstein bittet den Direktor der Hauptwerkstätte für sich und seine Kollegen um Gnade: „Nicht allein verlieren wir hier unser Brod, auch würden wir betitelt ‚Social-Demokraten‘ nirgend mehr angenommen werden.“ Obermaschinenmeister Nohl legt ein gutes Wort für sie ein. Sie seien Ernährer kinderreicher Familien und äußerst tüchtige Arbeiter, die meisten schon seit sieben bis zehn Jahren. Deshalb bittet Nohl „ergebenst“ darum, dass ihnen „noch einmal verziehen wird“. Das geschieht, doch die Zentralwerkstätte bleibt – so der Nippeser Bürgermeister Wilhelm Eich – „eine Brutstätte jener Umsturzpartei“, ebenso auch der Nippeser „Sängerbund“.[179] Schließlich sind hier Augstein und drei weitere Genossen Mitglieder. Eich setzt den „Sängerbund“ unter Druck und erreicht, dass die vier ausscheiden – nur um wenig später feststellen zu müssen, dass sie einem neu gegründeten „Männergesangverein“ wieder als Mitglieder angehören.[180]

Um den linken Organisationen die Versammlungsräume zu nehmen, übt die Polizei Druck auf die Gastwirte aus. Der Wirt Karl Gau, bei dem sich Mitglieder der Arbeiterkrankenkasse versammeln, erklärt der Polizei, er habe von deren sozialdemokratischen Bestrebungen nichts gewusst. Diese Entschuldigung zeuge entweder „von einer bodenlosen Dummheit oder aber einer großen Raffiniertheit", teilt der Polizeikommissar dem Bürgermeister mit.[181] Im Frühjahr 1879 werden Metallarbeiter der Nippeser Zentralwerkstätte denunziert. Sie sollen sich im Lokal Wilhelm Steinbüchel, Große Witschgasse Nr. 10, versammelt haben. Der Wirt gibt sich ahnungslos. Die von Obermaschinenmeister Nohl vernommenen Arbeiter geben an, nicht dort gewesen zu sein, sondern im Lokal Hansmann mit dem Verein „Liedertafel" ein Theaterstück geprobt zu haben.[182]

Dem durchaus konservativen Bürgermeister Eich bleibt freilich der Nährboden der von ihm beklagten „Brutstätten" nicht verborgen. „Zur Hebung der Lage des Arbeiterstandes", so sein mehrfach wiederholter Schlusssatz in seinen Berichten an die Obrigkeit, „ist seitens der Arbeitgeber in letzter Zeit nichts geschehen."[183]

KIRMES UND KÖLSCHER MUTTERWITZ

„Eß der Herrgott durch de Gass, fängk an bei uns der Kirmesspaß."

(mündlich überliefert)

Veedels-Feste, Plätze, Lieblingsorte

Die Kirmes

Im Zusammenhang mit Prozessionen[184] hat die Kirmes als eines der volkstümlichsten Feste ihren festen Platz. In den geschmückten Straßen hängen Schilder mit dem Spruch „Gelobt sei das allerheiligste Sakrament des Altars". Auf der Rückseite wird gelegentlich hinzugefügt: „Eß der Herrgott durch de Gass, fängk an bei uns der Kirmesspaß". In einigen Stadtvierteln gibt die Kirmes als zu vornehm wie etwa im Pfarrbezirk Maria im Kapitol die „Zi-Märjens Kirmes". „Wammer sich unger de Häre mengk, / Dann hätt mer kei Pläseer" bemerkt DeNoël in einem Kirmeslied.[185]

In den Tagen vor dem Kirmesfest wird in den Straßen, durch die die Prozession zieht, geschlachtet und Hausputz gehalten, werden die Hausgiebel frisch getüncht und Kuchen und Torten gebacken. Am Samstag werden die Giebel mit Blumen geschmückt, vor den Wirtschaften werden Birken aufgestellt, die Straßen mit Girlanden überspannt und an den Straßenkreuzungen kunstvolle Gebilde aufgehängt. „Wir Kinder", erinnert sich Ernst Weyden, „sammelten schon ein Halbjahr vorher in der ganzen Nachbarschaft, bei Verwandten und Bekannten die ausgeblasenen Eierschalen zur Anfertigung der Kronen und Sterne, die aus buntem Papier, Girlanden und Eierschalen, Pfeifenstielen, Glasstreifen gemacht, mit Fähnlein aus Klappergold verziert und mit der Inschrift: ‚Vivat uns Kirmes!' geschmückt, quer über die Straßen aufgehängt wurden. Welch ein Jubel! An welchem die Kinder nicht allein, auch die Alten herzlichen Teil nahmen."[186]

Am Kirmessonntag wird die Straße mit Laub und Blumen bestreut, und wenn die Prozession an kleinen „Altärchen" vor den Häusern vorbeizieht, fangen arme Jungen aus der Umgebung das aus den Tragfackeln tropfende Wachs in Schüsseln auf. Nach der Prozession beginnt der große Kirmesschmaus, der in den Abend übergeht. Bernhard Krings beschreibt eine Szenerie im Griechenmarktviertel, in dem ärmere Teile der Kölner Bevölkerung wohnen, in dem auch Mundartautoren wie Willi Hoßdorf und Peter Berchem geboren wurden.[187] Krings schildert das Gewimmel auf den geschmückten Straßen. „Un vör jeder Husdör ob Bänk un ob Stöhl / Do setze die Ahle – der Ovend eß köhl." In die Brauerei kommen die Leute mit Kannen, Flaschen und Krügen, ein Maurer sogar mit einem Eimer:

„Om Schenkdesch do steiht Faaß an Faaß en der Reih;
Dat eß e Gedüüsch, e Gedöns, e Geschrei:
‚En Hälvche!' ‚Fünf Schobbe!' ‚Zwei Moß' ‚Un meer veer!'
‚He Pitter, och meer en de Flasch he jet Beer! –
Der Dolfes, ne Mörer, hä hol sih ganz lus
De Drank en nem Emmer un schleif en no Hus."

In der Wirtschaft nebenan gibt es Pökelfleisch, heißen Schinken und ein knuspriges Roggenbrötchen mit Käse – ein „Rögelche Kies"! Jemand sorgt mit der Zither für kölsche Lieder und Tanzmusik, bis die Unterröcke der Frauen fliegen. In der Nacht beendet ein Schutzmann die Feier – und da fällt einer Frau auf dem Heimweg ein, dass sie ihr Wickelkind in der Kneipe vergessen hat. Sie eilt zurück – und Ende gut, alles gut:

Do ungern der Bank log – en Bildche so leev –
E Kend en ner Weckel genöglich un schleef;
Dervör kneet de Mutter – hell juchz se vör Wonn,
Un dröck an et Hätz dä velorene Son!

„Et Duvegriet" – der Taubenmarkt

„Auf dem Altenmarkte", erinnert sich Ernst Weyden, „war Sonntags Morgens das größte Leben in dem Vogel-, aber besonders in den Taubenhandel, denn das Taubenhalten war eine wahre Leidenschaft bei Jung und Alt, wie noch in Belgien. Es gab keine Straße, die nicht ihren Taubenkönig hatte, der im Frühjahr und im Sommer fast den ganzen Tag auf dem Dache oder in der Streufe lag, wie man den Taubenschlag nennt, seine Tauben jagend, um fremde zu fangen. [...] Lug und Betrug wurde in den Taubenhandel gehegt und gepflegt, und sonntags gewöhnlich auf dem Altenmarkt um Tauben gespielt."[188]

In den kleinen Häusern auf dem Alten Graben wohnen in der zweiten Hälfte des 19. Jahrhunderts Vogelfänger und „Duvekünnige". In den niederen Stuben der Vogelfänger zwitschern in Holzbauern zahlreiche heimlich in Netzen gefangene Singvögel. Sonntags herrscht reges Leben auf dem „Taubenmarkt". Die bekannteste Persönlichkeit ist hier „et Duvegriet" aus der Lungengasse. Sie verkauft mit Vorliebe „Kölner Tümmler" – Tauben, die sich rege tummeln und beim Fliegen überschlagen. Ihr kleiner Laden ist sonntags restlos überfüllt, besonders von „Duvejecken" aus dem Bergischen.

Der Mundartdichter und Hörspielautor Franz-Peter Kürten erinnert in seinem Gedicht „An alle Duvegecker" an sie:[189]

Su, no kutt! Et Kicke koß nix,
Un beim Kicke kütt der Spaß.
Männech ärm Levve kräg iesch Freud
Beim Duvegriet, Köln, Lungegaß.

„Kamelleläden“ und Murmelspiele

Für die ganz kleinen Leute sind die Orte, an denen sie Süßigkeiten erstehen können, besonders begehrenswert. Im „Vringsveedel“ gab es im Schatten einer legendären Gerichtseiche einen kleinen Kramladen, in dem ein weißhaariges „steckenalt Fräuchen“ ein buntes Wunderland für Kinder ausbreitete, an das sich Waldemar Cosson[190] in seinem Gedicht „Der Kamellelade“ noch im Alter gerne erinnert: an ein düsteres Stübchen mit blau gekälkten Wänden, und hinter Glas ein Bild der Muttergottes.

Doch nu höt: wat do nit alles
Links un räächs en Kaaste stund,
Wat mer sich me'm Kinderhätze
Evvens och nor wünsche kunnt!

Ömmerjöncher aller Klöre,
Schnörreem, Jumferledder wieß,
Fläschcher, Gläscher, Brußkamelle,
Och Kuletsch un Angenies.

Peffermünz un Zuckerstange,
Bunk gestriefelt, gäl un rut,
Lotterinscher, Zinterklöscher,
Schuckelad, Johannisbrut.

Alles, alles kunnt mer finge,
wat e Kind erfreue deit. –
Un et Muddergoddeslämpche
Schung op all die Sößigkeit.[191]

Die etwas älteren Kinder begnügen sich nicht mit den „Ömmerjönchern“ – überzuckerten Korianderkugeln –, sondern spielen mit „Ömmern", mit Murmeln, Klickern. Ein Spiel, so alt wie die Stadt Köln. „Die Jugend ihrer Gründer, der alten Römer, hatte schon in ihren Straßen, auf ihren Plätzen das ‚lapillorum ludus' gespielt", bemerkt Ernst Weyden. „Vom frühen Morgen bis zum späten Abend aller Orte, wo nur ein Plätzchen zu finden, die rührigste Spieltätigkeit mit den allbeliebten Ömmern!" Erwachsene spielen mit Ömmern um Geld – und müssen sich dabei vor der Verfolgung durch die Polizei hüten.

Die Spielfreude der „kleinen Leute" kulminiert traditionellerweise im Karneval, dabei weniger in den aufwendigen Umzügen der Großen Karnevalsgesellschaft als vielmehr – wie bei der Kirmes – auf den Straßen und in den Kneipen, in denen kein teurer Eintrittspreis zu entrichten ist. Während der etablierte Karneval in der zweiten Hälfte des 19. Jahrhunderts in preußisch-patriotisches, später sogar nationalistisches Fahrwasser gerät, werden die „kleinen Leute" mit ihrem karnevalistischen Treiben der Unbotmäßigkeit, die Arbeiter gar staatsfeindlicher Umtriebe verdächtigt.[192]

Poesie und der kölsche Klaaf

Wie in anderen Gegenden Deutschlands ist auch in Köln die Muttersprache nicht nur der „kleinen Leute" die heimatliche Mundart – „Kölsch". Sie wurde jedoch erst im ausklingenden 18. Jahrhundert in Poesie und Prosa verwendet – und bis in die Kreise der bürgerlichen Oberschicht hinein gepflegt. „Anfangs erscheint diese Sprache dem nicht daran Gewöhnten eher rau und unangenehm", schreibt die Rheinreisende Johanna Schopenhauer, „besonders da das Volk in Köln, wie in allen großen Städten, einen sehr lauten Sprachton sich angeeignet hat; doch wird man nur einigermaßen in ihr bekannt und lernt sie verstehen, so gewinnt sie etwas ungemein Ehrliches und Treuherziges, wie alle plattdeutschen Dialekte. Verstehen und sprechen können muß diese Volkssprache jeder Einwohner von Köln, denn sie bietet das einzige Mittel, sich selbst den nicht ganz niederen Volksklassen verständlich zu machen und zugleich ihr Vertrauen zu gewinnen; im Munde der Gebildeten hat sie sogar eine gewisse anmutige Naivität, die besonders im Munde der Frauen sehr angenehm werden kann."[193]

Edmund Stoll – „Alaaf der kölsche Klaaf"

Der in Wetzlar geborene Edmund Stoll (1805–1862) stammt aus einer Kölner Familie, die einige Jahre dort verbringt. Der Vater arbeitet dort als Kanzleidiener. Der junge Edmund kränkelt und versäumt deshalb oft die Schule. Doch sein Wissensdurst ist groß, und so eignet er sich Kenntnisse im Selbststudium an. Nach einer Buchhandelslehre in der DuMontschen Buchhandlung bringt er es wenig später bis zum Korrektor in der DuMontschen Druckerei. Ab 1830 verfasst und sammelt er zahlreiche kölsche Lieder.[194] In seinem Lobpreis der kölschen Sprache („Alaaf der kölsche Klaaf")[195] fordert er Nicht-Kölner auf, den kölschen Klaaf kennenzulernen:

Die in nit parleere,
Müssen in doh ehre;
Wer in no versteiht,
Ob der Grund im geiht.

Auch „Bönn'sche und Berliner" hören ihn gern. Doktoren und Professoren haben ihn eine schöne Sprache genannt. Nur Schwätzer sprächen von „Jargon":

Wichtige Doctores,
Große Professores
Han in, wie bekannt,
Ein schöne Sproch genannt.
Wer will dat betrigge?
't mäht kein döre Zigge,
Wann e Mul-ohn Engk
In och „Jarjon" schängk!

Der Klaaf sei zum Schäkern, aber auch zum Schimpfen und Foppen geeignet. Man könne sich damit aufrichtig und geschmeidig, aber auch grässlich und konfus ausdrücken, nörgeln und keifen, küssen und schmollen.

Wis'lig un adig,
Greislich un pomadig,
Klörlich un kumfus
Quetsch mer sich dren us.
Nören oder Nött'le
Kieve, Bütze, Prött'le
All an singer Plaz,
Alles fumpp ganz staz.

Man kann sich auf Kölsch umständlich oder gewählt ausdrücken, verschmitzt lächeln oder störrisch weinen und verärgert heulen:

Bus'ele, kladunjle,
Griemelen un punjle,
Grauze, bauzen, och,
Un wer weiß, wat noch!

Anton Korn – „Unser Platt"

Der 1860 in Köln geborene gelernte Drucker und Betriebsleiter Anton Korn (Todesdatum unbekannt, nach 1918) war zugleich Vorstand im Heimatverein Alt-Köln und Redakteur der Vereinszeitschrift „Alt-Köln". In seinem Gedicht „Unser Platt" wirbt er für das von hochgestellten und vornehmen Leuten gemiedene Kölsch.[196] Schon in der Wiege hat er es gelernt, als seine Mutter ihn damit in den Schlaf sang, der Vater ihn später auf den Knien reiten ließ oder die Tante ihm aus ihrer Jugendzeit erzählte. Auch als er verliebt war, konnte er sich so am besten ausdrücken. Und wenn zwei Leute sich in die Haare kriegen, geht das Geschimpfe dabei auf Kölsch am besten, und man hört sie dann noch zwölf Häuser weiter:

Un wie ich karesseere wollt
Als angewahßе Jung,
Ich och en unsem kölsche Platt
De beste Usdröck fung.

Wen zwei sich in e Hoore han,
Sich rofen alles us,
Dann höt ma saft'ge Brocken Kölsch
Bes üvver't zwölfte Hus.

Offen und ehrlich – so Korn – ist die „kölsche Sproch". Man kann sich grob und fein („grov un fing") damit ausdrücken. Und Hochdeutsch spricht der Kölsche nur zum Schein.

DeNoël und die Kölner Mundart

Matthias Joseph DeNoël (1782–1849) war Warenmakler, Stadtrat, Schriftsteller und Zeichner und gehörte als solcher gewiss nicht zu den „kleinen Leuten".[197] Aber als einer der ersten Kölner Mundartdichter ist er ihnen nahe, dichtet auch für sie. Er nimmt Unterricht bei Kölner Künstlern und macht Studienreisen nach Paris und Utrecht. 1805 malt er das Schauspielhaus in der Schmierstraße (später Komödienstraße) aus. Wegen Erkrankung des Vaters gibt er die Malerkarriere auf und wird Warenmakler. Der Freund Ferdinand Franz Wallrafs wird Mitglied der „Olympischen Gesellschaft", engagiert sich für das „Hänneschen"-Theater und wird Mitbegründer des Kölner Karnevals von 1823. Er wird Kunstsammler und Konservator der Sammlung Wallraf, gibt Zeichenunterricht am Museum, ist Mitarbeiter des „Beiblatts" zur „Kölnischen Zeitung" und der Zeitschrift „Omnibus zwischen Rhein und Weser", außerdem Verfasser von Gedichten, Fastnachtsspielen und stadtgeschichtlichen Beiträgen.

In seinem Gedicht „Hännesgen om Kirchhoff" (1849)[198] sinnt er rasch vergangenen Zeiten nach und erinnert an Honoratioren, auf deren Gräbern jetzt Schuljungen mit Kreiseln spielen oder die ein Sauhirt mit Füßen tritt:

Was die Zeit
Doch vergeiht!
Wie Zekunde
Sind verschwunde
Däg und Stunde. [...]

Om Pastor,
Om Magister singem Kopp
Schmeck der Schuljung jetz der Dopp,
Un der Scholtes un der Ampmann,
Die mehr höflich söns mooß größe,
Tritt der Sauheet jetz met Föße.

Auf dem Kirchhof erinnert sich „Hännesgen", inzwischen alt geworden, an Kirmeskuchen, den er hier verspeiste, und an einen Nussbaum, dessen Nüsse er pflückte. „Och dä Noßbaum eß ald fott!" – Nostalgie auf Kölsch.

Kölsche Originale

Trotz deprimierender Lebensumstände lassen sich gerade arme Menschen vielfach nicht entmutigen. Zuweilen entwickeln sie – wie schon „Orjels-Palm" oder „Maler Bock"[199] – eine mit kölscher Eigenart gepaarte Überlebenskraft, mit der sie Anerkennung ernten – mitunter auch Spott.

„Jedes Stadtviertel", notiert der Chronist Ernst Weyden, „hat seine komische Persönlichkeit, irgendein männliches oder weibliches Original, einen Spielball der harmlosen Spötterei der Knaben und selbst älterer

Leute." Da ist der „Krumme sibbenunsibzig", ein trickreicher Losverkäufer, „Et Elsteraugen-Evche", die billig und schmerzlos Hühneraugen entfernt, das „Geck Hätzche", ein ehemaliger Barbiergeselle, der nach etlichen Gläsern Kölsch politische Reden hält – oder der „Gecke Schröder", ein Ausrufer, der mit Faxen, Grimassen und einem gelehrigen Pudel Publikum anlockt.[200]

Anna Maria Rehfeld – die „Böckderöck-Wauwau"

In der Severinstraße wächst die Bäckerstochter Anna Maria Zaudig (1803–1877) heran. Über ihre Kindheit und Jugend ist nichts bekannt. Ihren beiden Ehen entstammen jeweils zwei Kinder. Anna Marias zweiter Mann Heinrich Rehfeld ist Tagelöhner und Wollarbeiter. Ihr gegenüber in der Spulmannsgasse wohnt ein Mann, vor dessen Fenster eine Wachtel in ihrem Käfig gern ihre Stimme ertönen lässt. „Es mochte eine Seltenheit sein", erinnert sich Ernst Weyden, „eine Wohnstube, ob reicher oder armer Leute, ohne den herkömmlichen Singvogel zu finden. Bei den meisten Bürgern war der Zimmer-Musiker ein Kanarienvogel (...). Bei Bäckern und Brauern hing am Giebel häufig eine Amsel, die sogenannte Merle, mit Tagesanbruch bis zum Sinken der Sonne in einem fort dasselbe Lied pfeifend, oder eine Wachtel, kölnisch ‚Böckderöck', welche mit ihrem Schlage die ganze Nachbarschaft weckte."[201]

Anna Maria Rehfeld nervt solcher Gesang. „Däm verdammte Vugel", so ihr ständiger Kommentar, „soll mer der Hals erömdrihe, met däm iwige Böckderöck, Böckderöck!" Kinder finden das lustig. Einige rufen ihr „Böckderöck!" nach oder – von der anderen Straßenseite her – „Wau, wau!" Die Geneckte ärgert sich maßlos, humpelt mit ihrem Krückstock schimpfend hinter den Kindern hin und her, schlägt erfolglos nach ihnen, verlangt von den Eltern, ihre Blagen zu bestrafen. Die jedoch bleiben hartnäckig. Bald entsteht ein Liedvers:

Zo Köllen en der Spillmannsgass
Do wont en ahle Frau,

Die heisch met ehrem Name
De Böckderöck-Wauwau.

Anna Maria Rehfeld ist arm. Deshalb geht sie betteln, anfänglich mit ihrem Töchterchen Katharina im Arm. Bevor sie an einer Haustür klingelt, kneift sie das Kind, damit es jammert. Dann erklärt sie den Leuten: „Dat ärm Kind kriesch vör luuter Hunger. Gitt im doch jet." Als Katharina älter wird, leiht sie sich ein Kleinkind aus. Besucher vor der Kirche St. Johann bettelt sie mit dem Hinweis an, dem armen Würmchen sei das Gebetbuch gestohlen worden: „Gitt meer doch jet för e neu Boch för dä ärme Worm!" Gelegentlich liegt sie betrunken in der Gosse. Warum sie in Armut geriet und trank, ob sie früh verwitwet war oder vergeblich Arbeit gesucht hat – das Interesse an solchen Fragen ist bei den Leuten offensichtlich nicht vorhanden.

Anna Maria Rehfeld stirbt 73-jährig an Altersschwäche. Der Mundartdichter Joseph Wach erinnert an ein ihr zeitlebens nachgesungenes Lied, in dem sie mit dem Schirm duch die Luft fuchtelt und spottende „Höllenkinder" beschimpft, die alte Leute in Ruhe lassen sollten:[202]

Böckderöck-Wauwau!
Häss en Nas wie en Hohnderklau!
Do läuf sing Stroß dat pucklich Irm,
Gekannt vun Ahle, Junge,
Et fuchtelt durch de Looch mem Schirm
Un schlenkert mit der Zunge:
„Ehr Hellekinder, schambt Üch jet,
Loot doch ahl Lück gewähde!"
Se schannt, gov Jedermein sin Fett;
Lang litt se en der Äde.

Mit einer Mischung aus schlechtem Gewissen und Mitleid wird sie posthum mit einem Gedicht gewürdigt, das 1877 von Karnevalsfreunden gedruckt wird. Darin heißt es:

No eß se dut, die meer su lang bewundert,
Die unse Vatter grad gekannt wie meer,
Dat Häufche Unglöck vun nem halv Jahrhundert
Dat deent' uns Lotterbove zom Pläseer.

Auch der städtische Wegeaufseher Hieronymus Blau (1815–1884), der in den Anlagen am Eigelsteintor und am Sicherheitshafen („Türmchen") nach dem Rechten sieht, erregt die Aufmerksamkeit der Kinder. Als „Dienstmütze" träg er eine alte grüne Försterkappe, in seiner Hand hält er seinen Stock, mit dem er die „Pänz" gelegentlich zur Räson zu bringen versucht. Wo er sich blicken lässt, rufen sie ihm nach: „Bulle-Bullewuh – hau die Kinder nit esu!"[203]

Doctor Schabaudewing

Der Beamtensohn Melchior Bauduin (1797–1880) wäre gern Arzt geworden. Doch als er bei einem Praktikum im Kölner Bürgerhospital durch unsachgemäßen Umgang einen Patienten schädigt, wird ihm der Erwerb eines Examens verwehrt. So darf er nur als Wundarzt und Geburtshelfer ohne eigene Praxis tätig sein. Ihm wird – so ein Ärzteverzeichnis des Jahres 1854 – die „innere Medizin unbedingt untersagt".

Er findet jedoch eine Anstellung im Frauengefängnis „Bleche Botz"[204] und macht zudem Hausbesuche bei armen Kranken, die das Geld für einen „ordentlichen" Arzt nicht aufbringen können. Man sieht ihn fast nie in Kneipen, doch seine Vorliebe für Schnäpse („Schabau") ist unverkennbar – und führt zu seinem Spitznamen. In den Straßen ist er rasch bei Jung und Alt bekannt. Zu allen Jahreszeiten trägt er einen weiten blauen Mantel mit mehreren übereinander liegenden Kragen. Man sieht ihn stets mit Schirm und Hut, den er nie aufsetzt, und er spricht viel mit sich selbst.

Regelmäßig betet Bauduin im Kölner Dom. Anfang 1880 lädt er den Domkapitular Schnütgen[205] zu sich ein, der später darüber berichtet:

„Seine konfusen Interieurs, in denen er bei künstlichem Licht wie ein Berggeist verlassen hauste, hatten für mich ein gewisses Interesse, vor allem aber der Einsiedler selber, der sehr verständig von seinem bevorstehenden Tode sprach, auf den ihn ein Konfrater vorbereitete."

Die von ihm ersehnte Vollendung des Doms erlebt Bauduin nicht mehr. Im Alter von 83 Jahren stirbt er, ähnlich wie Anna Maria Rehfeld infolge Altersschwäche im Bürgerhospital. Dem Domkapitular und dem Kölner Weihbischof hat er je eine goldene Tabaksdose vermacht, auf die beide zugunsten von Bauduins bedürftigen Verwandten verzichten. „Welcher Kölner erinnerte sich des freundlichen Alten nicht" – so die „Kölnische Zeitung" in einem Nachruf –, „wie er, gleichviel ob die Schneeflocken ihm um das weiße Haupt niederfielen oder die Sonne ihre Strahlen auf dasselbe herabsandte, mit dem Hut in der Hand und dem Schanzläufer, einem Mantel, der vor 50 Jahren in der Mode war, umgeworfen, jeden, der ihm begegnete, grüßend, die Straßen durchwanderte oder wie er auf dem Altenmarkt zwischen den Bäuerinnen umherwandelnd seine Einkäufe an Gemüse, Obst, Fischen u.s.w. besorgte. [...] Der hohe Dom verliert in ihm einen seiner fleißigsten Besucher und frommsten Beter, der niemals dazu auf das Licht, welches der Tempel spendete, Anspruch machte, vielmehr stets bei seinem eigenen Wachsstock seine Andacht verrichtete."[206]

Läsche Nas

Andreas Leonhard Lersch (1840–1887) ist Metzger, Schauspieler, Bezirksabdecker und städtischer Hundefänger. Ein überdimensionales Riechorgan ist das auffälligste Merkmal des Mannes, der nur ein relativ kurzes, dafür aber sehr bewegtes Leben führt.

Nach seiner Militärzeit und der Rückkehr aus dem Deutsch-Französischen Krieg von 1870/71 strebt er eine Karriere bei der Polizei an. Sein Einsatz als „Geheimer" bleibt allerdings bei den Ganoven allein schon seiner Nase wegen nicht lange geheim. Ab 1875 steht er bei der Stadt Köln als Bezirksabdecker und später als städtischer Hundefänger in den

Lohnlisten. Seine neue Tätigkeit wird für den Stadtkämmerer zum Erfolg, denn das Hundesteueraufkommen steigt gewaltig. Davon ausgenommen sind lediglich die Hunde der Metzger, Schäfer, Nagelschmiede und gewerblich tätigen Schiebkärrner. Immer wieder bekommt Lersch erheblichen Ärger mit Hundebesitzern, deren gelegentlich frei laufende Tiere von ihm eingefangen und nur gegen ein „Lösegeld" wieder freigelassen werden. Lieder über ihn kommen in Umlauf – auch mit Sympathie für Hunde, die ihm entrinnen. Ernst Weyden erinnert sich an den Lärm, „wenn im Sommer die Schinder durch die Straßen zogen, um die frei laufenden Hunde totzuschlagen, immer gefolgt von einem Rudel Knaben, welche es darauf anlegten, mit dem Rufe: ‚Geis do heim! Geis do heim!' die Hunde zu verscheuchen, und nun die Hundejäger verhöhnten – hatten sie, zum Jubel der Bürger, denselben einen armen Hund abgejagt."[207]

Wenn die Knaben keinen Erfolg damit haben, bringt Lersch herrenlose Hunde in einem Schuppen in der Nähe des Friedhofs Melaten unter, tötet und verbrennt sie dort. Aus ihrem eingeschmolzenen Fett produziert er ein „Heilmittel" gegen Schwindsucht. Als sich Besucher des Friedhofs und besonders Trauernde über den Gestank der verbrannten Tiere beschweren, verlagert er seine Arbeit nach Ehrenfeld und eröffnet dort mit dem Tierfett ein Geschäft unter dem irritierenden Titel „Diätisches Mineralwarengeschäft und Kurheilanstalt". 1885 übernimmt er noch das Amt eines Scharfrichters, braucht es aber nie auszuüben. Hochbetagt lässt er sich einen Sarg anfertigen und legt Einzelheiten seiner Beerdigung fest. Als daraufhin Gerüchte über seinen Tod kursieren, protestiert er in Kölner Zeitungen dagegen. An seinem Sarg trauern fünf Kinder – drei aus erster, zwei aus zweiter Ehe. In einem Totenzettel der Stadt heißt es, er habe mit dem größten Eifer energisch seinen Dienst versehen und sich „die Achtung und Liebe bei seinen Vorgesetzten und Freunden erworben". Sein Jagdeifer wurde in Liedern oft belächelt und kritisiert, aber auch verteidigt:[208]

Trotzdem solle mer dä Mann,
Halde huh in Ehre,
Denn wat fünge mer wall ahn,
He met all dä Deehre.
Keiner he sich op de Stroß
Secher mieh dät föhle,
Wören Hüngk – ov klein ov groß,
Üverall am wöhle.

Fleuten-Arnöldche

Arnold Wenger (1836–1902), Sohn eines Musikers, beginnt in jungen Jahren Querflöte zu spielen.[209] Der Beifall, den er bei Gästen in der elterlichen Weinkneipe erhält, bringt ihn auf die Idee, sein Geld mit Musik zu verdienen. So beginnt der behäbige, untersetzte Mann mit seinem runden, rosigen Gesicht und den vergnügt und lustig zwinkernden Schlitzaugen seine Karriere auf Kölns Straßen mit Volksliedern, ja sogar mit beliebten Opernarien. Auch die „Marktwiever", die Marktfrauen auf dem Altermarkt, hören ihm gerne zu. Ihnen spielt er zum Namenstag auf.

Seinen Durst löscht Arnöldche in Kölns Kneipen. Der Mundartdichter Heinrich Sartorius beschreibt einen seiner Auftritte in einer voll besetzten Wirtsstube: „Plötzlich bemerkt man ein Getuschel an den Tischen, die Gäste stoßen sich an und aller Augen sind auf die Türe gerichtet, wo eben ein neuer Gast mit einer langen Flöte unter dem Arm herein getreten war. Gleich am ersten Tisch wurde Fleuten-Arnöldche festgehalten und herzlich begrüßt. Er bekam ein Glas Bier, das er in einem Zug leerte, und dann blies er ein Stück auf seiner Flöte, während der Zappjung sein Glas wieder füllte. Zum zweiten Stück hatte Arnöldche seinen rechten Schuh ausgezogen; er stellte sich mit dem Rücken gegen die Theke und strich mit der nackten Ferse den Bass zu seinem Vortrag. Alles lachte und amüsierte sich, und Arnöldchen trank ein Glas übers andere."[210]

Im Oktober 1873 steht er vor dem Zuchtpolizeigericht, weil er – so der Bericht der „Kölnischen Zeitung" – „auf einer seiner Kunstreisen eine große Schneiderschere zu verkaufen gesucht, über deren rechtlichen Erwerb er sich nicht ausweisen konnte. Seine Verteidigung beschränkte sich auf die Worte: ‚Ich hatte einen zuviel gehoben.' Wegen Mangel an Beweis wurde er freigesprochen."[211]

Nachdem er häufiger mit dem Gesetz in Konflikt geraten ist, wird er 1875 in die Arbeitsanstalt Brauweiler eingewiesen. Wenig später ermöglicht ihm eine Erbschaft einen Vertrag mit der Stadt Köln, und er wird Invalidenpensionär im Bürgerhospital. Aufgrund seines Alkoholismus wird er 1876 in die Kranken- und Irrenanstalt Lindenburg[212] eingewiesen, in der er – für ihn ungewohnt – Gartenarbeit verrichtet und die Kranken mit seinem Flötenspiel erfreut. Nach 26 Jahren stirbt er, in Köln fast vergessen, an einem Kehlkopfleiden. In einem Gedicht von Joseph Wach heißt es über ihn:

Hä blies de Fleut, geit singer Wäge,
Dat junge Volk fruh higerdren,
Wedt et zo doll, deit hä se fäge,
Schleit och met singer Fleut als dren.

Se drihe rund in an de Schleppe,
Hä schängk un stüß jet met der Zung,
Dann leck und spetz hä fresch sing Leppe
Un blies ‚Der kleine Postiljung'.[213]

Was verbindet die hier geschilderten kölschen Originale? Und worin unterscheiden sie sich voneinander? Und warum wurden sie so beliebt, nicht nur bei „kleinen Leuten"?

Sie alle gingen bis auf Alfred Leonard Lersch keiner geregelten Tätigkeit nach, und selbst „Läsche Naas" hatte es nur bis zum traditionell „unehrlichen" Beruf des Abdeckers und Hundefängers gebracht. Immerhin avancierten „Orgels Palm" und „Fleuten-Arnöldche" zu Kölns frühen Straßenmusikern. Scholastika Bolz schlug sich mit Schmuggel, Anna Maria Rehfeld als „Kääzemöhn" durch. Wenn das nicht reichte, musste sie betteln. Dass sie gelegentlich – manchmal auch reichlich – dem Alkohol zusprach, verwundert nicht. Doctor Schabaudewing kam, anders als sein Name vermuten lässt, mit dem Alkohol gut zurecht – im Gegensatz zu Fleuten-Arnöldche, der alkoholkrank in die Lindenburg eingeliefert wurde. Er war ein offensichtlich frommer Mensch. Ganz anders die Kääzemöhn, die unter Vorspiegelung falscher Tatsachen an Kirchentüren bettelte und Kerzen verkaufte.

Sie alle übten sich, oft trickreich wie „Maler Bock", aber zumeist ehrlich, in der Kunst des Lebens, ja des Überlebens. Der etablierten Gesellschaft standen sie entweder gleichgültig oder kritisch gegenüber. „Maler Bock" konnte über das „Bürgerpack" schimpfen, „et Bolze Lott" sogar der Obrigkeit in Gestalt der Zöllner Paroli bieten.

Es waren also durchaus verschiedene Charaktere, die in Köln als Originale Beliebtheit erlangten. Aber bei ihnen allen war ganz offensichtlich Widerstandskraft, Witz und Lebenslust auch unter widrigen Umständen spürbar. Trotz ihres gutmütigen Spotts, der schon im Kindesalter begann, haben die Kölnerinnen und Kölner ihnen Sympathie, ja Anerkennung nicht versagt. In Erzählungen und Anekdoten leben sie weiter. Ihre Bilder und Namen zieren Biergläser und Bierdeckel, sind Blickfang für Geschäftsauslagen, dienen als Vorlagen für Karnevalsorden oder sie selbst treten als Puppen im Hänneschen-Theater auf. Als lebende Figuren tauchen sie im Kölner Straßenkarneval, auf Maskenbällen und Kölner Heimatbühnen auf.

FRAUEN-BEWEGUNG – „VON UNTEN“ UND „VON OBEN“

Soll das heißen, dass wir draußen bleiben
Ungeladen in der Kälte sitzen müssen
Weil da große Herren geruhn, uns vorzuschreiben
Was da zukommt uns an Leiden und Genüssen?

Bertold Brecht
(Gegenlied zu „Von der Freundlichkeit der Welt“)

Ende des 19. Jahrhunderts verstärken sich in Köln die Arbeitskämpfe. Bei Felten & Guilleaume versucht man den Lohn der Arbeiter um bis zu 50 Prozent zu kürzen. Daraufhin streiken die Arbeiter und werden ausgesperrt. Auch Schneidergesellen, Arbeiter des Baugewerbes und Straßenbahner streiken in dieser Zeit mehr oder weniger erfolgreich, ebenso Kölner Fabrikarbeiterinnen: die „Bayenamazonen“.

Der Streik der „Bayenamazonen“

Im Severinsviertel, nahe dem Bayenturm, befindet sich seit 1853 die „Kölnische Baumwollspinnerei und -weberei“, eines der größten deutschen Unternehmen der Textilindustrie. 1861 sind hier bereits bei rund 1600 Beschäftigten 44.000 Spindeln und 600 Webstühle in Betrieb.[214]

1896 funktionieren die neuen Maschinen so schlecht, dass die Arbeiter – in der Mehrzahl Frauen – ihre Akkordlöhne nicht erreichen. Eine Spinnerin, die zuvor 30 Mark in zwei Wochen verdiente, kommt jetzt nur noch auf 18 bis 20 Mark.

Mehrere Male versuchen die Arbeiter im Sommer, sich mit der Firma gütlich zu einigen. Vergeblich. Da treten etwa 130 von ihnen am 8. September in den Streik. In den nächsten Tagen werden es insgesamt 250 – in der großen Mehrzahl Frauen –, die ganze Fabrikbereiche lahm legen. Zwar ist das Sozialistengesetz seit sechs Jahren abgeschafft, doch die Gewerkschaften sind noch in der Aufbauphase. Ausgleichszahlungen haben die Arbeiterinnen nicht zu erwarten, und soweit sie in Werkswohnungen leben, wird ihnen fristlos gekündigt.

In dieser Situation beruft die Streikleitung immer wieder Versammlungen ein. „Wir wollen die Arbeit nur dann wieder aufnehmen“, so zitiert die „Rheinische Zeitung“ eine Arbeiterin, „wenn wir die Garantie dafür haben, dass wir nicht mehr betrogen werden und unseren wohlverdienten Lohn erhalten.“[215]

Am 2. Oktober 1896 findet vor dem Königlichen Gewerbegericht – einer Gruppe von Direktoren, Fabrikbesitzern und Kommerzienräten – eine Verhandlung zwischen der Werksleitung und einer fünfköpfigen Kommission der Streikenden statt, der die Arbeiterinnen Schmitz, Flittdorf und Voosen angehören. Dabei kommt es zu keiner Einigung. Trotz dieser Enttäuschung rufen die Spinnerinnen ihre Kollegen auf, weiterzustreiken. Doch viele nehmen, um drohendem Hunger zu entgehen, resignierend ihre Arbeit wieder auf. Am 13. Oktober geben auch die Spinnerinnen auf. Doch keine von ihnen darf an ihre Arbeit zurückkehren.

Im darauf folgenden Jahr wird der Streik in einer der „fünften Jahreszeit“ entsprechenden Weise besungen: Die Frauen konnten ja borgen, brauchten sich nicht zu sorgen. Der Arbeitskampf wird zwar erwähnt, mehr aber die Aufmüpfigkeit der später in Köln auch „Bayenamazonen“ genannten Arbeiterinnen und die Courage der „ganzen Clique“, dem Gewerbegericht die Wahrheit „frech ins Gesicht“ zu rufen.

Ich heischen Evchen Vuggelsang un ben op der Bayefabrik,
mer feeren als jitz aach Daach lang, weil mer me'm Direkter han Strick.
De Arbeit ham'mer enjestallt, do dunn mer nix mieh draan,
mer woodte vill zu schlääch bezahlt, dröm fange mer och nit mieh aan!

Hoppela, hoppela, hoppela hopp, jetz gitt ens aach un passt op:
Och endoch, wat meint ehr dann, mer dähte jet dröm jevve?
Wa'mer och kein Arbeit han, dann h'mer doch ze levve;
Un et mäht uns jar kein Sorg. Es kei Jeld do, weed geborg;
Un su lang mer dat noch kann, fängk keiner aan!

Nit mer allein, die Mannslück och, die woren es endlich möd;
Se sähten all: „Mer han genog, mer arbeide jetz nit mieh met!
Der Fuss, der Schääl, de Nas, der Gries, dere Neres un der Hein!
Et Sting, et Nett, et Klör, et Nies, se reefe wie doll durchenein.

En Sölz ham'mer de vü'ge Woch en ähnze Versammlung gehatt.
Un inne do, dat freut mich noch, ens kräftig de Wohrheit jesaht;
Zom Üvverfloß no mote mer noch an et Gewerbegereech;
Uns janze Klick jing mer doher un reef inne frech en't Geseech.[216]

In den 1880er-Jahren waren Zusammenkünfte der Arbeiter im Zuge des Sozialistengesetzes noch als „Brutstätten der Umsturzpartei“ angeprangert worden. Gegen miserable Arbeitsbedingungen hatten sie sich nur mühsam zur Wehr setzen können. Doch gegen Ende des Jahrhunderts hat ihre Widerstandkraft – auch die von Frauen – sogar zu Streiks geführt. Von nun an wird diese Not wendende Form des Arbeitskampfs noch weiter ausgebaut werden.[217]

Die Ausbildung von Dienstmädchen und Hebammen

Während im Severinsviertel ein harter Arbeitskampf im Gange ist, bei dem Fabrikarbeiterinnen um einen menschenwürdigen Lohn kämpfen, machen sich gut situierte protestantische Frauen im selben Viertel mit „einem Blick“ ein düsteres Bild von Arbeiterinnen und bemühen sich im Martha-Stift um eine dienstbare Klientel.

„Der Segen einer frommen Magd" – Dienstmädchen im Martha-Stift

Das evangelische Martha-Stift[218] ist seit 1865 ein Hospiz für stellungsuchende – nicht nur evangelische – „ehrbare" Dienstmädchen. Es beherbergt zudem eine Bildungsschule für angehendes weibliches Hauspersonal. Angegliedert ist eine „Kleinkinderbewahrschule".

Ursprüngliches Motiv der Gründung war die Sorge um stellungsuchende Frauen und Mädchen vom Land, denen bei ihrer Ankunft in Köln Männer oder Frauen Nachtquartier oder Dienststellen anbieten, in Wirklichkeit aber – so ein warnendes Plakat der Evangelischen Bahnhofsmission – „heimlich ein Geschäft daraus machen, junge, unerfahrene Mädchen durch Vorspiegelungen in verrufene Häuser zu verschleppen, wo sie dann gegen ihren Willen festgehalten werden und um Ehre und Freiheit gebracht werden".[219]

In den ersten 20 Jahren seines Bestehens nimmt das Martha-Stift jährlich zwischen 400 und 700 Frauen auf. In der Folgezeit steigert sich die Zahl noch. In der von etwa 50 Mädchen und Frauen besuchten Mägdebildungsschule stehen Kochen, Bügeln, Waschen, Stricken und Nähen auf dem Lehrplan, dazu etwas Lesen, Schreiben, Rechnen sowie eine Bibelstunde. In der Kleinkinderbewahrschule können sich zukünftige Dienstmädchen auf Kinderpflege und -betreuung vorbereiten.

Außer durch Kostenbeiträge der Frauen und Mädchen, Spenden und Vereinsbeiträge finanziert sich das Stift noch durch Lohnaufträge, die im Haus untergebrachte Dienstmädchen durch Waschen und Nähen erfüllen.

Die protestantischen Frauen wollen mit ihrer Stiftung zugleich den Dienstbotenstand erhalten, der durch die zunehmende Fabrikarbeit gefährdet ist. „Der Segen einer frommen, treuen Magd ist nicht hoch genug zu schätzen", so der Vereinsvorstand 1890 in einer Denkschrift. „Seitdem in Stadt und Land tausende von Mädchen in die Fabriken gezogen werden, wo größerer Verdienst und außer den Arbeitsstunden größere Selbständigkeit lockt, ist der Dienst in Familien in Verruf gekommen. Schon das Wort ‚Dienen‘ ist verhasst.“ Patriarchalische Dienstmoral, Ahnungslosigkeit und eklektische Wahrnehmung prägen das Bild von Fabrikarbeiterinnen: „Wenig arbeiten, viel feiern, statt des Scheuerlappens in der Hand den Flitter auf dem Leibe, dahin steht der Sinn vieler. [...] Die Unlust der Mädchen zu dienen wird vermehrt durch die Scheu vor der Zucht, welche Haus und Familie notwendig dienen muß. Eine Feierstunde in der Familie, aus der immer wieder zum Dienst gerufen kann, däucht dem Mädchen wenig gegenüber der Freiheit nach den Arbeitsstunden in der Fabrik. Wie diese Freiheit bald zur Knechtschaft der Sünde führt, das lehrt uns ein Blick in das Antlitz vieler Glieder der weiblichen Fabrikbevölkerung unserer Großstadt.“ Diese oberflächliche Beobachtung reicht für ein denunziatorisches Pauschalurteil: „Sie sind den Versuchungen und Lockungen erlegen und haben den größeren Lohn und die vermeintliche Freiheit erkauft mit dem Opfer ihrer Unschuld und Ehre.“[220]

Frauen in der Hebammenlehranstalt

Verheiratete Frauen, die es sich leisten können, entbinden entweder zu Hause oder im Wöchnerinnen-Asyl. Nur arme und unehelich geschwängerte Frauen setzen sich der Situation in der Hebammenlehranstalt aus.[221] Bis zum Ende des 19. Jahrhunderts sind fast 90 Prozent dieser Frauen nicht verheiratet, zumeist Tagelöhnerinnen, Fabrikarbeiterinnen und – etwa zur Hälfte – Dienstmädchen. Deren „Herrschaft“ reagiert auf ihre Schwangerschaft in der Regel mit sittlicher Empörung und sofortiger Entlassung – auch wenn der Hausherr oder der Sohn der Erzeuger ist. Frauen, die vom Lande gekommen sind, scheuen die Rückkehr in ihre Familie. Sie haben meist allen Grund, sich vor der Reaktion ihrer Angehörigen zu fürchten.

In der Lehranstalt können arme Schwangere kostenlos entbinden und werden im Wochenbett versorgt. Sie werden zwei bis drei Wochen vor dem erwarteten Geburtstermin aufgenommen. Voraussetzung: Sie müssen im Haus mitarbeiten und Hebammenschülerinnen als „Anschauungsobjekte" zur Verfügung stehen. Im Durchschnitt benötigt die Anstalt 40 Schwangere für die Arbeit in Koch- und Waschküche, im Bügelzimmer und zum Putzen. Von 355 im Jahr 1868 wächst die Zahl bis zum Jahr 1902 auf 1894. Die meisten Frauen müssen neun oder zehn Tage nach der Geburt wieder arbeiten. Die wenigsten können oder wollen ihr Kind behalten und geben es in eine Pflegestelle.

Die Hebammenschülerinnen, zumeist Frauen aus dem Arbeiter- und Kleinbürgermilieu, werden von Ärzten ausgebildet. Sie sind zwischen 18 und 30 Jahre alt, müssen lesen und schreiben können und ein Attest vom Kreisarzt vorlegen, dazu auf Verlangen der preußischen Aufsichtskommission auch eine Art „moralisches Attest" vom Heimatpfarrer. Ledige Mütter werden seit 1883 nicht aufgenommen. Die Lehranstalt bildet 70 bis 80 Absolventinnen pro Jahr aus. Doch angesichts des allmählichen Geburtenrückgangs finden nicht alle Arbeit. Die Einkommenssituation verschlechtert sich, und der Verdienst reicht oft nicht aus, um eine Familie zu ernähren oder zu unterstützen.

Laura Oelbermanns soziale Tatkraft

Seit dem Mittelalter sind immer wieder reiche Leute als Wohltäter der Armen in Erscheinung getreten. Die Stiftung des Humanisten Peter Rinck und das evangelische Martha-Stift sind dafür markante Beispiele[222] – ebenso wie Laura Oelbermann (1846–1929).

Die Tochter des Kölner Bürstenwarenhändlerpaares Reinhold und Emilie Nickel heiratet 20-jährig den Großkaufmann Emil Oelbermann (1833–1881). Er geht Ende der 1850er-Jahre nach New York, ist dort Versicherungskaufmann und Häutehändler, nach ungesicherten Quellen auch in den Sklavenhandel verstrickt. Auf Bitten seiner Frau verlegt er 1878 den Wohnsitz der Familie unter Beibehaltung des New Yorker Unternehmens Oelbermann, Dommerich & Co. nach Köln. Hier führt er seine Geschäfte als Kaufmann in der Cäcilienstraße weiter und baut um 1889/90 ein Palais am Hohenstaufenring.[223]

1881 sterben er und danach auch ihre drei Söhne. Nun verstärkt die Multimillionärswitwe ihr soziales Engagement.

Eine Stiftung für Kinder und unermüdliche Hilfe

Mit einer durch sie mit einer Million Mark finanzierten Stiftung werden ein Kinderhort, eine Kinderkrippe und ein Tagesheim für Kinder Not leidender oder kranker Eltern eingerichtet. Die Witwe spendet das aus den Firmen geschöpfte Geld zu großen Teilen der evangelischen Gemeinde, Wohltätigkeitsvereinigungen und auch städtischen Institutionen. Sie fördert häusliche Krankenpflege, die Organisation von Erholungsaufenthalten für kranke Frauen, die Speisung von Kranken und die Einkleidung von Bedürftigen.

Die Ausstattung sozial schwacher Familien motiviert sie zu direkter Einzelfallhilfe, die sich nur wenige Damen der Gesellschaft zutrauen: Sie betritt die ärmlichen Wohnungen oder Verschläge Bedürftiger und gibt den Familien aus vollen Händen. Sei es, dass sie den Vorratsschrank auffüllt, Bekleidung und Schuhe bringt oder den Hausrat mit Betten, Wäsche, Küchengeräten komplettiert. Damit die Familien sich selbst ernähren können, organisiert sie mit den Damen der Kirchengemeinde Nähmaschinen oder Werkzeug. Sie richten Nähschulen ein, lassen Nähunterricht erteilen und suchen Abnehmer für Heimarbeitsprodukte.

Aufgrund ihres Engagements wird sie berühmt und hoch geachtet. „Da stauten sich zu früheren Zeiten so um die Mittagsstunde vor ihrem großen Hause am Hohenstaufenring die Menschen“, so ein Chronist, „und wenn man einen Schutzmann erwischen konnte und ihn oder auf der Elektrischen den Schaffner fragte, was denn eigentlich los wäre, ob es einen Krawall gäbe oder einen Zusammenstoß, so wurde einem ziemlich von oben herab geantwortet, als ob man das wissen müsste: ‚de reiche Frau Oelbermann jeht aus‘.“[224]

In ihrem Testament hat sie nicht nur soziale Einrichtungen, Bedürftige und ihre Bediensteten reichlich bedacht, sondern auch verfügt, dass ihre Villa als Wohn- und Aufenthaltsort für erwerbstätige Mädchen und

Versammlungsraum für evangelische Jungfrauenvereine umgebaut wird.[225]

Ein Palais wird Wohnheim

Nach dem Tod der über die Grenzen der Stadt hinaus bekannten Stifterin im Juni 1929 wird eine große Trauerfeier in ihrem Haus ausgerichtet. Alle Kunstwerke werden versteigert, und ihr Palais wird Wohnheim für berufstätige Frauen.[226]

„Über alles gingen ihr die Kinder", so der Nachruf im Kölner Stadt-Anzeiger.[227] „Daß sie an einem Tage 12 oder 14 Besuche machte, war keine Seltenheit. So gut wie nie kam sie mit leeren Händen, sei es auch nur, dass sie den Bestand an Küchenvorräten auffrischte. Geradezu rührend ist ein Fall, wie sie sich bei der Frau eines Gefängnisbestraften dafür einsetzte, dass der aus der Haft Heimkehrende nicht vor verschlossene Tür kam, sondern ein mit liebevoller und verzeihender Hand gepflegtes Heim vorfand. Dabei hat sie selbst mitgewirkt, trotz des vierten Stockwerks Fleisch und Lebensmittel herbeizutragen, den Haushalt zum Teil neu einzurichten und Kinder neu zu kleiden."

KRIEGSZEIT, NÖTE, NIEDERLAGEN

Am Grunde der Moldau wandern die Steine,
Es liegen drei Kaiser begraben in Prag.
Das Große bleibt groß nicht und klein nicht das Kleine.
Die Nacht hat zwölf Stunden, dann kommt schon der Tag.

Bertold Brecht
(Das Lied von der Moldau)

In Europa wachsen zu Beginn des neuen Jahrhunderts durch Wettrüsten, Kolonialstreitigkeiten und nicht zuletzt durch das Weltmachtstreben des Wilhelminischen Reichs die internationalen Spannungen. Die Kölner SPD veranstaltet 1914 mit einer Kundgebung gegen den drohenden Krieg eine der größten Massenveranstaltungen in der Geschichte der Kölner Arbeiterbewegung. Doch die Propaganda der Regierung, die Deutschland als angegriffene Nation darstellt, verfehlt ihre Wirkung nicht. Die SPD ist nun zur von ihr versprochenen „Vaterlandsverteidigung" bereit. Auf Zügen in Richtung Front liest man: „Jeder Stoß ein Franzos, jeder Schuß ein Ruß!"

Der Krieg beschädigt Köln in mehrfacher Hinsicht. Industriebetriebe werden auf Rüstungsproduktion umgestellt, der Export bricht zusammen, die Erwerbslosigkeit nimmt zu, Nahrungsnot erreicht im „Steckrübenwinter" 1916/17 einen Höhepunkt, Frauen werden in zuvor Männern vorbehaltenen Berufen miserabel bezahlt und arbeiten bis zur Erschöpfung. Doch es kommt 1917 auch zu einigen erfolgreichen Streiks.

Mit Peter Fröhlich (1901–1984) beschreibt erstmals ein aus „kleinen Verhältnissen" kommender Kölner Kommunalpolitiker ausführlich und facettenreich sein Leben und Milieu in den ersten Jahrzehnten des 20. Jahrhunderts.

Leben im Veedel – Peter Fröhlichs junge Jahre

Er kommt in einer armen Familie zur Welt. Sein Großvater, zuvor ein kleiner Bauer aus dem Westerwald, war Flickschuster, seine Mutter eine einfache Frau. „Sie war in keinem Internat gewesen und sprach kein Wort französisch. Sie spielte auch nicht auf dem Klavier. Statt auf die Höhere Töchterschule war sie mit 14 Jahren als Arbeiterin in die Schokoladenfabrik Stollwerck gegangen.“[228] Wenn der Vater, ein Bauhilfsarbeiter, im Winter arbeitslos war und nicht betteln mochte, ging die Mutter zum Pastor, zum Armenvater oder zum Wohltätigkeitsverein, um für das Notwendigste zu sorgen.

Die Kindtaufe

Am 11. Juli 1901 holt die Hebamme Peter ans Licht der Welt. Als die Mutter nach dem Wochenbett wieder aufstehen kann, wird der Säugling getauft. Später lässt er sich erzählen, wie das Ereignis gefeiert wurde. Es gab Butter statt Margarine zum Frühstück, und Bohnenkaffee statt des üblichen Malzkaffees („Muckefuck“). Im Schlafzimmer stand das „Pittermännchen“ mit 25 Liter Bier bereit, dazu ein paar Flaschen Schnaps. Um Platz für die Gäste zu haben, waren die Betten und der Kleiderschrank auf den Flur gebracht worden. Gegen zehn Uhr zog die Familie mit der ganzen Verwandtschaft zur Kirche. Statt auf die Frage des Pastors an den Säugling: „Entsagst du dem Teufel?“ stellvertretend zu antworten, erwiderte der nicht mehr ganz nüchterne Pate: „Ich werde es ihm schon sagen.“

Nach der Taufe begab sich die Gesellschaft erst einmal in die nächste Wirtschaft. „Bis in die Nacht hinein wurde gefeiert“, so Peter Fröhlich. „War das Pittermännchen leer, wurde ein neues angestochen. Die ganze

Gasse nahm an der Feier teil. Einer gab dem anderen die Türklinke in die Hand. Es wurde getanzt, gesungen und geschunkelt. Onkel Jupp spielte auf seinem Schifferklavier das urkölsche Lied:

Es mer op en Kindtauf enjelade,
dat kann nix schade, do jeit mer hin.
Denn von Hätze kann mer sich vermaache,
et jitt vill ze lache, et jitt vill ze sinn.[229]

Kindheitserinnerungen

In der Straße „Unter Krahnenbäumen" (UKB) bewohnt die Familie Fröhlich wie fast alle anderen nur zwei Zimmer. Einen Wasserhahn gibt es nur auf dem Treppenabsatz, und die Toilette befindet sich auf dem Hof. Für kleinere Bedürfnisse steht ein Eimer im Schlafzimmer.

Da es keinen Keller gibt, werden die Briketts („Klütten") im Winter unter einer Bank oder hinter dem Ofen gestapelt. „Briketts – ketts" rufend zieht der „Klütteboor" mit seinem Pferdefuhrwerk durch die Straße – und schummelt auch schon mal beim Verkauf, denn sein Verdienst ist alles andere als üppig und die Arbeit hart.

Für die Lumpensammler („Lumpe, Flasche un Papeer") ist UKB nicht attraktiv. Die Mütter brauchen die Lumpen als Flicken für die Hosen und Jacken der Kinder. Der Urjelsmann kommt dagegen auf seine Kosten, wenn er das Bergmannslied „Ach Mutter, horch, die Glocken läuten, jetzt kommt der Vater nimmer heim" spielt. Da bleibt kein Auge trocken.

Da sind dann noch der holländische „Hirringsverkäufer" mit seinem unermüdlichen Ruf „Haring, hollandsche Haring", der Scherenschleifer und der Verkäufer von Fliegenfängern. Italiener ziehen mit Gipsfiguren durch die Stadt und Markfrauen mit ihren Gemüsekarren.

Im Kramladen ist das Glas mit Bonbons für Peter am wichtigsten. Für das Sauerkrautfass hat er nur einen Spruch übrig: „Wer im Sommer Kappes klaut, hat im Winter Sauerkraut."[230]

Der Umzug

1906 zieht die Familie in eine etwas komfortablere Wohnung in der Johannisstraße. Der Wasserhahn befindet sich auch hier auf dem Flur, aber das Klo nicht mehr im Hof, sondern im Haus auf einem Treppenabsatz.

Der Vater holt bei einem Wagenverleiher einen vier Meter langen Handwagen, auf den der ganze Hausrat verladen wird. Auch ein Bild August Bebels ist dabei mit dem Spruch:

Nicht betteln, nicht bitten,
Nur mutig gestritten.
Nie kämpft es sich schlecht
Für Freiheit und Recht.

Die ganze Familie samt näherer Verwandtschaft hilft beim Umzug. Angesichts des hoch aufgetürmten Hausrats schlägt die Mutter vor, lieber zweimal zu fahren. Doch dann würde der Handwagen zu teuer. Der Vater zieht den Wagen, Onkel Jupp schiebt ihn. Die Mutter mit dem Kleinsten auf dem Arm läuft nebenher, Peters Bruder Josef trägt den Käfig mit dem Kanarienvogel, Peter selbst die Petroleumlampe. Ihm läuft ein Hund, der vor einem Hundefänger flieht, zwischen die Beine. Die Lampe fällt, und die Familie sitzt am ersten Abend in der neuen Wohnung ohne Licht.[231]

Eine Szene mit typischen Merkmalen: In den Wohnungen der „kleinen Leute“ singt ein Kanarienvogel oder eine Amsel, und der Hundefänger übt einen anerkannten Beruf aus.

Volksschuljahre

Ostern 1908 kommt Peter in die katholische Volksschule. Sie befindet sich in der Machabäerstraße, die evangelische Schule, nicht weit entfernt davon, auf dem Eigelstein. Wenn es zu Reibereien kommt, singen katholische Kinder: „Evangelische Ratte / en Botter jebacke, / en Mähl jerührt / un zum Düvel jeführt." Die evangelischen singen das gleiche Lied über die nun katholischen Ratten. Ein unblutiger Religionskrieg, eher ein Sängerwettstreit. Beim Äpfelklauen auf dem Markt war man wieder ein Herz und eine Seele.

Kinder aus armen Familien laufen im Sommer – außer sonntags – barfuss herum. Klumpen – oben Leder, unten eine Holzsohle –, die sie vom Armenvater erhalten, ziehen sie nur in der Schule und im Winter an. Manche Lehrer machen einen Unterschied zwischen „Klumpenträgern" und den anderen. Die Klumpen bilden eine Art Klassenschranke, die oft zu Prügeleien führt. In dem auf dem Schulhof ausgetragenen Klassenkampf siegen meist die „Klumpedräjer". „Kein Wunder", so Peter Fröhlich, „es gab schon immer mehr Arme als Reiche."

Strenger noch als andere Lehrer ist der Kaplan als Religionslehrer. Zweimal in der Woche müssen die Kinder in die Frühmesse gehen. Kindern gegenüber, die in der Frühmesse fehlen, kann der Kaplan handgreiflich werden. Einmal entschuldigt sich Peter mit dem Hinweis, seine Schuhe seien beim Schuster gewesen, und in Klumpen lasse seine Mutter ihn nicht in die Kirche gehen. Gott sehe nicht auf die Füße, sondern ins Herz, erwidert der Kaplan und fällt über den mittlerweile Zwölfjährigen her. Der kratzt und beißt, trägt am Ende blaue Flecken und Beulen davon. Da nimmt die Mutter den Sohn an die Hand und stellt den Kaplan zur Rede. Jesus habe gesagt, lasset die Kinder zu mir kommen, vom Verhauen sei da keine Rede. Der liebe Gott sehe ins Herz, die Menschen schauten aber auf die Füße. Wenn der Herr Kaplan nicht mehr könne, als unschuldige Kinder zu misshandeln, solle er sich doch einen anderen Beruf suchen, als Ringkämpfer auf den Rummelplatz gehen. „Su Jung, sät ming Mam, jetz künne mer jon. Jetzt weiß hä womete ze dun hät. Dä pack dich nit mih an." Der Kaplan ist weiß wie die Wand und sagt kein einziges Wort. Beim Hinausgehen bekreuzigt sich die Mutter vor dem Kruzifix und schlägt die Tür hinter sich zu, dass die Bilder an der Wand wackeln.[232]

Die Familie Fröhlich muss wie die meisten anderen im Veedel mit jedem Pfennig rechnen. Eintopf ist die Regel, Fleisch die Ausnahme. „Mänchmal kom in die Zupp e Fößche, e Stätzche, e Schnüßche oder

Öhrche vum Schwein. Die Mam dät och schon ens för ne Jrosche Knoche en de Zupp. He un do wor an 'nem Knoche noch e Fetzje Fleisch. Öm dr beste Knoche däte mer Puute uns zänke."[233]

Kirmesfreuden

Zur Kirmeszeit ist die Straße „Unter Krahnenbäumen" (UKB) festlich geschmückt. Quer über die mit Papierschnitzeln, Buchen- und Eichenblättern bedeckte Straße sind Girlanden gespannt. In froher Erwartung der Prozession hängen Kirchenfahnen aus den Fenstern. Dann nähert sich die Prozession mit dem Gekreuzigten unter dem Baldachin: „Do wor dr Himmel met unsem Herrjott drunger."

Eine alte Frau baut sogar einen kleinen Altar vor ihrem Haus auf. Einmal hat sie der Muttergottes dort eine Goldkette umgehängt, die am Abend verschwunden war. Ein trinkfreudiger armer Schuhmacher, der dort „andächtig" gesehen wurde, geriet in Verdacht und erklärte, das Jesuskind im Arm der Gottesmutter habe angesichts seiner Armut geweint und ihm die Kette zugeworfen. „An dat Wunder dät ävver Unger Krahnebäume kei Minsch jläuve." Nicht mal der Pastor.

Der Sonntagsnachmittagskaffee mit zahlreichen Verwandten ist ein weiterer Höhepunkt der Kirmes – mit Bergen von Kuchen und Bohnenkaffe statt Muckefuck. Männerdurst verlangt nach Bier und Schnaps. Am Abend bitten die Kinder mit einer Kerze in der Hand betuchte Herren um ein paar Pfennige und singen dabei: „Alle Härcher solle levve, die uns eine Penning jevve. Wer jet hätt un uns nix jitt, sibbe Johr dr Schlappdreß kritt." Wer nichts gibt, wird beschimpft: „Do Knieskopp, do Kniesbüggel!"[234]

Zeitungsjunge, Eilbote und Jungarbeiter

Ostern 1915 ist für Peter Fröhlich die Schulzeit beendet. Die Familie lebt jetzt von einer kleinen Invalidenrente des Vaters, und der Sohn muss möglichst schnell Geld verdienen. Mit einem Packen Zeitungen stellt er sich an den Dom und ruft lauthals „Schon wieder 100.000 Russen gefangen". Doch als die Schlagzeilen düsterer werden, lässt auch der Zeitungsverkauf nach. Er wird Arbeitsjunge bei einer Eilbotengesellschaft, lernt Häuser mit einem Eingang „nur für Herrschaften" und einem anderen „für Lieferanten und Dienstboten" kennen. Bei der ersten Kategorie hat er bei Herrschaften oder Hausmeistern keine Chance.

1917 fängt Peter Fröhlich bei der Maschinenfabrik Humboldt in Kalk als „Stockhalter" an. Mit einem langen Eisenstab muss er einen weißglühenden Niet in ein Werkstück pressen – eine Arbeit, die dem nicht gerade kräftigen Jungen hin und wieder misslingt. Daraufhin wird ihm leichtere und schlechter bezahlte Arbeit gegeben. Als er mit fünf Gleichgesinnten streikt und Lohnerhöhungen fordert, wirft ihn der Meister die Treppe hinunter, und er wird entlassen. Die Arbeitsvermittlung will ihn nun in die Munitionsfabrik nach Wahn schicken. Dort bekäme man neben dem Kantinenessen täglich auch noch einen halben Liter Milch. Weil die dortige Arbeit aber zu Hautverfärbungen führt, entscheidet sich Peter Fröhlich im September 1917 für eine Munitionsfabrik in Troisdorf. Als es dort zu einer schweren Explosion kommt, die über 200 Menschen das Leben kostet, kann er der Katastrophe knapp entrinnen.

Sechs Jahre später ist er als Maurer am Bau des Kölner Stadions in Köln-Müngersdorf beteiligt, wird danach Straßenhändler. Von der Gewerkschaft, in die er 16-jährig eingetreten ist, erhält er ein Stipendium zum Besuch der „Staatlichen Fachschule für Wirtschaft und Verwaltung" in Düsseldorf, wird Gewerkschaftssekretär und vertritt Arbeitnehmer vor dem Arbeitsgericht. Damit beginnt sein Aufstieg auch in der SPD.[235]

Kriegsbegeisterung, Not und Hunger

Im Jahre 1912 versammeln sich in Köln am Abend des Reichstagswahltags Hunderte von Menschen im und vor dem Volkshaus, dem gemeinsamen Domizil von SPD und Gewerkschaften. Vom Balkon aus verkündet Wilhelm Sollmann[236], Redakteur der „Rheinischen Zeitung“ (RZ), das Ergebnis: Adolf Hofrichter – ebenfalls Redakteur der RZ – hat gewonnen. Menschen fallen sich um den Hals, Männern laufen Tränen über die Wangen, und alle singen die von Jacob Audorf für den Allgemeinen Deutschen Arbeiterverein geschriebene „Arbeiter-Marseillaise: „Nicht zählen wir den Feind, / nicht die Gefahren all! / Der kühnen Bahn nun folgen wir, / die uns geführt Lasalle!“[237]

Am 28. Juli 1914 veranstaltet die Kölner SPD im Volkshaus eine Großveranstaltung für den Völkerfrieden. Mit 10.000 Teilnehmern ist sie eine der größten Massenversammlungen in der Geschichte Kölns.

Jubelnde Kampfbereitschaft

Die Reichsregierung bewirkt in diesen Tagen mit der Behauptung, Deutschland sei eine schändlichst angegriffene Nation, einen radikalen Stimmungsumschwung. Als der Krieg am 4. August „ausbricht“, ist die jubelnde Kampfbereitschaft groß – auch bei den Sozialdemokraten. Sie sind jetzt – von wenigen Ausnahmen abgesehen – zur „Vaterlandsverteidigung“ bereit und melden sich zum Dienst mit der Waffe. Auf der Mülheimer Heide, wo Kinder sonst Frösche und Salamander fangen, schlagen in den ersten Kriegstagen Tausende Soldaten mit Pferden, Wagen und Kanonen ihr Feldlager auf. Wenn ein Regiment zum Bahnhof marschiert, laufen Frauen und Mädchen weinend nebenher und hören die Soldaten singen: „Es braust ein Ruf wie Donnerhall, wie Schwertgeklirr und Wogenprall, zum Rhein, zum Rhein, zum deutschen Rhein …“ Die Lieder machen Stimmung gegen Frankreich: „Sie sollen ihn nicht haben, den schönen deutschen Rhein, und wenn sie auch wie gierige Raben sich heiser danach schrein.“[238]

Doch die Kriegseuphorie verfliegt sehr bald. Bereits im Herbst 1914 liegen fast 9000 Verwundete in Kölner Lazaretten.

Der Kampf um das tägliche Brot

Im Jahre 1911 verdient ein Arbeiter etwa 22 Mark pro Woche – die Monatsmiete für zwei Zimmer. Dafür muss er 66 Stunden arbeiten. Ein Brot kostet fünf Groschen, ein Pfund Butter 1,30 Mark. Doch die gibt es nur zu Festtagen.

Fleisch ist weiterhin die Ausnahme, Eintopf die Regel: „Ähzezupp, Bunnezupp, Linsezupp", auch „Himmel un Ääd" – gestampfte Kartoffeln und gekochte Äpfel. Arbeiter nehmen morgens einen „Henkelmann" mit zur Arbeit. Vielen wird mittags das Essen auch gebracht. Essentragen ist ein Beruf.

Eine Arbeitslosenversicherung gibt es noch nicht, Kinder dagegen in Kölns armen Vierteln um so mehr. Doch 1911 starb noch jedes zweite, bevor es fünf Jahre alt war. Die Kindersterblichkeit ist bei Arbeitern viermal so hoch wie bei Akademikern.[239]

Im äußerst kalten „Steckrübenwinter" 1916/17, in dem Rüben die Kartoffeln ersetzen müssen, verschlechtert sich die Versorgungslage der Bevölkerung dramatisch. Für die Bedürftigsten werden Stadtküchen und Wärmehallen in Schulen und Turnhallen eingerichtet. „Gulaschkanone" wird ein geflügeltes Wort. Für die Lebensmittelversorgung ist der Beigeordnete und spätere Oberbürgermeister Konrad Adenauer zuständig. Er erfindet das „Kölner Sparbrot" – ein aus Mais, Reis und Gerste gebackenes Schrotbrot.[240] Die Masse hungert, doch wer das Geld dazu hat, kann auf dem schwarzen Markt noch alles kaufen, ja es wird ihm sogar ins Haus gebracht. Das arme Volk geht „hamstern". Frauen und Kinder ziehen über Land von Hof zu Hof und bitten bei Bauern um etwas Brot oder ein paar Kartoffeln.[241]

Not lehrt trinken. Der Alkohol gefährdet, ja ruiniert Familien. An Lohntagen stehen immer wieder Frauen an den Fabriktoren, um ihre Männer davon abzuhalten, sogleich die nächste Kneipe anzusteuern. Wenn es zu Hause zum Streit kommt, reißen manche Frauen Fenster und Türen auf, wohl wissend, dass der Mann öffentliches Mithören scheut. Andere nehmen sicherheitshalber das kleinste Kind aus der Wiege auf den Arm, wenn sie ihn gnadenlos zur Rede stellen. Kinder sind für den Vater auch im betrunkenen Zustand tabu. Bei den Hafen- und Bauarbeitern spielt der Schnaps eine große Rolle. Die Flaschen kreisen, bis sie leer sind. Auch wer mal kein Geld hat, darf mittrinken.[242]

Frauenarbeit – kriegsbedingt und innovativ

Viele Industriebetriebe sind inzwischen auf Rüstungsproduktion umgestellt, die Handelsbeziehungen mit dem Ausland zusammengebrochen. Die meisten wehrfähigen Männer sind an der Front. Aus Arbeitskräftemangel werden auch Jugendliche unter 16 Jahren eingestellt. Nun dürfen sogar Frauen „Männerberufe" ergreifen, die ihnen vorher verwehrt waren.

Die erfolgreiche Näherin – Sibille (Sibylla) Hartmann

Die Stadträtin und Parlamentarierin (1890–1973) ist eine der wenigen kommunal- und verbandspolitisch tätigen Frauen, die aus sehr armen Kölner Verhältnissen stammen. Sie ist das zweite von acht Kindern eines katholischen Arbeiterpaars. Nach dem Tod der Mutter wächst sie im Waisenhaus auf und leidet unter der Trennung von ihren Geschwistern. Nach der Volksschule verdient sie ihren Lebensunterhalt anfänglich als Lager- und Fabrikarbeiterin, danach näht sie Schirme in Heimarbeit. Ihrem Arbeitgeber gegenüber muss sie sich 1910 vor Gericht schuldlos verteidigen – ein Schlüsselerlebnis für sie. Die Erfahrung sozialer Ungerechtigkeit politisiert die junge Katholikin. Ein Jahr später tritt sie dem im Vorjahr gegründeten Windhorst-Bund bei, der Jugendorganisation der Zentrumspartei. Gewerkschaftlich organisiert sie sich im christlichen Holzarbeiterverband, der auch die Interessen der Schirmarbeiterinnen vertrat.

1915 tritt sie im zu Beginn des Ersten Weltkriegs gegründeten „Nationalen Frauendienst" für die Belange der Bahnschaffnerinnen ein. So wächst sie nach und nach in die Sozialpolitik hinein. Die Interessen der einfachen Arbeiterinnen und den Kampf um die Rechte der Frauen wird sie später auch als prominentes, christlichen Sozialismus propagierendes Mitglied der CDU nicht aus den Augen verlieren.[243]

Straßenbahnerinnen – ein neuer Beruf

Bis zum Kriegsbeginn gibt es weder Straßenbahnfahrerinnen noch Schaffnerinnen. Aus Mangel an männlichen Arbeitskräften bei den Bahnen der Stadt Köln – von 3300 ist die Hälfte eingezogen – wird Frauen nun dieser Beruf ermöglicht. Der Kölner Stadt-Anzeiger stimmt seine Leser, dem Zeitgeist entsprechend, auf den ungewohnten Anblick ein: „Wenn eine Frau für ihren Mann, der draußen vor dem Feinde im Schützengraben liegt, als Schaffnerin tätig ist, so leistet sie damit auch Kriegsdienst fürs Vaterland. Wenn der Anblick dem einen oder anderen heute noch ungewohnt sein mag, so möge er es trotzdem im Interesse der Sache unterlassen, die neue Einrichtung zu kritisieren oder gar zu bespötteln; dazu ist die gegenwärtige Zeit ohnehin nicht geeignet."[244]

Im Jahr 1917 sind von 1979 Beschäftigten im Fahrpersonal schon 1409 weiblich. Die Frauen werden jedoch bei gleicher Arbeit deutlich geringer bezahlt als die Männer. Laut Dienstanweisung ist dem männlichen und dem weiblichen Straßenbahnpersonal sogar untersagt, in den Pausen in einem Wagen zusammen zu sitzen. Unmut über Hunger und Unterbezahlung führt im Juni 1917 zu einem dreitägigen, wenig erfolgreichen Streik von 1400 Straßenbahnerinnen. 1918 sind 1320 Schaffnerinnen und 199 Fahrerinnen im Dienst der Straßenbahn. Die Freude über solchen Fortschritt währt nur kurz; denn nach Kriegsende müssen die Frauen ihre Arbeitsplätze wieder räumen.[245]

Unterbezahlte Fabrikarbeiterinnen

In der Fabrik Wippermann in Köln-Kalk werden seit 1916 Hülsen für Geschützmunition hergestellt. Auch hier gibt es zu wenig männliche Arbeitskräfte. Deshalb werden Frauen beschäftigt – die auch hier nur etwa 60 Prozent des Männerlohns erhalten. Obendrein werden bis dahin gültige Arbeitsschutzbestimmungen außer Kraft gesetzt.

Ende 1916 arbeiten knapp 10.000 Arbeiterinnen zehn bis 14 Stunden täglich in Kölner Fabriken, oft in drei Schichten rund um die Uhr. Besonders in den Munitionsfabriken ist die Arbeit schwer erträglich. „Tausende Frauen“, so berichtet die Rheinische Zeitung am 8. August 1917, „sind auch in unserer Stadt aus ihrer Familie gerissen, um tagsüber und oft genug auch nachts der Rüstungsindustrie zu dienen. Viele von ihnen fahren schon lange vor Tag weit hinaus zu den großen Munitionsfabriken und kehren erst spät abends heim. [...] Man sehe sich einmal die Arbeiterinnen an, wenn sie beim Schichtwechsel aus der Fabrik kommen, was da für müde, abgemagerte Gestalten gehen.“[246]

Streikerfolge

In den Kriegsjahren haben die Frauen in den Kölner Fabriken neben Kriegsgefangenen am meisten zu leiden. Im jenem äußerst kalten „Steckrübenwinter“ 1916/17 müssen sie täglich zehn bis zwölf Stunden Schwerstarbeit leisten, erhalten aber bei gleicher Arbeit ein Drittel weniger Lohn als die Männer. Wegen des Lebensmittelmangels können sie auch ihre Kinder nicht ausreichend ernähren. Im Mai und Juni 1917 kommt es im Rechtsrheinischen zu Streiks, zuerst bei den Straßenbahnerinnen, dann bei den Munitionsarbeiterinnen der „Chemischen Fabrik Kalk“. Den Straßenbahnerinnen wird von ihrer eigenen Direktion bestätigt, dass sie zu hungrig sind, um arbeiten zu können. Am 6. Juli 1917 legen zehn- bis zwölftausend Beschäftigte der großen Werke der Kalker Metallindustrie die Arbeit nieder. Arbeiter in anderen Kölner Werken streiken ebenfalls. Sie alle fordern erfolgreich höhere Lebensmittelzuteilungen, weniger Arbeitsstunden und höhere Löhne.[247]

Meuternde Matrosen und der „Arbeiter- und Soldatenrat"

Max Reichpietsch und Albin Köbis

1917 lösen Matrosen in Kiel eine revolutionäre Bewegung aus. Sie weigern sich, ihr Leben im aussichtslosen Krieg noch einem Todeskommando zu opfern.[248] Auf dem Flaggschiff „Friedrich der Große" werden daraufhin der Oberheizer Sachse sowie die Matrosen Wilhelm Weber und Max Reichpietsch als „Vertrauensleute" herausgegriffen. Von der „Prinzregent Luitpold" müssen sich der Heizer Albin Köbis und der Matrose Heinz Becker verantworten. Alle fünf werden am 26. August 1917 als „Haupträdelsführer" eines Aufstandes zum Tode verurteilt. Ein unabhängiger Gutachter, der Justiziar des Reichsmarineamtes und die Offizialverteidiger können jedoch keinen Aufstand bestätigen, woraufhin drei der Todeskandidaten begnadigt werden. An Max Reichpietsch und Albin Köbis soll jedoch ein Exempel statuiert werden: Am 5. September 1917 werden sie in der Wahner Heide bei Köln erschossen. Später wird ihnen in der dortigen Kaserne eine Gedenkstätte gewidmet und in Köln-Wahn werden Straßen nach ihnen benannt.[249]

Die verschenkte Revolution

In dieser Zeit verfliegt in Köln die Begeisterung für den Krieg. Ende Januar 1918 folgen 10.000 Kölner Arbeiter und Arbeiterinnen einem das Kriegsende beschwörenden Streikaufruf der „Unabhängigen Sozialdemokratischen Partei Deutschlands" und des Spartakus-Bundes. Da SPD und Gewerkschaften die Streikbewegung nicht unterstützen und die Militärbehörden mit Kriegesgerichten drohen, beschließen die Vertrauensleute in Köln Anfang Februar den Abbruch des Streiks. Der erste Fliegerangriff im Mai fordert 41 Tote. Dennoch begeistert in diesem Monat eine Kriegsluftfahrt-Ausstellung mehr als 18.000 Besucher. Im Oktober erfasst eine landesweite Grippeepidemie Köln. Wegen Unterernährung haben viele Menschen der Krankheit keine Abwehrkräfte entgegenzusetzen, und es kommt zu Todesfällen.

Am 7. November 1918 kommen 200 Marinesoldaten nach Köln, um die hier im zentralen Stammgefängnis für Marinegefangene inhaftierten Matrosen der „Wilhelmshavener Flottenmeuterei“ von 1917 zu befreien. Ihre Anführer Reichpietsch und Köbis waren hier erschossen und begraben worden. Die Marinesoldaten rufen die Kölner Arbeiter und die Soldaten der Garnison vor einer großen Menschenmenge auf dem Hauptbahnhof zum Anschluss an die Bewegung auf. Der anwesende SPD-Vorsitzende Wilhelm Sollmann fordert die Abdankung des Kaisers und mahnt die Menge zugleich zur Gewaltlosigkeit.

Am 8. November wird im Arbeiterjugendheim in der Glockengasse aus je sechs Räten der SPD und der USPD der „Arbeiter- und Soldatenrat“ (ASR) gegründet. Er fordert Frieden, Freilassung aller politischen Gefangenen, Abschaffung aller Dynastien im Reich und die „sozialistische Republik“ – einen Tag, bevor der Sozialdemokrat Philipp Scheidemann in Berlin lediglich die „Republik“ ausruft. Mehrere tausend Menschen stimmen dem ASR auf dem Neumarkt zu. Oberbürgermeister Konrad Adenauer hat zuvor vergeblich versucht, die „meuternden“ Matrosen festnehmen zu lassen. Loyale Truppen sind nicht zu finden, und der Festungskommandant ist geflohen. Daraufhin überlässt Adenauer dem ASR im Rathaus einige Räume – samt Schreibmaschinen und Telefon.

Am 9. November erklärt sich eine große Soldatenversammlung im Rathaus mit dem ASR solidarisch. Als am selben Tag die Nachricht von der Abdankung des Kaisers, der Ausrufung der Republik und der Ernennung des Sozialdemokraten Friedrich Ebert zum Reichskanzler eintrifft, kündigt Sollmann die baldige Selbstauflösung des überwiegend aus „gemäßigten“ Sozialdemokraten bestehenden ASR an – einen Tag nach seiner Konstituierung. Begründung: Von Köln aus könne der Sozialismus nicht verkündet werden.[250]

Am 10. November beschließt der ASR die Bildung eines Wohlfahrtsausschusses, der für Verkehr, Verpflegung, Gesundheitswesen sowie Sicherheit und Ordnung zuständig sein soll. Adenauer – immer noch Mitglied des preußischen Herrenhauses – wird dessen Vorsitzender. So gibt der von „gemäßigten" Sozialdemokraten majorisierte ASR bereits drei Tage nach seiner Gründung alle wesentlichen Befugnisse preis – und den alten Gewalten zurück. Vier Tage später erklärt er, seine Existenz könne nur vorübergehend sein, und am 14. Dezember lässt er sich von den britischen Besatzern widerspruchslos auflösen.[251]

Verelendung und Hilfsmaßnahmen

Die 14 Jahre der Weimarer Republik stürzen große Teile der Kölner Bevölkerung in wirtschaftliches Elend. „Die Preise aller Gegenstände", so der Verwaltungsbericht der Stadt Köln im ersten Nachkriegsjahr, „namentlich derjenigen des notwendigen Lebensbedarfs, steigerten sich außerordentlich, wodurch unausgesetzt Erhöhungen der Löhne und Gehälter von Arbeitern und Angestellten in kurzen Abschnitten nötig wurden."[252] Arbeitslosigkeit und Wohnungsnot, Teuerungsunruhen, Plünderungen und Inflation kennzeichnen die kommenden Jahre. Wie kaum ein anderer hält der Fotograf August Sander die Lebenssituation betroffener Menschen bei Streifzügen durch Kölns Straßen in seinen Porträtaufnahmen fest.[253]

Hungernde, Obdach- und Arbeitslose

1920 fehlen in Köln über 11.000 Wohnungen. Angesichts von fast 10.000 Hinzuziehenden jährlich stellen die wohnungspolitischen Maßnahmen der Stadt kaum mehr als einen Tropfen auf den heißen Stein dar. 1925 sind trotz aller Anstrengungen immer noch 2700 Familien obdachlos. Erwerbslose errichten Notbehausungen in allen Gegenden des Stadtgebiets. „Schmutzigste, ungesunde Wohnlöcher," so die Beobachtung des Stadtverbands Kölner Frauenverbände, „verfallene Althäuser, Eltern, die mit bereits verheirateten Kindern, Kinder, die womöglich mit Familienfremden Bett und Schlafraum teilen müssen, junge Paare, die nicht dazu kommen, ihr eignes Leben aufzubauen, Kinder, denen man das Lebenslicht nicht gönnt."[254]

Die Wirtschaftslage ist im Winter des Jahres 1922/23 besonders katastrophal. Hungernde stürmen Lebensmittelgeschäfte. Die Inflation hat vermehrt Preiswucher und Plünderungen zur Folge. Die ersten drei Monate des folgenden Jahres bringen in Köln „ein Mehr an Tuberkulosefällen von 38 % gegenüber den gleichen Monaten des Vorjahres". Der Kölner Stadtarzt Dr. Franz Vonessen resümiert: „Den Höhepunkt der Not brachte das Jahr 1923, wo infolge der bekannten Verhältnisse die Not in den Kreisen der Arbeitslosen, der Sozial- und Kleinrentner, aber auch in weitesten Kreisen des Mittelstandes und der kinderreichen Familien ein nie gekanntes Maß erreichte."[255]

In den Folgejahren verschlechtert sich die Situation weiter. „Ich bin seit 2 Jahren arbeitslos und beziehe für meine sechsköpfige Familie eine monatliche Unterstützung von 54,56 Mark", berichtet ein Arbeitsloser. „Unser viertes Kind kam Samstag zur Welt: meine Frau liegt also noch im Wochenbett. Von der Unterstützung entfällt pro Kopf auf den Monat rund 9 Mark, das macht auf den Tag 30 Pfennig. Aber nicht genug damit, daß wir entsetzlich Hunger leiden, die Verhältnisse, unter denen wir wohnen müssen, sind einfach fürchterlich. Wir haben ein Zimmer, das 3,20 Meter lang und 2,40 Meter breit ist und in dem ich nur ein 0,90 Meter langes Bett und ein Kinderbett aufstellen kann. Unser zweitältestes Kind ist im vierten Jahr, es schläft auf zwei Stühlen."[256]

Die Kranken

Den Versicherungsträgern fehlen die Geldmittel, um ihre sozialen und sozialhygienischen Einrichtungen ausreichend weiter zu betreiben. Viele Kranke sind in diesen Jahren auf sich selbst angewiesen, haben aber kein Geld für Arzt und Arznei und erst recht nicht für einen Krankenhausaufenthalt. So arbeiten viele Menschen trotz zum Teil schwerer Krankheiten weiter. Im Oktober 1923 stellt Vonessen durch eine Nachfrage bei der größten Kölner Krankenkasse – der „Allgemeinen Ortskrankenkasse" – fest, dass die Zahl der Krankgemeldeten im Verhältnis zur Gesamtzahl der Mitglieder nur die Hälfte des durchschnittlichen Krankenbestandes der Vorjahre ausmacht. Die Zahl der gemeldeten Tuberkulösen ist trotz der rapide angestiegenen Erkrankungen sogar auf ein Fünftel der früheren Zahlen gesunken.

Eine Besserung der Verhältnisse ist nicht in Sicht. Voller Verzweiflung und Mitgefühl stellt Vonessen fest: „Der Kranke muß eben arbeiten, bis er zusammenbricht." Bei der Allgemeinen Ortskrankenkasse steigt der Prozentsatz der Krankmeldungen im ersten Halbjahr 1924 von 1,96 Prozent auf 4,34 Prozent. Und die Armenärzte der Stadt Köln melden, dass die Zahl der vom Wohlfahrtsamt unterstützten Kranken im Vergleich zum Vorjahr um 50 Prozent gestiegen ist.

Dass viele in Apathie versinken oder „unter der Last der Entbehrungen und dem seelischen Druck ihren sittlichen Halt verlieren" und dadurch ihre Gesundheit zusätzlich gefährden oder gar ruinieren, schmerzt Vonessen sehr. Aber er will sich nicht zum Richter aufschwingen, denn er verkennt nicht den Zusammenhang, „daß auch hier die Ursache in letzter Linie in der drangvollen Not, in den ganzen Zeitverhältnissen liegt". Die Frage, ob hier nicht auch soziale Ungerechtigkeit mit im Spiele ist, wird von ihm nicht erörtert.

Kleine Fortschritte kann er trotz der desolaten Situation feststellen: Die Versicherungsanstalten zum Beispiel können Heilverfahren allmählich wieder in stärkerem Maß finanzieren, besonders bei Tuberkulosekranken. Wirksame gesundheitspolitische Maßnahmen kann er allerdings nur im Blick auf die Zukunft vorschlagen. Dass unter diesem Elend die Nervenkraft der Bevölkerung versagt und geistige Erkrankungen zunehmen, wundert ihn nicht. Es sei wohl auch kein Zufall, dass viele hoffnungslos verarmte ältere Menschen hier besonders betroffen sind, und so fordert er dringend eine engagierte Gesundheitspflege der Hilfsbedürftigen.[257]

Frauen helfen Frauen – der „Stadtverband Kölner Frauenvereine"

Der „Kölner Verein für Haushaltspflege", ein 1913 gegründeter Unterverein des „Stadtverbands Kölner Frauenvereine" (SKF), hilft in Familien, in denen die Mutter wegen Entbindung oder Krankheit ausfällt. Hauspflegerinnen, in der Regel erwerbseingeschränkte Frauen, halten gegen geringes Entgelt den Haushalt aufrecht und versorgen die Kinder. Nach Hilferufen des überlasteten Wohlfahrtsamtes verstärkt der Verein 1925 seine Anstrengungen. 31 erfahrene „Quartierschwestern" unterstützen verelendete Familien und betreuen in Gemeinschaftsräumen Klein- und Schulkinder. Immer wieder gelingt es ihnen, Familien aus Behelfswohnungen in von Baugenossenschaften errichteten Siedlungsblocks unterzubringen. Schließlich wird die Arbeit der „Quartierschwestern" als Beruf anerkannt und bezahlt.[258]

Frauen aus dem SKF richten in Absprache mit Kölner Hotels einen „Hilfsdienst für reisende Damen" ein. Verarmte Frauen aus dem Mittelstand führen Besucherinnen durch die Stadt und durch Museen, begleiten sie ins Theater und helfen bei Einkäufen, übernehmen auf Wunsch auch Hand- und Näharbeiten. Verschämten armen Frauen verschafft solche Arbeit auch der „Verein zur Vermittlung von Heimarbeit".[259]

Im Hungerwinter 1925/26 verstärkt der SKF seine Arbeit. Vorstandsmitglied Dr. Hertha Kraus, als Stadtdirektorin seit 1923 Leiterin des Wohlfahrtsamtes, koordiniert die Bemühungen. Kölner Firmen spenden Geld und Weihnachtsgaben. Nach der Weltwirtschaftskrise 1929 sammeln alle Kölner Wohlfahrtsorganisationen Möbel, Matratzen und Kleidungsstücke. Die engagierten Frauen entfalten eine beharrliche Energie, die – so Hertha Kraus – „ihre stärkste und vielleicht am tiefsten schöpferische Leistung dort entfaltet, wo sie den leidenden Einzelmenschen allein in seiner Not umschließt".[260]

Empörte Kleinbürger – rabiate Nazis

1930 wird die Nationalsozialistische Deutsche Arbeiterpartei (NSDAP), die in diesen Jahren viele enttäuschte Arbeiter für sich gewinnen kann, bei der Reichstagswahl hinter der SPD zweitstärkste Partei.[261] In Köln bleibt das Zentrum vorn, doch die Ortsgruppe der NSDAP verzeichnet über 5000 Mitglieder. Im Stadtrat sitzen vier Vertreter.

Das Auftreten der Nazis in der Stadt ist rabiat und brutal. Im September überfallen und misshandeln sie ein SPD-Mitglied, erschießen einen Arbeiter und verletzen bei einer NS-Demonstration in Köln-Kalk durch Schüsse einen weiteren Arbeiter schwer. Im Oktober wird ein Mitglied des Kommunistischen Jugendverbandes erschossen, und im Januar 1931 wird erneut ein Arbeiter umgebracht. Auch die Universität bleibt nicht verschont. Obwohl die NS-Studentengruppe verboten ist, ruft die „Sektion Universität" der NSDAP zu einer „nationalen Kundgebung" vor der Universität in der Claudiusstraße auf. Dabei werden sozialistische Studenten, die Flugblätter verteilen, von SA- und NSDAP-Mitgliedern misshandelt.[262]

Am Abend des 7. März 1931 erlebt der Arzt Franz Vonessen eine im katholischen Pfarrsaal in Köln-Braunsfeld von SA-Leuten inszenierte Saalschlacht. Unter den zahlreichen Verletzten befindet sich auch Pfarrer Joseph Frings, der spätere Kardinal.[263]

Josef Grohé – der nationalsozialistische Aufsteiger

Als neuntes von 13 Geschwistern wächst Josef Grohé (1902–1987) in der Hunsrückgemeinde Gemünden auf. Seine strenggläubig katholischen Eltern besitzen dort einen Kaufladen und betreiben nebenbei etwas Landwirtschaft. Doch für Josefs Besuch einer Höheren Schule reicht das Geld nicht. Zu seinem Ärger verpasst er 1918 nach Kriegsende die Chance, wie seine älteren Brüder Soldat zu werden. Ein Jahr später verlässt er den armen Hunsrück, zieht nach Köln, wird 1922 Angestellter in der Eisenwarenbranche und Mitbegründer der Kölner NSDAP.

Während einer Saalschlacht zwischen Nationalsozialisten und Kommunisten kann er den jungen Installateur Richard Schaller, seinen späteren Gauleiter-Stellvertreter, von der KPD weg ins eigene Lager ziehen. Während des „Ruhrkampfes" lässt er sich 1923 von einem Reichswehroffizier zum Widerstand gegen die alliierte Besatzungsmacht anwerben und beteiligt sich an der Sprengung eines für Frankreich bestimmten Kohlezuges. Er flieht daraufhin nach München, wo er erstmals mit Hitler zusammentrifft. 1925 wird er Gaugeschäftsführer des NS-Gaues Rheinland-Süd unter dem Gauleiter und späteren Leiter der Deutschen Arbeitsfront Robert Ley. Mit ihm und einem SA-Trupp zieht er im März 1927, antisemitische Lieder singend, vor die Synagoge in der Kölner Roonstraße vorbei. Die Provokation artet in Gewalt aus, bei der mehrere jüdische Gemeindeglieder durch Messerstiche verletzt werden. 1928 wird Grohé zu einer mehrwöchigen Haftstrafe verurteilt. Ein Jahr später wird er, obwohl vorbestraft, in den Kölner Stadtrat gewählt und übernahm die Fraktionsführung der NSDAP. Bis 1931 ist er Chefredakteur des „Westdeutschen Beobachters", der durch antisemitische Hetzartikel im „Stürmer"-Stil von sich reden macht. Mehrfach muss er sich daher vor Gericht verantworten.

In diesem Jahr wird er nach Teilung des Gaues Rheinland-Süd von Adolf Hitler zum Gauleiter von Köln-Aachen ernannt. Um die Arbeiter zu gewinnen, schlägt er sogleich Agitation in den Betrieben vor. Danach gehört er kurzzeitig dem Landtag von Preußen an und ab November 1933 dem Reichstag. Während dieser Zeit ist er der eigentliche Machthaber in Köln und Umgebung und mitverantwortlich für die Verfolgung politischer Gegner, die Unterdrückung der Kirchen und die Entrechtung der Juden.[264]

Nationalsozialisten wie Grohé profitieren von der Enttäuschung der darbenden Menschen und der großen Krise, in der sich das Land und die 1932 zahlungsunfähige Stadt Köln befinden. Diese Krise untergräbt das Vertrauen in die junge Demokratie. Das Gefühl der Unsicherheit und Angst erfasst vor allem die Erwerblosen: Die Wohlfahrtssätze werden von 1929 bis 1932 um ein Drittel gesenkt.

Die Nationalsozialisten, die soziale Besserung versprechen, profitieren von der Krise. 1930 hat die NSDAP ihren Wähleranteil gegenüber 1928 reichsweit von 2,6 auf 18,3 Prozent gesteigert, in Köln von 1,6 auf 17,6 Prozent. Josef Grohé und Richard Schaller haben erheblich dazu beigetragen und den Nationalsozialismus rheinisch-brutal profiliert. Bis 1933 begeistert Hitler in Köln bei fünf Großkundgebungen Tausende. Im selben Jahr wird er Reichskanzler.

Von nun an wird jeder Widerstand systematisch verfolgt, werden Sozialdemokraten und Kommunisten gefoltert und ermordet und sogar jugendliche „Edelweißpiraten" in Köln gehängt.

VERBRECHEN UND WIDERSTAND – SCHICKSALE IM „DRITTEN REICH“

Es wechseln die Zeiten, die riesigen Pläne
der Mächtigen kommen am Ende zum Halt.
Und gehn sie einher auch wie blutige Hähne,
es wechseln die Zeiten, da hilft kein' Gewalt.

Bertold Brecht
(Das Lied von der Moldau)

Einen Tag nach der Ernennung Hitlers zum Reichskanzler versammeln sich am 31. Januar 1933 Kölner SA und SS und der jetzt mit ihnen verbündete deutschnationale „Stahlhelm“,[265] umrahmt von Fahnen und Standarten, in der Messehalle. Gauleiter Josef Grohé dankt Hindenburg für die Ernennung Hitlers. Die Veranstaltung endet mit einem riesigen Fackelzug in die Kölner Innenstadt.

Wie überall, so zieht die NS-Diktatur auch in Köln „kleine Leute“ in Mitleidenschaft – auf verschiedene Weise. Manche werden „Aufsteiger“ wie Grohé, gewaltbereite Mitglieder der SA oder folternde Gestapo-Beamte. Frühe Opfer sind jüdische Menschen wie der Frisör Moritz Spiro, aber auch prominente Sportler wie der Radrennfahrer Albert Richter, der den Hitler-Gruß verweigert und jüdische Freunde hat. Manche Mitglieder der 1933 verbotenen „Bündischen Jugend“ werden Nationalsozialisten, viele andere verweigern sich dem NS-Regime oder werden zu Gegnern wie die „Edelweißpiraten“, die nach brutaler Folter in Köln-Ehrenfeld öffentlich gehängt werden. Unter diesen Jugendlichen gibt es nicht wenige, die geschundenen Zwangsarbeitern helfen.

Frühe Widerstandsaktionen

In den 1930er-Jahren wird die Herrschaft der Nationalsozialisten zu keinem Zeitpunkt ernsthaft bedroht. Zwar leisten einige Personen und Gruppen Widerstand, doch sie finden keinen Rückhalt in der Bevölkerung. So gelingt es der Gestapo bis 1936, den Widerstand brutal und erfolgreich zu unterdrücken.[266]

Hinrichtungen mit dem Handbeil

Am Eigelstein und am Hansaplatz kommt es im Februar 1933 zu Zusammenstößen zwischen Kommunisten vom Roten Frontkämpferbund und Nationalsozialisten. Dabei werden zwei SA-Männer getötet, der 21-jährige Wiland Winterberg und der 28-jährige Walther Spangenberg. 17 Kommunisten werden daraufhin verhaftet, sechs von ihnen in einem Schauprozess im Beisein zahlreicher NS-Prominenz vorgeführt. Rechtsanwalt Carl Schwengers plädiert als Offizialverteidiger auf Totschlag, nicht Mord. Das Reichsgericht befürwortet Begnadigung zu lebenslänglichem Zuchthaus. Doch das von NS-Juristen beherrschte Schwurgericht verhängt die Todesstrafe, und Innenminister Göring befiehlt die Hinrichtung mit dem Handbeil. Am 30. November 1933 wird sie an Josef Engels, Hermann Hamacher, Heinrich Horsch, Matthias Moritz, Bernhard Wilms und Otto Waeser von einem in diesem Handwerk ungeübten Henker im Kölner Klingelpütz grausam vollzogen. In der Kirche St. Ursula liest ein Priester eine Messe für die Toten – er wird verhaftet. In der Arbeitsanstalt Brauweiler inhaftierte Frauen reagieren mit einem Schweigetag. Ein öffentlich protestierender Kölner Arbeiter wird zu einem Jahr Gefängnis verurteilt.[267]

Die Arbeiter in der Elsassstraße

Am 3. März 1933, zwei Tage vor der Reichstagswahl, will eine Truppe der SA in der von Arbeiterfamilien bewohnten Elsassstraße ihre Macht demonstrieren. Wie zuvor schon kommt es zu tätlichen Auseinandersetzungen. Aus Fenstern und von Dächern aus wird die SA mit Flaschen, Vasen, Nachttöpfen und ähnlichen Gegenständen beworfen. Die begleitende Polizei beschießt die Häuser und riegelt das Viertel ab. Bis Mitternacht werden 70 Personen verhaftet. Der Kölner Polizeipräsident Walther Lingens überzeugt sich persönlich vom Erfolg der Aktion. „Der Zug war fast bis zur Hälfte reingekommen“, erinnert sich später der in der Elsassstrasse wohnende Josef Dellers, „da gab es plötzlich eine wilde Keilerei. Plötzlich fiel ein Schuss – das war P., der damals ein ganz berüchtigter Polizist war – und alles stob auseinander. Wir schmissen dann noch weitere Gegenstände aus den Fenstern und von den Dächern auf die SA. Aber dann kam ein Panzerspähwagen aus der Polizeikaserne am Zugweg. Mit Maschinengewehr. Die ganze Straße wurde unter Feuer genommen, in die Fenster rein – überall waren Einschüsse.“[268] Einige der Festgenommenen werden später im KZ ermordet.

Antifaschistische Arbeit, Folter und Tod – Otto Kropp

Die Kommunisten haben vom Anfang des NS-Regimes an den größten Blutzoll zu entrichten. Ihre führenden Köpfe werden verhaftet und ermordet.

Der aus Wuppertal stammende Otto Kropp (1907–1937) arbeitete als Laufbursche, Packer und Textilarbeiter. 1931 wurde er Mitglied der KPD. Nach mehrfachen Misshandlugen durch SA-Schlägertrupps emigrierte er 1933 in die Niederlande, um von dort im Auftrag des Zentralkomitees seiner Partei den Widerstandskampf in Deutschland zu unterstützen.

Im August 1935 geht er nach Köln und reorganisiert gemeinsam mit Ulrich Osche die durch Massenverhaftungen geschwächte KPD-Organisation. Er kann abgerissene Kontakte zu antifaschistisch orientierten Arbeitern bei Klöckner-Humboldt-Deutz, den städtischen Gartenbetrieben, dem Nippeser Eisenbahnausbesserungswerk, dem Carlswerk und den Kölner Verkehrsbetrieben wieder herstellen. Auch regt er die Herausgabe illegaler Zeitungen an, die sich teilweise an SA-Mitglieder, Polizeibeamte oder auch Rekruten wenden.

Im Sinne der 1935 beschlossenen Linie der KPD sucht Kropp mit den zuvor noch als „Sozialfaschisten“ titulierten Sozialdemokraten eine in der eigenen Partei durchaus umstrittene Einheitsfront („Volksfront“) zu bilden. Dabei kann er auch Kontakte zu katholischen Widerstandskreisen gewinnen und mit ihnen zusammen politische Gefangene unterstützen.

Im März 1936 werden Kropp und Osche zuammen mit 150 weiteren Personen von der Gestapo verhaftet. Osche wird zu 15 Jahren Zuchthaus verurteilt. Kropp wird wochenlang gefoltert, um Namen und Informationen über seine Kontaktpersonen zu preiszugeben. Doch er verrät nichts. Der Volksgerichtshof verurteilt ihn zum Tod. Am 15. Mai 1937 wird er in Berlin-Plötzensee hingerichtet. Von diesem Schlag erholt sich der kommunistische Widerstand in Köln nicht mehr.[269]

Mangels subversiver Erfahrung fällt Sozialdemokraten, die in Deutschland ebenfalls Opfer durch Folter und KZ zu beklagen haben, illegale Arbeit schwerer. Nach einer Verhaftungswelle im Jahr 1936 und der Inhaftierung von Franz Bott[270] und Willi Schirrmacher[271] bricht auch der organisierte sozialdemokratische Widerstand in Köln zusammen.

Opfer von Zwangssterilisationen

Aufgrund eines Anfang 1934 eingeführten „Erbgesundheitsgesetzes“, das die Entstehung von „lebensunwertem Leben“ verhindern soll, werden im Deutschen Reich im Verlauf dieses Jahres bereits 62.436, in Köln 2555 Sterilisierungen durchgeführt.[272] Für die Regelung der Sterilisierungsverfahren sollen „Erbgesundheitsgerichte“ geschaffen werden. Ärzte im Staatsdienst werden ihnen gegenüber zu Anzeige und Antragstellung verpflichtet, alle anderen nur dazu aufgefordert.[273]

Angeblicher Schwachsinn – die junge Fabrikarbeiterin Sophie K.

Der Kreisarzt und Medizinalrat Dr. Paul Engering stellt am 5. Januar 1935 beim Erbgesundheitsgericht Köln für die junge Fabrikarbeiterin Sophie K. einen Antrag auf Unfruchtbarmachung wegen „angeborenen Schwachsinns leichteren Grades". Ihre Mutter protestiert und schreibt an das Gericht: „Daß sie in der Schule vorangekommen ist, beweist das Entlassungszeugnis. Auch jetzt haben wir uns bei der Lehrerin der Berufsfortbildungsschule erkundigt, die auch mit unserer Tochter zufrieden ist. [...] Aber auch sonst haben wir nicht bemerkt, daß unsere Tochter gestört ist. Sie ist doch in einer Fabrik beschäftigt und geht ihrer Arbeit schön nach."

Trotz des Protestes der Eltern beschließt das Gericht am 28. Februar unter Mitwirkung des Amtsgerichtsrates Peter Nesseler, des Medizinalrates Dr. Schrammen und des approbierten Arztes Dr. Heinrich Offergeld die Zwangssterilisation des Mädchens. Die Eltern legen Beschwerde ein. Man könne Sophie die kleineren Kinder anvertrauen, schreibt die Mutter. „Manche Mutter ist nicht so besorgt um ihre Kinder, wie meine Tochter um ihre Geschwister besorgt ist." Sophie sei durch das Gericht und durch Androhung polizeilichen Zwanges eingeschüchtert worden. Das Erbgesundheitsobergericht weist die Beschwerde zurück. Daraufhin bittet die Mutter um den Eingriff in der Sommerferienzeit; Sophie sei die einzige Ernährerin der neunköpfigen Familie.

Im September 1935 wird die 17-Jährige im Evangelischen Krankenhaus Weyertal „unfruchtbar gemacht". Im ärztlichen Bericht steht: „Der Eingriff verlief regelrecht. Die Wunde heilte in 10 Tagen ohne Nebenerscheinungen."

„Der Arzt sagte, wie leid ihm das tue" – Paula W.

Nachdem der Jurist und Schularzt Dr. Dr. Walther Auer, zuständig für Nervösenfürsorge wie auch für Schulen, die 15-jährige Hilfsschülerin Paula W. am 1. April 1935 wegen „angeborenen Schwachsinns" angezeigt hat, beantragt er am 9. Juli die „Unfruchtbarmachung“. Noch am selben Tag stellt auch Amtsarzt Dr. Carl Coerper, der Leiter des Kölner Gesundheitsamtes, den Antrag ans Erbgesundheitsgericht. Jahrzehnte später wird sich Paula W. erinnern, was dann geschah: „Meine Mutter bekam ein Schreiben, sie müsse dann und dann mit mir zum Gericht. Das war am Reichensperger Platz. Ich war furchtbar ängstlich, zumal wo viele Menschen waren. Da saß der Richter, und ich stand mit meiner Mutter vor ihm, und da fragte der Richter mich, also es ist lächerlich, er fragte mich: ‚Wieviel Pfund hat ein Kilo?‘ Und weil der mich vorhin schon mal angeschrieen hat, habe ich nichts mehr gesagt. Hab ich nur dagestanden.“

Paula wird von ihrer Mutter verteidigt und bekommt dann noch vom Richter zu hören, sie sei ja „eine halbe Engländerin“ (die Mutter hatte sie adoptiert). Außerhalb des Gerichtssaales sagt Paula als Erstes: „Mama, ein Kilo hat zwei Pfund.“

Paula W. bleibt nach der Operation zwei Wochen im Evangelischen Krankenhaus. „Der Arzt war sehr nett zu mir“, erinnert sie sich Jahrzehnte später, „kam jeden Abend zu mir ins Zimmer und sagte, wie leid ihm das tue. Aber operiert hat er.“[274]

Berta R. – mit Polizeigewalt in die Klinik geholt

Im Mai 1936 gerät die 21-jährige Berta R. in die Mühlen der Erbgesundheits-„Justiz“. Nach einem „Intelligenztest“ wird auch ihr als angeblicher ehemaliger Hilfsschülerin „angeborener Schwachsinn“ bescheinigt. Die spätere Vorlage des Entlassungszeugnisses einer Volksschule (Notendurchschnitt zwischen „gut“ und „genügend“) hilft ihr ebenso wenig wie der energische Protest ihres Ehemannes. Sie wird im April 1937 mit Polizeigewalt in die Frauenklinik gebracht und dort zwangssterilisiert.[275]

Mit der Operation ist das Leiden der Opfer jedoch noch nicht zu Ende. Es wird ihnen verboten, eine weiterführende Schule zu besuchen, eine Ausbildung zu absolvieren oder eine Person zu heiraten, die nicht unfruchtbar gemacht wurde. So folgen der Verstümmelung die soziale und berufliche Ausgrenzung und seelische Traumata. Oft tragen die Opfer auch andauernde gesundheitliche Schäden davon.

Jüdische Schicksale

Während des Pogroms vom 9. November 1938 lassen von der NS-Führung aufgestachelte uniformierte Kleinbürger ihrer Wut gegenüber „den Juden" reichsweit freien Lauf. Mit der Zerstörung der sieben Synagogen, großer Geschäfte oder Arztpraxen gibt man sich auch in Köln nicht zufrieden. Ein Kindermädchen erlebt die restlose Zerstörung eines kleinen Cafés in der Glockengasse, nachdem zwei Männer gerufen haben: „Och, do es jo noch ene Stohl janz!" Einem anderen Beobachter antworten Plünderer eines kleinen Ladens auf die Frage, was sie da getan hätten: „Zoetz de Kaß opjemaht!"[276]

Manche „arische" Kölner und Kölnerinnen stimmen dem Mob offen oder heimlich zu, andere sind entsetzt und erschüttert, einige weinen. „Das war gerade das Gespenstische", so der Journalist Hans Schmitt-Rost, „dass die Leute an den zertrümmerten Läden auf der Hohe Straße, in der Breite Straße und Schildergasse vorbeigingen und stumm und erschreckt taten, als ob sie nicht sähen." Dem Emigranten Wilhelm Unger stehen die Ereignisse noch 40 Jahre später deutlich vor Augen: „Schreiende weinende Menschen, auch weinende deutsche Menschen, die nicht geglaubt haben, dass ihre Mitbürger zu solchen Schandtaten fähig sein würden."[277] Für David Alster-Yardeni, Jahrgang 1920, bleibt die Erinnerung unauslöschlich: „Und dann natürlich habe ich an demselben Tag meine Verwandten – nicht die ganze Familie, sondern nur die zwei Eltern und 15 andere Verwandte, es waren also insgesamt 17 – im Polizeirevier zum letzten Mal in meinem Leben gesehen. Ich kann mich erinnern, wie Polizisten dabeistanden und geweint haben. Und ich weiß, dass meine Großmutter, die 72 Jahre alt war, dass der Polizist zu ihr hintrat und sagte: ‚Hören Sie, Sie brauchen nicht mitzugehen, Sie sind eine ältere Dame, Sie brauchen nicht mitgehen.' Und da sagte sie: ‚Wo mein Sohn hingeht, dahin gehe ich – ich trenne mich nicht von ihm.' "[278]

Der Frisör Moritz Spiro und die Nazi-Justiz

Am 10. November 1938 schlagen mehrere Männer die Schaufenster jüdischer Geschäfte in Ehrenfeld ein und zünden die dortige Synagoge an. Zwei der Männer dringen dann am Nachmittag in die Wohnung des Frisörs Moritz Spiro ein und zertrümmern zum Schrecken der Eheleute im Ladenlokal Scheiben und Gegenstände. Als Moritz Spiro die Männer bittet, damit aufzuhören, schlägt einer ihm mit aller Wucht einen Besenstil über den Schädel. Mit dem Schmerzensruf „Oh mein Kopf!" bricht Spiro zusammen. Acht Tage später stirbt er an der Schädelzertrümmerung im Israelitischen Krankenhaus in Ehrenfeld. Seine Witwe erstattet Anzeige wegen Totschlags. Am 1. Dezember berichtet der Kölner Oberstaatsanwalt dem Reichsjustizminister, der Tat des Bürogehilfen Norbert Hoffmann hätten „keine eigensüchtigen Motive zugrunde gelegen". Gemäß der Rundverfügung IIIg 10b 893/38 vom 21. November 1938 beabsichtige er deshalb, „von weiteren Ermittlungen Abstand zu nehmen und das Verfahren einzustellen". Der Generalstaatsanwalt und der Reichsjustizminister stimmen dem zu. Da Norbert Hoffmann NSDAP-Mitglied ist, beschäftigt sich das Oberste Parteigericht in München mit dem Fall und stellt am 20. Juli 1939 „die Niederschlagung des Verfahrens durch den Führer" in Aussicht. Der Kölner Oberstaatsanwalt unterstützt eine Woche später dem Reichsjustizminister gegenüber diese Tendenz mit Hoffmanns Argument: „Der Jude habe ihn durch sein anmaßendes Verhalten derart in Erregung gebracht, dass er sich zu diesem Schlage habe hinreißen lassen."

Norbert Hoffmann, geboren 1906, ist verheiratet, hat ein vierjähriges Kind und ist nicht vorbestraft. Er ist Installateurslehrling, Bürobote, Bahnarbeiter und bis 1936 SA-Mann. 1932 wird er – so zitiert ihn der Oberstaatsanwalt – „von Kommunisten durch einen Schlag mit einem

Stuhl an der Schädeldecke verletzt". Deshalb habe er seinen SA-Dienst schließlich einstellen müssen.

Trotz werbender Worte des Oberstaatsanwalts plädiert der Generalstaatsanwalt mit Hinweis auf das besonders rohe und hinterhältige Verhalten des Beschuldigten schließlich doch auf Strafverfolgung wegen Totschlags – falls nicht „politische Gesichtspunkte für eine Niederschlagung des Strafverfahrens maßgeblich sein sollten". Ergebnis: Am 11. Oktober 1940 verfügt Reichsjustizminister Franz Gürtner die Niederschlagung des Verfahrens.[279]

Der ungeklärte Tod eines Radrennfahrers – Albert Richter

In der Ehrenfelder Sömmeringstraße 12 wohnen die gelernte Schneiderin Friederike Richter und ihr Mann Johann, ein Gipsmodelleur, mit ihren sieben- und fünfjährigen Söhnen Josef und Karl. Der Vater arbeitet in einer kleinen Fabrik, die Krippenfiguren und betende Hände aus Ton und Gips herstellt.

Nach dem Ersten Weltkrieg muss sich Johann Richter für einige Monate in eine Lungenheilanstalt begeben. Seine Frau bringt sich und die Kinder mit Näharbeiten über die Runden. In den zwanziger Jahren lebt die Familie in kargen Verhältnissen. Die Eltern verkehrten im „roten Veedel" Ehrenfeld in einem Stammlokal der Sozialdemokraten. Mehr als ein bis zwei Gläser Bier am Abend können sie sich dabei nicht leisten.[280]

1912 kommt Sohn Albert zur Welt. Mit besten Noten in Turnen und Schwimmen verlässt er 1927 die Volksschule und erhält wie sein Bruder Karl eine Lehrstelle in der Ehrenfelder Fabrik, in der sein Vater arbeitet. Der legt am Feierabend großen Wert darauf, dass seine Söhne Musikinstrumente beherrschen lernen – Josef Klarinette, Karl Saxophon und Albert Geige. Doch Albert träumt von einer Radrennkarriere. Auf Kölns Straßen hat er längst heimlich und erfolgreich auf einem einfachen Tourenrad zu trainieren begonnen. „Do kom dä mit singem Fahrrad jerammelt", erinnert sich der Radsportler Werner Modein, „und do möten wir uns anstrengen, dat hä nit vorbeikom."[281]

Trotz mehrfacher Verletzungen nach Stürzen und wütender Proteste des Vaters, der seinen Sohn lieber als Konzertgeiger gesehen hätte, trainiert Albert weiter, bis er schließlich im Winter 1931/32 in der Ehrenfelder „Rheinlandhalle" die besten rheinischen Amateurfahrer besiegt. Und am 3. April 1932 zieht er beim Auswahlrennen für die deutsche Sprinter-Nationalmannschaft unter dem Beifall von mehr als 8000 Zuschauern an den 65 besten Amateuren vorbei ins Ziel. Am selben Tag jubeln in den Leipziger Messehallen rund 50.000 Menschen dem „Führer" zu. Albert Richter bleibt von den politischen Entwicklungen 1932 noch unberührt. Nach Siegen in Paris, Belgien und Holland wird er im September in Rom Weltmeister – und wechselt nun ins Profilager. Am 14. Oktober – seinem Geburtstag – besiegt er in der heimatlichen „Rheinlandhalle" den belgischen Profiweltmeister Jef Scherens und wiederholt diesen Erfolg wenige Tage später in Berlin. Auf die vielfältigen Ehrungen reagiert er eher zurückhaltend und begründet seinen Berufswechsel sehr nüchtern: „Arbeit konnte ich keine mehr annehmen, wollte ich den geliebten Sport nicht aufgeben. Dazu bekam ich, weil noch nicht 21-jährig, nach unseren Bestimmungen keine Unterstützung mehr. Mein Vater, von Beruf Modelleur, ist schon seit anderthalb Jahren arbeitslos, mein älterer Bruder sogar schon seit sechs Jahren. So lag der Unterhalt meiner Eltern und des Bruders allein auf meinen Schultern, da mein dritter Bruder verheiratet ist."[282]

Richters deutsch-jüdischer Manager, der ehemalige Kölner Radrennfahrer, Journalist und gelernte Polsterer Ernst Berliner, gibt ihm den Rat, international Erfahrungen zu sammeln. So geht er 1933 für mehrere Monate nach Paris, unterliegt dort knapp Weltmeister Jef Scherens und besiegt Louis Gérardin, Frankreichs stärksten Sprinter. Mit beiden war er bald befreundet, reist mit ihnen kreuz und quer durch Europa. Nach Siegen und Niederlagen wird er 1934 Vize-Weltmeister und, von 12.000 Zuschauern bejubelt, in Hannover deutscher Meister. Bei der Siegerehrung stockt manchen der Atem: Albert Richter verweigert den „Deutschen Gruß“. Diese stumme Geste bleibt vorerst folgenlos. Erst im folgenden Jahr wurden alle Radsportverbände gleichgeschaltet und Juden ausgeschlossen, und erst 1937 trat ein SS-Mann an die Spitze des zentralen „Deutschen Radfahrer-Verbands“ (DRV). Es ist der frühere Chauffeur Heinrich Himmlers und in der „Kanzlei des Führers“ tätige Arztsohn Victor Brack.

Nun wird resistentes Verhalten gefährlich. Doch Albert Richter, der sich immer noch demonstrativ von Ernst Berliner managen lässt, wird als sportliches Aushängeschild des Deutschen Reichs vorerst noch gebraucht und deshalb geschont.

Als Deutschland 1939 mit dem Überfall auf Polen den Weltkrieg auslöst, erklärt Richter dem Freund und Sportjournalisten Fredy Budzinski, warum er emigrieren will: „Ich bin Deutscher, aber für Deutschland kann ich nicht kämpfen, wenn es sich gegen Frankreich wendet. Ich gehe nach Frankreich, nicht um mich der Wehrpflicht zu entziehen, sondern um nicht auf Menschen zu schießen, die ich liebe, die mich lieben und denen ich soviel zu verdanken habe.“[283] Im Dezember allerdings ist er immer noch in der Heimat, gewinnt den „Großen Preis von Berlin“ und feiert mit der Familie in Köln Weihnachten. Dort versucht ihn die Gestapo mit dem Hinweis auf seine Freundschaft mit dem Juden Berliner zu Spionagediensten im Ausland zu erpressen. Er erwidert: „Ich habe im Ausland Freunde, ich kann Derartiges nicht tun.“[284]

Am 31. Dezember 1939 will er mit Koffer, Skiern und seinem Rad in die Schweiz ausreisen. In einen Reifen versteckt er 12.700 Reichsmark, die ihm ein befreundeter jüdischer Emigrant anvertraut hat. In der Regel drücken deutsche Grenzbeamte bei Schmuggelaktionen prominenter Sportler ein Auge zu – nicht so bei ihm. Auf dem Bahnhof in Lörrach sucht und findet man das Geld. Er kommt ins Gefängnis, ein Prozess wegen Devisenvergehens wird eingeleitet. Sein Bruder Josef reist aus Köln an, will ihn sehen, erfährt, er habe sich „erhängt“ – und findet seine blutige Leiche im Totenkeller eines Krankenhauses. Er transportiert sie nach Köln, die Familie entdeckt Schusswunden im Rücken. Am 5. Januar 1940 meldet die „Kölner Zeitung – Stadtanzeiger“, Deutschlands erfolgreichster Sprinter sei „plötzlich aus dem Leben geschieden“. Dazu ein kurzer Lebenslauf. Weiter nichts. Einer fast gleich lautenden Meldung verpasst der „Völkische Beobachter“ zwei Tage später die zynische Überschrift „Heute rot – morgen tot“. Nach einer anderen, in der Reichshauptstadt lancierten und vom Ausland übernommenen Version kam Richter bei einem Skiunfall ums Leben. Schließlich sickern die wahren Todesumstände durch. Die Gestapo verschleiert sie nun mit der Meldung, Richter sei „beim Versuch des Devisenschmuggels auf der Flucht erschossen worden“, er habe „sich selbst gerichtet“.

1947 werden Lörracher Gefängnisbeamte wegen Gefangenenmisshandlung zu mehrjährigen Gefängnisstrafen verurteilt. Das mörderische Ausmaß von Victor Bracks Tätigkeit auch als „Euthanasie“-Organisator[285] wird durch die „Nürnberger Prozesse“ offenkundig. Er wird 1948 hingerichtet. Doch die Lörracher Staatsanwaltschaft kommt nach jahrelangen, halbherzig geführten Untersuchungen trotz horrender Ungereimtheiten im Blick auf Albert Richter zu dem Schluss, die vom NS-Regime behauptete Todesursache – Selbstmord durch Erhängen – sei „mit großer Wahrscheinlichkeit auch die tatsächliche“ gewesen. Rehabilitationsversuche seitens der Familie und des in die USA emigrierten Ernst Berliner scheitern. Erst nach postumen Ehrungen in der DDR wird 1990 auch in seiner Heimatstadt Köln im Müngersdorfer Stadion mit dem Bau einer Radrennbahn begonnen. Sieben Jahre später wird eine Bronzetafel enthüllt – „Zum Gedenken an Albert Richter, Opfer nationalsozialistischer Unmenschlichkeit“.[286]

Opposition gegenüber dem NS-Regime üben nicht wenige Menschen bereits in jungen Jahren. Hier sind es besonders Angehörige der im „Dritten Reich“ verbotenen „Bündischen Jugend“, die sich nun „Navajos“ oder „Edelweißpiraten“ nennen, auch „unangepasste“ Jugendliche, deren Opposition zum Teil in bewaffnete Gewalt und Gegengewalt übergeht.

Renitenz der „Navajos“ und Widerstand der „Edelweißpiraten“

Seit den 1930er-Jahren schließen sich aus der „Bündischen Jugend“ kommende Jugendliche in Köln wie in anderen rheinischen Städten zu Gruppen zusammen, die sich nach einem amerikanischen Indianerstamm „Navajos“ nennen.[287]

Mit dem seit 1936 gültigen Verbot der „Bündischen Jugend“ durch das Gesetz über die Hitlerjugend (HJ) rückten die Navajos zunehmend in das Interesse von HJ-Streifendienst und Gestapo. Ab 1937 kam es vermehrt zu Razzien und Festnahmen. Ein Gestapobeamter begründete die Vorgehensweise folgendermaßen: „Bei den Navajos handelt es sich um eine Zusammenwürfelung von verwilderten, sittenlosen Burschen, deren politische Einstellung als staatsfeindlich bezeichnet werden muß, da sie ausgesprochene Gegner der Hitlerjugend sind. Überfälle und Zusammenstöße mit einzelnen HJ-Mitgliedern sind an der Tagesordnung. Sie treffen sich an verschiedenen Plätzen, neigen zu unsittlichen Handlungen an gleichaltrigen Mädchen, unternehmen Touren, tragen eine einheitliche Kluft, die dazu diene sich von der HJ abzugrenzen. Nicht nachzuweisen ist der Versuch zur Herstellung einer illegalen bündischen Jugend, des Weiteren fehlt ein tatsächlicher Führer.“

Zusammenstöße mit der HJ

Am Neujahrstag 1936 marschieren 20 Navajos singend und im Gänsemarsch durch die Kölner Innenstadt. Dem sich immer wieder polizeiliche Befugnisse anmaßenden HJ-Streifendienst (SRD), der sie auffordert, sich zu zerstreuen, drohen sie Prügel an. Im Juni greifen etwa 150 Navajos in der Kölner Südstadt Hitlerjungen an. Die Polizei geht nahezu erfolglos gegen sie vor. Festgenommene werden immer wieder durch eine begleitende Menge befreit. Im August gerät ein Navajo in eine Auseinandersetzung mit dem SRD, der ihn in einen Keller zerren will. Vor der Gestapo verteidigt er sich mit dem Hinweis, der SRD habe „keine Berechtigung“ gehabt, ihn „vorzuführen“. In Kalk setzen Navajos eine in einem HJ-Schaukasten angebrachte Karikatur eines bündischen Jugendlichen in Brand. Provokative Überschrift: „Restbestand der Bündischen Jugend auf Fahrt“.[288]

Ihre Ablehnung des Nationalsozialismus drücken die Navajos in Liedern aus, ironisieren die Uniform der HJ, geraten immer wieder in Auseinandersetzungen mit der HJ und drücken ihre Opposition in bündischen Liedern aus, die sie entsprechend verfremden – zum Beispiel in dem Lied „Hohe Tannen“:[289]

Höre Rübezahl, was wir dir klagen,
die bündische Jugend ist nicht mehr frei.
Schwingt den Spaten der Kittelbach-Piraten,
schlagt die Hitlerjugend entzwei.

Am 12. Oktober 1937 kommt es auf der Hohe Straße zu einem Zusammenstoß mit dem Nationalsozialistischen Kraftfahrercorps (NSKK), das dort einen „Verkehrserziehungsdienst“ durchführt. 20 Ehrenfelder Navajos beginnen um sie herum Gitarre zu spielen und spöttisch zu singen: „Da steht ene Schutzmann, / der hätt d’r ganze Daach noch nix jedonn“. Die Szene zieht über 150 Leute an, und der Verkehr wird lahmgelegt. Es kommt zu einer Schlägerei und großem Tumult, NSKK-Männer können vier Jugendliche festhalten und zur Polizei bringen.

Neun Tage später geht die Gestapo mit einer Razzia im ganzen Stadtgebiet gegen die Navajos vor. Die Strafen, die das Kölner Sondergericht in den darauf folgenden Prozessen verhängt, sind noch verhältnismäßig gering: Haftstrafen von sechs oder acht Wochen und Geldstrafen bis zu 150 Reichsmark.[290] In der Folgezeit fallen die Urteile gegen die ebenfalls aus Kreisen der Bündischen Jugend stammenden „Edelweißpiraten“ wesentlich härter aus.

Jugendlicher Widerstand – die „Edelweißpiraten"

In Nippes treffen sich seit 1940 am Leipziger Platz zeitweise bis zu 200 Jugendliche vorwiegend aus Arbeiterfamilien. Zehn unter ihnen gründen 1942 den „Klub der Edelweißpiraten"[291]. Die Mitglieder wollen anfänglich vor allem wandern und suchen keine Auseinandersetzung mit der HJ. Dennoch wird ihr Klub von der Gestapo sogleich als staatsfeindlich angesehen.

Eines Nachts im November verkleben und verteilen sechs Mitglieder des Klubs Flugblätter mit der HJ-Begriffe verfremdenden Aufschrift „Leistungswoche der Bündischen Jugend [...] – Kommt zurück – Jugend erwache". Sie verschicken die Flugblätter auch an Polizeireviere und andere staatliche Stellen. Ein V-Mann der SA denunziert sie daraufhin, und sie werden verhaftet.

Am 4. Dezember gelangt die Gestapo bei einer umfänglichen Razzia in den Besitz vieler Namen und Informationen. 16 Jugendliche kommen vor Gericht, darunter alle Mitglieder des „Klubs der Edelweißpiraten". Über den 15-jährigen Ernst P. – der Vater ist verstorben, seine Mutter Arbeiterin – gibt seine Arbeitsstelle, die Firma Carlswerk, so Auskunft: „Ernst P. war pünktlich und fleißig und hat die ihm übertragenen Arbeiten zur Zufriedenheit durchgeführt. Gelegentlich trat ein etwas aufsässiges Verhalten gegenüber dem Vorarbeiter in Erscheinung. Außerdem zeigte er eine gewisse Vorliebe und Sympathie für die hier beschäftigten ausländischen Zivilarbeiter." Heinrich K. schreibt am 1. Mai 1943 nach monatelanger Untersuchungshaft an seine Angehörigen, das „Reich Adolf Hitlers" müsse wohl „auf sehr schwachem Grunde ruhn, wenn man uns wegen ein paar Jungenstreichen als politische Feinde der Nationalsozialistischen Weltanschauung stempeln will".[292]

Von den 16 vor Gericht gestellten Jugendlichen werden die beiden ältesten zu Haftstrafen von vier Jahren und drei Monaten, ein weiterer zu zwei Jahren und sechs Monaten Jugendgefängnis verurteilt. Drei jugendliche Wehrmachtsangehörige erhalten in einem abgetrennten Verfahren Strafen zwischen sechs und 15 Monaten.[293]

Fritz Theilens Sabotageakte

Der 1927 geborene Fritz Theilen wächst im Arbeiterviertel Ehrenfeld auf. Sein Vater arbeitet in den Fordwerken. Als 13-Jähriger bereits gerät Fritz in Gegnerschaft zum „Dritten Reich“, als er wegen „Befehlsverweigerung“ aus der Hitlerjugend (HJ) entlassen wird und sich den Navajos anschließt. Werkzeugmacher-Lehrling bei Ford wird er 1941 nur deshalb, weil sein Vater dort schon seit der Werksgründung zehn Jahre zuvor arbeitet.

Ein Jahr später lernt er eine Gruppe der „Edelweißpiraten“ kennen, die in deutlicher Opposition zum NS-Regime agieren. Mit ihnen verteilt er Flugblätter an den Stellungen der Flugabwehrkanonen (Flak) rund um Köln. Seine Auseinandersetzungen mit der HJ werden heftiger, bis einer ihrer „Fähnlein-Führer“ seine Gruppe bei der Gestapo denunziert.

Im Oktober 1943 werden er und die anderen als „Zeugen“ ins EL-DE-Haus, die Gestapozentrale, vorgeladen. Als sie in den Keller gebracht werden, lachen sie noch. Doch dann kommt der Kölner Gestapochef Josef Hoegen. „Er stand mit den Händen auf dem Rücken und einer Hundespeitsche in der Hand vor uns“, erinnert sich Fritz Theilen. „Er guckte den ersten an und fragte, warum er hier sei. Der antwortete, daß er das nicht wüßte. Darauf bekam er einen Schlag mit der Peitsche. Ob jetzt einer sagte, er wisse, warum er hier sei, oder nicht, jeder von uns bekam Prügel.“[294] Die Jungen werden zusammen in eine enge Zelle gesperrt, erhalten drei Tage lang kein Essen und werden auf vielfältige Weise eingeschüchtert und schikaniert. Danach werden sie in einen Gefängnistrakt der Arbeitsanstalt Brauweiler transportiert und von Gestapo-Beamten weiter mit Essensentzug bestraft und geschlagen. „Wir wurden einer nach dem anderen verhört“, so Theilen. „Seit wann wir zu den Edelweißpiraten gehören? Wer unsere Anführer seien. Ob das Kommunisten oder Sozialdemokraten sind? Aber trotz Drohungen und Prügel hat niemand von uns zugegeben, den Edelweißpiraten anzugehören.“

Als sie nach weiteren drei Wochen unterschreiben, sie seien immer gut behandelt worden und würden strengstes Stillschweigen über ihren Aufenthalt in Brauweiler bewahren, werden sie entlassen. Fritz wird bei Ford wieder eingestellt und immer wieder kontrolliert. Er muss neun bis zehn Stunden lang täglich arbeiten, an der Seite von russischen Kriegsgefangenen und deportierten Ukrainern, denen er trotz Androhung von Strafe heimlich Lebensmittel zusteckt.

Zusammen mit Hans, einem befreundeten Lehrling, beginnt Fritz Theilen, Material bei Ford unbrauchbar zu machen: „Nach Feierabend, wenn alle zur Stempeluhr und zu den Umkleideräumen strömten, schlichen Hans und ich uns im Schutz der Dunkelheit zur Kaimauer am Rhein. Dort lagerten Ersatzteilkisten, die zwar von der Inspektion schon abgenommen, aber noch nicht verschlossen und vernagelt waren. Wir machten uns an diese Kisten heran und entwendeten wichtige Ersatzteile, die wir anschließend im Rhein versenkten. Wir spezialisierten uns anfangs auf kleinere Teile wie Benzinpumpen, Zündspulen oder Ventile. Später ließen wir aber schon mal ein ganzes Getriebe verschwinden.“ Aufgrund von zunehmenden Kontrollen stoppen Fritz und Hans diese Aktion und legen stattdessen morgens vor Arbeitsbeginn scharfkantige Flaschenböden vor die Reifen von Raupenschleppern. Sie werden verdächtigt und müssen auch diese Sabotageakte einstellen.

Anfang 1944 nehmen die beiden Freunde Kontakt zu einigen Ehrenfelder Edelweißpiraten auf, schreiben antifaschistische Parolen oder kleben Flugblätter an Hauswände, entkommen Gestapo-Razzien und planen, zu „Führers Geburtstag“ am 20. April am Bahndamm an der Ludolf-Camphausen-Straße mit ein paar Hemmschuhen einen Zug entgleisen zu lassen: „Den einen klemmten wir genau vor eine Weiche. Bald darauf kam in langsamer Fahrt ein mit Holz und LKWs für die Wehrmacht beladener Güterzug auf uns zu. Viel mehr bekamen wir nicht mit, denn plötzlich war die Hölle los. Bomben schlugen in unmittelbarer Nähe ein, und es blieb uns nichts anderes übrig, als die Flucht zu ergreifen.“ Die Bahnpolizei entdeckt, dass die Entgleisung nicht durch Bomben, sondern durch Sabotage verursacht worden ist.

Fritz Theilen zieht sich mit den Edelweißpiraten in ein Gartenhaus auf dem Takufeld in Ehrenfeld zurück. Sie stehlen aus Güterwaggons Lebensmittel, die sie auch Kriegsgefangenen und Zwangsabeitern zukommen lassen.

Der „Bombenhans“ und die Ehrenfelder „Terrorbande“

Im Herbst 1944 haben die Ereignisse im Rheinland an Dramatik zugenommen. Immer mehr Bombenangriffe werden gegen Köln geflogen, von Westen her rückt die Front näher, einheimische und Ostarbeiter-„Banden“ verüben Einbrüche. Im EL-DE-Haus wird hemmungslos gefoltert und gemordet, Heeresstreifen durchkämmen die Stadt und bewaffnete Oppositionsgruppen leisten verstärkt Widerstand. Viele Edelweißpiraten werden nun verhaftet. Fritz Theilen wird zweimal ins KZ gebracht. Zweimal kann er fliehen. Im Winter 1944/45 kann er sich nach Pfronten zu seiner dorthin evakuierten Familie durchschlagen.[295] In Ehrenfeld sammeln sich einige Jugendliche um den 23-jährigen Hans Steinbrück.

Die „Steinbrück-Gruppe“

Hans Steinbrück (1921–1944) wird in Goslar geboren.[296] Sein Vater ist Mitglied im Roten Frontkämpferbund, dem paramilitärischen Arm der KPD in der Weimarer Republik. Nach dem Tod seiner Eltern kommt Hans mit fünf Jahren in ein Waisenhaus in der Nähe von Magdeburg, wird Schiffsjunge, fährt von 1937 bis zum Kriegsbeginn zur See, wird danach Arbeiter im Düsseldorfer Hafen und 1941 zum Militär eingezogen, aber wegen einer nicht ausgeheilten Malaria wieder entlassen. Anfang 1942 bewirbt er sich bei der Gestapo in Düsseldorf und versucht als „Gestapo-Angehöriger“ eine Wohnung zu mieten. Wegen Amtsanmaßung kam er ins KZ Buchenwald und im September in dessen Außenstelle, das „Arbeitserziehungslager“ Köln-Deutz (Messelager). Dort meldet er sich freiwillig zum Bombenräumkommando und entschärft im Gaugebiet Köln-Aachen 900 Blindgänger. Im Oktober 1943 flieht er, wird gefangen, flieht erneut, findet im Dezember Zuflucht bei der von ihrem Mann verlassenen Arbeiterin Cäcilie („Cilly“) Serve in Ehrenfeld und wird ihr Lebensgefährte. Sehr bald scharen sich neben einigen Ehrenfelder Lehrlingen und Jungarbeitern auch Ältere um ihn, vor allem der 41-jährige Kraftfahrer Josef Moll, der 31-jährige Former Peter Hüppeler, der 24-jährige Maschinenschlosser Roland Lorent und der 18-jährige Deserteur Adolf Schütz. Steinbrück nennt sie scherzhaft seine „boys“. Sie unternehmen Diebeszüge, bestreiten damit ihren Lebensunterhalt und kaufen Waffen und Sprengstoff. Sie sind aus unterschiedlichen Gründen von Hass gegen die Nazis erfüllt: weil sie in der Hitlerjugend drangsaliert wurden oder dort keine Führungsposition erhielten, weil sie aus einem kommunistischen Elterhaus stammen, weil Familiengehörige im Bombenkrieg umkamen oder der Vater an der Front fiel.

Zu ihnen gehört auch der Dreherlehrling, Edelweißpirat und „Halbjude“ Günther Schwarz, der bei seiner Tante, einer ehemaligen kommunistischen Funktionärin, lebt. Ihm zeigt Hans Steinbrück einige Stücke präparierter Menschenhaut, aus der sich die Lagerkommandantin des KZ-Außenlagers in Köln-Deutz Brieftaschen hatte anfertigen lassen. Günter Schwarz erfährt dies zu einem Zeitpunkt, als seine Tante und sein Vater in einem KZ inhaftiert sind.[297]

Im September 1944 fliehen die jüdische Stenotypistin Friedel K., ihre Tochter Ruth und Paul U., der Sohn einer Jüdin und eines „arischen“ Altwarenhändlers, aus dem „Judenlager“ Köln-Müngersdorf und finden bei Cäcilie Serve und Hans Steinbrück Zuflucht, werden aber schon nach wenigen Tagen von einer Heeresstreife festgenommen und in die Provinzialarbeitsanstalt Brauweiler gebracht.

Zu der Gruppe gehört auch der Dachdeckerlehrling Bartholomäus Schink, der als Zehnjähriger während der „Reichspogromnacht“ die Ermordung des Frisörs Moritz Spiro[298] miterlebt hatte. „Da ist dann beim Barthel etwas ausgehakt“, erinnert sich seine Schwester Karoline Banten, „denn der Spiro war ja sein Freund. Der Mann ist ja zusammengeschlagen worden und Barthel hat das gesehen, er wollte noch zum Spiro und dann kam er rauf und rief: Papa, Papa, hilf dem Spiro. [...] Da kam ein Hass auf, wir konnten einfach nicht mehr ‚Heil Hitler' sagen."[299] Bei einem Zusammenstoß mit der Polizei feuert Bartholomäus Schink 1944 mit der Pistole drei Schüsse auf sie ab, die jedoch ins Leere gehen. „Zu der Waffenbeschaffung sind wir praktisch gekommen", erinnert sich Fritz Theilen, „nachdem verschiedentlich auf Leute von uns geschossen worden ist."[300]

Ende September 1944 sieht Lorent vor einer Ehrenfelder Gaststätte den NSDAP-Ortsgruppenleiter Heinrich Soentgen, der drei Bekannte von ihm wegen Diebstahls angezeigt und ins Gefängnis gebracht hat. Lorent verfolgt ihn und schießt ihn vom Dienstfahrrad. Wenige Stunden später stirbt Soentgen im Krankenhaus. Weil man politische Motive vermutet, übernimmt ein in Brauweiler stationiertes Sonderkommando der Gestapo, das planmäßig Jagd auf Ostarbeiter und Kommunisten macht, die Suche nach dem Mörder und identifiziert ihn mit Hilfe einer jungen Frau, die Lorent für den Fall eines Verrats mit dem Tod bedroht hatte. Lorent lernt inzwischen Steinbrück kennen und organisiert einen Raubzug mit ihm. Beide erschießen in einer Art Amoklauf einen ahnungslosen SA-Mann und einen 17-jährigen Hitlerjungen und verletzen einen Kaufmann, der einen Oberschenkel-Steckschuss erleidet. Wenig später werden beide im Schlaf überrascht und verhaftet.[301]

Die Rache der Gestapo an den Ehrenfelder Edelweißpiraten

Im Oktober werden auch die restlichen, teilweise nur des Diebstahls schuldigen „boys" des „Bombenhans" festgenommen und als – zeitweise zu den „Edelweißpiraten" gehörende – Mitglieder seiner „Terrorbande" in Brauweiler bestialisch gefoltert. Haupttäter sind hier der Gestapo-Kommissar Ferdinand Kütter und Kriminalsekretär Josef Hoegen. Zu den 72 Personen – meist linke Oppositionelle und Ostarbeiter –, deren Liquidierung Kütter erfolgreich beantragt, gehört auch die dreizehnköpfige Ehrenfelder „Terrorbande". Dabei sind der Installateurlehrling

Johann Müller, der Dreherlehrling Günther Schwarz und Bartholomäus Schink gerade erst 16, der kaufmännische Lehrling Gustav Bermel und der Arbeiter Franz Rheinberger 17 und der Arbeitsjunge Adolf Schütz 18 Jahre alt. Die öffentliche Erhängung in der Ehrenfelder Hüttenstraße[302], in der schon die „Ostarbeiter-Bande" am Galgen starb, wird von Ernst Kaltenbrunner, dem – 1946 in Nürnberg zum Tode verurteilten – Chef der Sicherheitspolizei und des Reichssicherheitshauptamtes, persönlich angeordnet. Kütter entgeht seiner Bestrafung 1945 durch Selbstmord, Hoegen erhält 1949 wegen seiner Folter- und Mordtaten lediglich neun Jahre Zuchthaus.[303]

Unfreiwillige Kölnerinnen und Kölner – Zwangsarbeiter

Im August 1941 beträgt die Zahl der ausländischen Zwangsarbeiterinnen und Zwangsarbeiter in Köln über 21.000, im Januar 1944 im Gau Köln-Aachen 100.000. Sie müssen in Betrieben und Haushalten dienen, Bunker bauen, Trümmer beseitigen und Bomben räumen.

Ostarbeiterinnen

Im Sommer 1940, ein Jahr nach dem Angriff auf Polen, wird die 14-jährige Francisaszka Stankowa gemeinsam mit ihrer ein Jahr älteren Schwester und ihren Eltern aus dem Ort Piotrowo im Viehwaggon nach Posen gebracht und von dort nach Köln verschleppt. Hier wird sie im Lager Deutzerfeld, später im Lager Grenzstraße in Kalk untergebracht und muss für die Reichsbahn Waggons reinigen. Erst fünf Jahre später, drei Wochen nach Kriegsende, kann sie in ihre Heimat zurückkehren.

Die 1926 bei Krakau auf einem Bauernhof geborene Stefania Krystkiewiecz wird zusammen mit einem Bruder und einer Schwester im Güterwaggon nach Deutschland deportiert. In Köln-Brück muss sie bis in die Dunkelheit hinein in einer Gärtnerei arbeiten, wird immer wieder drangsaliert. Sie bestellt den Garten, verkauft Blumen und Pflanzen und freundet sich mit einer ukrainischen Arbeiterin an, mit der sie gelegentlich heimlich die Kirche oder ein Kino besucht. Als Polen einen „Feindsender“ abhören, werden alle Zwangsarbeiter, auch Stefania, ins EL-DE-Haus gebracht. Sie muss mit ansehen, wie einer von ihnen gehenkt wird. Von der Gärtnerfrau wird sie immer wieder grundlos geschlagen. Mit Hilfe einer Nachbarin flieht sie daraufhin nach Bergisch Gladbach, muss unter miserablen Bedingungen in einer Wollspinnerei arbeiten und lernt bei einem heimlichen Tanzabend ihren zukünftigen polnischen Mann kennen. Danach hat sie Glück auf einem Kölner Bauernhof; sie wird dort wie eine Tochter behandelt.

Anfang 1945 werden alle Zwangsarbeiter der Gegend bei völlig unzureichender Verpflegung zum Bau von Schützengräben eingesetzt. Um nicht zu verhungern, stehlen sie Möhren und Rüben. Nach Kriegsende und schwieriger Heimreise heiratet Stefania Krystkiewiecz und bekommt 1946 ihr erstes Kind.[304]

Mehr als 2,8 Millionen Polen und Polinnen werden während der Kriegszeit ins „Großdeutsche Reich“ verschleppt. Aus der russischen Stadt Artemowsk werden 1942 Dutzende von Mädchen und jungen Frauen deportiert und nach Köln verfrachtet. Hier müssen Olga Welischkewitsch und ihre Kusine Wiktorija Poljakowa in der Möbelfabrik Mellmann Munitionskisten bauen und anstreichen. Das Essen ist knapp, aber – so erinnert sich Olga – „Herr Mellmann war ein gutherziger Mensch, immer hilfreich“.[305]

Die Ermordung der Ostarbeiter

Im Herbst 1944 sind in Deutschland 7,7 Millionen ausländische Arbeitskräfte zwangsweise im Einsatz, in Köln etwa 30.000, unter ihnen 15.000 Ostarbeiter aus der Sowjetunion. Köln ist Treffpunkt und Aktionszentrum vieler auch außerhalb der Stadt Beschäftigter, die von der Gestapo als „bolschewistische Banden“ und „Terrorbanden“ bezeichnet werden. Besonders sadistisch wütet „Sonderkommissions“-Kommissar Ferdinand Kütter in der Provinzialarbeitsanstalt gegen sie. Die polnische

Hilfskrankenschwester Maria Kristowa wird von ihm derart misshandelt, dass sie sich das Leben nimmt.

Wie viele Deutsche, so versuchen auch manche Ostarbeiter durch kleine Diebereien oder Schwarzmarkthandel ihre kärgliche Lebenssituation zu verbessern. In einigen Fällen erschießen sie besonders grausame Gestapo-Angehörige. Mit Hilfe eines russischen V-Mannes kann Kütter zwölf Ostarbeiter verhaften und Foltergeständnisse von ihnen erpressen. Am 25. Oktober werden sie zur Abschreckung in der Ehrenfelder Hüttenstraße öffentlich aufgehängt, von einem Lastwagen der Städtischen Müllabfuhr zum Westfriedhof transportiert und dort verscharrt.[306]

Trümmer, Trauer und Galgenhumor

Am Ende des Krieges steht eine entsetzliche Bilanz: Tausende sind aus rassischen Gründen gepeinigt und ermordet worden. Der Protest dagegen war gering, Widerstand gab es nur von Einzelnen und kleinen Gruppen. Der größte Teil der Kölner Bevölkerung hatte nach anfänglichem Jubel die NS-Herrschaft mehr oder weniger gezwungen erduldet und – bis in den Karneval hinein – mitgetragen, manche auch als Mittäter.

Köln liegt in Trümmern. Über 40 Prozent, in der Innenstadt über 90 Prozent der Gebäude sind völlig zerstört. Etwa 20.000 Luftkriegstote sind zu beklagen, 40.000 Verletzte, 17.000 Wehrmachtsgefallene und 16.000 Vermisste und Kriegsgefangene, dazu viele als Regimegegner Verfolgte und Ermordete.[307]

Alle Schichten der Bevölkerung sind betroffen. Auch viele reiche Leute haben alles verloren, viele Menschen sind bettelarm. Beim täglichen traurigen Kampf ums Überleben werden selbstkritische Reflexionen kaum laut.

Johann und Gertrud Backhausen – Leben zwischen Kriegen und Wiederaufbau

Ein für Tausende typisches Schicksal ist das der Arbeiterfamilie Backhausen. Johann Backhausen (1896–1955) wird als siebtes von zehn überlebenden Kindern in Lechenich geboren.[308] Sein Vater, Mitbegründer der freiwilligen Feuerwehr und des Gewerbevereins, arbeitet als Anstreichermeister mit zeitweilig 30 Gesellen für die Braunkohlebetriebe der Umgebung. Johann wird Bäcker. Nach dem Ersten Weltkrieg – er wird als Soldat verwundet – kann er in seinem Beruf auf dem Land schlecht Fuß fassen.

In Köln-Nippes findet er schließlich als ungelernter Schreiner und später als Maschineneinrichter Arbeit bei den „Land- und Seekabelwerken"[309].

1927 zieht er mit seiner Frau Gertrud und dem ersten Sohn nach Nippes. Um seinen kargen Lohn aufzubessern, hilft er bei einem Droschkenunternehmen aus. Er trinkt nie Bier und raucht nur ab und zu einmal eine geschenkte Zigarre oder eine Pfeife.

Anfänglich macht das „Dritte Reich" keinen Eindruck auf die „kölsch-katholische" Familie, doch dann tritt das Ehepaar aufgrund der Nazi-Propaganda gegen katholische Geistliche aus der Kirche aus. Beide werden Mitglieder der NSDAP. Gertrud Backhausen putzt eine Zeitlang das Büro der NSDAP-Ortsgruppe, um die Haushaltskasse aufzubessern. Trotz ihrer Parteizughörigkeit kümmert sie sich um die schwangere Frau eines mehrfach inhaftierten Kommunisten.

Ein Bekannter der Familie, selbst NSDAP-Mitglied, deutet nach seiner Rückkehr aus dem KZ Dachau schreckliche Erlebnisse an und bittet um Geheimhaltung. Der Spruch „Halt die Schnüss, suns küste no Dachau" macht die Runde.

Der Bombenkrieg trifft die Familie schwer. Sie wird zweimal völlig ausgebombt und lebt danach in einer Kellerwaschküche. Im April und Oktober 1944 trifft es die Clouth- und Land- und Seekabelwerke. Fast alle Werkstätten werden zerstört, nur der Hochbau für gummiisolierte Leitungen bleibt, wenn auch stark beschädigt, stehen. Die Produktion muss eingestellt werden, die kaufmännischen Abteilungen werden nach Altenkirchen und Herford verlegt. In Nippes bleibt nur noch eine kleine, mit Aufräum- und Sicherungsarbeiten beschäftigte Belegschaft. Die nun arbeitslosen Mitarbeiter werden zur Wehrmacht eingezogen – so auch Johann Backhausen. Zwar ist er als Verwundeter des Ersten Weltkrieges eigentlich ausgemustert worden, doch darauf nimmt man keine Rücksicht mehr. Im April 1944 wird seine Wehruntauglichkeit allerdings erneut festgestellt. Die Endphase des Krieges überlebt er als Volkssturmmann.

Nach der Befreiung im Mai 1945 kehrt die Familie aus der Evakuierung nach Nippes zurück. Die beiden älteren Söhne haben den Kriegseinsatz überlebt, der eine wird allerdings erst vier Jahre später aus sowjetischer Kriegsgefangenschaft entlassen. Ein Nachkömmling war zu jung für den Kriegseinsatz.

Die Familie zieht zunächst in einen Keller, dann in eine teilweise zerstörte Wohnung. Aus Trümmerholz zimmert der Vater die ersten Möbel. Mit der kommunistischen Familie, der Gertrud Backhausen beigestanden hatte – der Vater überlebte die Haftzeit –, entsteht ein gut-nachbarschaftlicher Kontakt.

Ab 1950 scheint schließlich eine bessere Zeit anzubrechen. Doch fünf Jahre später schlägt Johann Backhausen, dem aufgrund von Kriegs- und Berufsverletzungen bereits mehrere Fingerglieder fehlen, in der Schreinerei der Firmen Clouth und Land- und Seekabelwerke in Köln-Nippes ein unter Spannung stehendes Holzbrett gegen den Unterleib. Obwohl die durchgeführte Notoperation erfolgreich verläuft, stirbt er ein halbes Jahr später an den indirekten Folgen dieses Betriebsunfalls.

„Sogar der Abtritt is fott“

Zwei Reaktionen auf die Katastrophe, vielleicht nicht untypisch für die kölsche Mentalität, werden 1945 spürbar: sentimentale Sehnsucht und nüchterner Galgenhumor. Albrecht Bodde, Kaufmann, Büttenredner und späterer Präsident der Großen Kölner Karnevalsgesellschaft, beschwört alte weinselige Zeiten:

Wat wor da doch e Levve bei uns en Köln am Rhing,
Als mir noch kunnte hevve mänch lecker Schöppche Wing.
Die Stüvvcher all gemütlich, d'r Weet ne kölsche Här,
Dä fründlich, immer friedlich, drunk mänch Fläsche leer. […]
No eß en Trümmer gesunke alles, worin mir gefeet,
Wo m'r sie Leevche gefunge, wo m'r et Bütze geleeht.[310]

Doch auch der Galgenhumor ist während des Bombenkrieges nicht auf der Strecke geblieben – wie der Mann beweist, der aus dem Keller seines zerstörten Hauses kriecht und meint: „Wenn die noch ens kumme, müsse die sich de Häuser metbränge." Ähnlich der Kommentar einer Gemüsehändlerin aus der Kölner Altstadt: „Sogar der Abtritt is fott. Noch nit ens dat hätt mer mieh."[311] Auf eine Tür im Trümmerschutt hat jemand mit Kreide geschrieben: „Kräftig drücken, Türe klemmt." An einem Mauerrest findet sich der Hinweis „Schellen zwecklos, wir liegen im Keller", an anderer Stelle: „Die Post ist im Himmel abzuholen."[312]

AUFERSTANDEN AUS RUINEN – DER WEG ZUM WIRTSCHAFTSWUNDER

Wer steht beim Wohnungsamt sich krumm?
Die armen Leute!
Wer hat die Wohnung hint' herum?
Die Nazimeute!
Wer arbeit' Deutschland in die Höh'? –
Die armen Leute.

(Vers auf einem Plakat in Köln, 1945)[313]

Köln ist 1945 eine der am stärksten zerstörten deutschen Städte. Entsprechend groß ist die Not vor allem der ärmeren Schichten, aber auch die Erbitterung über viele ehemalige Nazis, die ihr Schäfchen wieder ins Trockene bringen. Der Schwarzhandel blüht. Die Haupt- und Mitschuld an der NS-Vergangenheit wird allenthalben verdrängt. In kölschen Gedichten und Liedern wird der Lebensmut der „kleinen Leute" beschworen. Dabei bleibt auch der Humor nicht auf der Strecke. Im April 1945 beschäftigten 400 Betriebe immerhin 15.000, die Fordwerke bis Jahresende 2745 und die Chemische Fabrik Kalk 580 Menschen. In Hungermonaten kommt es freilich hier und da zu Arbeitsniederlegungen und erheblichen Protesten.

Die Währungsreform beendet 1948 den Tauschhandel und die Schwarzmarktwirtschaft. Schnell füllen sich die Regale, zunächst in erster Linie zur Deckung der Grundbedürfnisse. Seit 1960 herrscht Vollbeschäftigung, die Arbeitslosenquote liegt unter zwei Prozent.[314] Der Karnevalist Hein Louy besingt die „Weetschaftswunder-Zick" und stellt erleichtert fest: „Et hätt noch nie gegangen / Uns all so got wie hück."

Der Mangel an Arbeitskräften führt zur Anwerbung von Arbeitnehmern aus Italien, Spanien, Griechenland und ab 1967 besonders der Türkei.

Unbewältigte Vergangenheit, gegenwärtige Not

Auch wenn seit Ende 1945 in der von Trümmern gezeichneten Domstadt die schlimmste Hungerzeit überwunden ist, verschärft sich im Frühjahr 1946 die Versorgungslage durch chronischen Mangel an Baumaterialien, Verknappung von Rohstoffen, Entwertung der Reichsmark und stagnierende Löhne. Kartoffeln sind ohnehin schon Mangelware. Die körperlich geschwächte Arbeiterschaft verlangt daraufhin eine Verkürzung der Arbeitszeit. Krankmeldungen häufen sich. Vor den Bäckerläden bilden sich lange Schlangen von Menschen, die nicht einmal mehr ihre kärglichen Brotkarten einlösen können.

Erschöpfte Frauen, kranke Kinder

Das konkrete Schicksal vieler Arbeiter nimmt das Kölner Gesundheitsamt zum Anlass, „in einem größeren Werk der Eisen- und Metallindustrie" die Zahl der Krankmeldungen zu überprüfen. Anfang April sind es acht Prozent bei den Männern und zwölf bei den Frauen, vier Wochen später sind es bereits 14 bzw. 38 Prozent. Arbeiterinnen müssen ihre Tagesarbeit noch vor Schichtschluss beenden; sie konnten das Arbeitstempo körperlich nicht durchhalten. „Alle diese Frauen waren mehr oder weniger erschöpft und ohne Kaffee zur Arbeit gekommen. Sie hatten weder Brot noch Kartoffeln."[315] Lebensmittelzuteilungen erreichen mit 775 Kalorien pro Tag im Juli 1946 den Jahres-Tiefstand. Ernährungswissenschaftler und Ärzte erheben warnend ihre Stimme.

Auf einigen Flugblättern erscheint die folgende mit einem Kreuz versehene „Traueranzeige“[316]:

> †
>
> Schmerzerfüllt teilen wir Ihnen mit,
> dass heute früh 6 Uhr unser
>
> LETZTES BROT
>
> im Alter von nahezu 2 Tagen verschieden ist.
> Es folgte ihm gleichzeitig
> das letzte Achtel Butter
> in die Ewigkeit.
> Mit knurrendem Magen
> werden wir ihrer stets gedenken
>
> In großer Sorge:
> Fritz Hunger und Frau
> Lotti geb. Fleischlos
> Karl Hunger und Frau
> Putti, geb. Ohnefett
> Willi Hunger und Frau
> Mausi geb. Eiermangel
> August Kohldampf und Frau
> Rosi, geb. Magermilch
> Erna Kartoffelknapp als Braut
>
> BAD ELEND, Im Kalorienjahr 1946
> Steckrübenallee 13
>
> Etwaige Brotspenden bitten wir im Trauerhause unauffällig
> abzugeben. Beileidbesuche bitten wir zu unterlassen.

Erholungsmaßnahmen für die Kinder

Auch der Gesundheitszustand der Kinder hat sich alarmierend verschlechtert. Im Juli 1945 waren immerhin noch 25 Prozent der volksschulpflichtigen Kinder in einer relativ guten Verfassung gewesen. Zehn Monate später trifft das nur noch für knapp zwölf Prozent zu. Fast 30 Prozent sind – im Vergleich zu 18 Prozent im Juli 1945 – „ausgesprochen schlecht" ernährt. Dabei sind im vergangenen Winter schon Schulspeisungsprogramme und entsprechende Aktionen ausländischer Hilfsorganisationen angelaufen. Jetzt aber, im Sommer 1946, wird die Ernährungssituation noch schlechter, weil Zehntausende Kölner, meist ausgezehrt und bettelarm, in ihre Heimat zurückströmen.[317]

In diesem Sommer beschließt daher die Stadtverordnetenversammlung Erholungsmaßnahmen für Kinder aus bedürftigen oder kinderreichen Familien. Sie werden in die umliegenden Landkreise verschickt und auf Bauernhöfen oder von karitativen Organisationen betreut. In Köln selbst wird eine „örtliche Erholungsfürsorge" in Zusammenarbeit mit dem Schulamt eingerichtet. Etwa 3500 Kinder und Jugendliche aus bedürftigen Familien kommen in den Sommerferien in 19 Ferienlagern am Grüngürtel und im Königsforst von morgens bis nachmittags zu „Spiel und Erholung" zusammen. Betreut werden sie von Lehrern und Lehrerinnen, Studierenden, Schülern und Schülerinnen der höheren Schulen und Leitern der Jugendverbände.

In den folgenden Jahren kann die „örtliche Erholungsfürsorge" auf 10.000 Kinder und Jugendliche ausgeweitet werden und wird so zu einem festen Bestandteil der Kölner Jugendpolitik.[318]

Die Trümmerfrauen

Ein Viertel der Kriegstrümmer haben Trümmerfrauen weggeräumt. Im Gegensatz zu anderen Städten spielt die Zwangsverpflichtung zur Enttrümmerung in Köln kaum eine Rolle. Neben den Trümmerfrauen übernehmen Privatfirmen mit schwerem Gerät diese Arbeit.

„Für die bei der Schuttaktion in Köln eingesetzten Frauen und Mädchen geht die im Arbeitsbefehl vorgesehene dreiwöchige Pflichtarbeit zu Ende“, so der „Kölnische Kurier“ im November 1945. „Das Arbeitsamt war mit den Leistungen der Kölnerinnen sehr zufrieden und führt sie als leuchtendes Beispiel den bisher noch Untätigen vor Augen. Wir begrüßen die einsichtsvolle Aufhebung der Frauenstraßenarbeit und hoffen, dass nun endlich die Kölner Männerwelt den Ernst der Lage begriffen hat.“ Kurz zuvor hat bereits die kommunistische Stadtverordnete Maria Fensky kritisiert, dass die Frauen und Mädchen „an den Straßen stehen und Dreck schippen müssen, während die Faschisten immer noch herumlaufen“.[319]

Bis Ende 1945 werden 83 Kilometer Straßen geräumt und 613.000 Kubikmeter Schutt beseitigt – vergleichsweise weniger als in anderen Städten. Im April 1946 ruft Oberbürgermeister Dr. Hermann Pünder daraufhin zum verpflichtenden „Ehrendienst“ unter dem Motto „Kölle bliev Kölle“ auf. Ehemalige NSDAP-Mitglieder bleiben zunächst weitgehend verschont. Auf heftigen Bürgerprotest hin müssen jedoch noch im gleichen Monat gut 26.000 Parteimitglieder („Pgs“) zu einem sechstägigen „Sühnedienst“ antreten.[320]

Die armen Leute und die Nazimeute

Nur wer genug Geld oder Wertgegenstände als Tauschmittel hat, kann in ländlichen Gebieten „hamstern“ gehen. Ehemalige Nazis bringen bei dieser Gelegenheit immer wieder ihre Schäfchen ins Trockene. Die Erbitterung darüber ist schon im Vorjahr in Verse gefasst worden, die an Kölner Hauswänden plakatiert wurden:

Wer muss beim Schuttwegräumen schwitzen?
Die armen Leute!
Wer kann zuhause ruhig sitzen?
Die Nazimeute!
Wer darf schon wieder Kohldampf schieben?

Die armen Leute!
Wer handelt schwarz und tut verschieben?
Die Nazimeute!
Wer steht beim Wohnungsamt sich krumm?
Die armen Leute!
Wer hat die Wohnung hint' herum?
Die Nazimeute!
Wer arbeit' Deutschland in die Höh'?
Die armen Leute!
Wer war auf einmal kein Pg?
Die Nazimeute![321]

Ähnliche Erfahrungen macht der couragierte Edelweißpirat Fritz Theilen. Als er nach Kriegsende wieder bei Ford zu arbeiten beginnt, wird er von einigen Ausbildern als „Vaterlandsverräter" tituliert. Mehr noch: „Die besaßen die Frechheit und kamen 1947", erinnert sich der Beschimpfte, „zu mir nach Hause und wollten von mir einen ‚Persilschein' haben. Meine Mutter hat sie direkt zur Türe rausgeschmissen." Er verlässt Ford und wird erst 13 Jahre später dorthin zurückkehren: „Und nachdem die Nazis so alle weg waren, da haben mich Leute von Ford, die mich kannten, wieder geholt. Mein Vater war ja auch wieder dort."[322]

„Heimatstadt, was hat man dir getan?"

In der zerstörten Domstadt herrscht große Trauer und Sehnsucht nach einer heilen Welt, die man mit Kölns früheren Zeiten assoziiert, ganz im Sinne des populären Willi Ostermann: „Och wat wor dat fröher schön doch en Colonia".

Der ebenso populäre Büttenredner und Mundartdichter Gerhard Ebeler will die Menschen 1946 in diesem Sinne aufmuntern:

Hät et uns och schläch gegange,
Meer loße de Flögele nit hange!

Nor nit verzag – un räuhig Blot/
Dann wed alles, alles widder got!
Die Zick vunn hück geiht doch vorüvver,
Dann sage mer uns: Schwamm jitz drüvver.

Zwar ist selbst der „Friddensengel" verzagt, doch: „De Haupsaach eß, / dat dann de Welt / Vereint zosamme hält."[323]

Die Frage nach den tieferen Gründen der Zerstörung wird kaum gestellt. „Heimatstadt, was hat man dir getan?", fragt ein Texter namens Rudolf Roonthal und klagt: „Grade du warst aller Welt so gut. / Schweigend sah ich dich dein Schicksal tragen, / Aber ungebrochen ist dein Mut."[324] Das „Schicksal" also ist verantwortlich – sagt auch Jupp Schmitz, der in den letzten Kriegstagen noch zur Marine eingezogen wurde und 1947 ins zerstörte Köln zurückkommt:

En Kölle, wo suvill gelaach,
Wo Freud und dä Humor sing Heimat hat,
Wer hat dann dar wohl je jedaach,
Dat dich dat Schicksal schlage dät su hatt.[325]

Neuer Lebensmut

So gibt es auch jetzt Leute, die ohne jedes unkritische oder sentimentale Selbstmitleid sich selbst und andere dazu ermutigen, die Trümmer wegzuräumen und Neues aufzubauen – so etwa August Schnorrenberg, der letzte Spross einer nach dem Bombenkrieg verarmten Kaufmanns- und Musikerfamilie:

Doch klage dun mer nit,
Dä Schutt mer wähde quitt.
Et steit de halve Stadt
Zum Schöppe schon parat.[326]

Das Lied „Kölle mäht sich“ der Karnevalisten Toni Ebeler und Theo Renner schlägt 1947 in die gleiche Kerbe:[327]

Kölle raff sich widder op, öhntlich sich bewäg,
Un dä Schutt, dä op d'r Stroß eß bahl fottgefäg.
Manche Givvel, manches Huus, mäht sich widder nett,
Un de Kinder op d'r Stroß fleuten öm de Wett:
Kölle mäht sich, hätt widder Levvenmot,
Alles pack met ahn, immer feste drahn!

Allmählich schwinden die Trümmerberge. Aus Notbehelfen entstehen Buden und aus Buden wieder Häuser. Steine klopfen gehört zum Tagewerk für Kinder und Erwachsene.

Hunger und Mundraub

Doch neuer Lebensmut wird immer wieder durch gravierende Lebensmittelknappheit und Hunger geschwächt und in Frage gestellt. Mancher Arbeiter wechselt zu Schwarzarbeit oder Schwarzhandel, weil er dort, wenn er Glück hat, an einem Nachmittag mehr verdienen kann als in der Fabrik in einer Woche. Viele Menschen haben allerdings den Eindruck, dass die Polizei bei den Kleinen hart durchgreift, während sie die Großen laufen lässt. Eine Parodie auf das Horst-Wessel-Lied („SA marschiert, die Reihen fest geschlossen“) macht die Runde:

Die Preise hoch, die Zonen fest geschlossen,
die Kalorien fallen Schritt für Schritt.
Es hungern stets dieselben Volksgenossen,
die andern hungern nur im Geiste mit.[328]

Am 31. Dezember 1946 erklärt der Kölner Kardinal Frings in seiner Silvesterpredigt, man lebe jetzt in Zeiten, in denen der Einzelne das zur Erhaltung seines Lebens und seiner Gesundheit Notwendige nehmen dürfe, wenn er es „durch seine Arbeit oder durch Bitten nicht erlangen" könne. In jenem bitteren Winter wurden die Worte des Kardinals vor allem als heimliche Aufforderung zum Mundraub verstanden. Die Lage verschlechtert sich noch im neuen Jahr.[329] „Fringsen" wird zum geflügelten Wort.

Arbeitsniederlegungen

Im November 1946 bereits legen die Arbeiter der Firmen Westwaggon, Felten & Guilleaume Carlswerk (F&G) und Klöckner-Humboldt-Deutz (KHD) für einige Stunden die Arbeit nieder, um gegen die desolaten Zustände zu protestieren. Andere folgen. Auf einer Kundgebung der Carlswerkbetriebe wird gefordert, sofort eine Betriebsrätekonferenz einzuberufen und Ausschüsse zu bilden, „die in Verbindung mit der Gewerkschaft die Vollmachten und Befugnisse erhalten, Kontrollen auszuüben zur Sicherung unserer Ernährungslage." Der Betriebsrat ergänzt: „Die Preise für fast alle bewirtschafteten Waren, wie Lebensmittel und alle Bedarfsartikel, stehen in keinem Verhältnis zu den Löhnen, die noch immer dem Lohnstopp unterliegen."[330]

Am 27. März 1947 demonstrieren mehr als 5000 Metallarbeiter aus rechtsrheinischen Großbetrieben vor dem provisorischen Rathaus am Hansaring. Als der beleibte Oberbürgermeister Hermann Pünder (CDU) erklärt, auch er habe Hunger und kenne ihre Not, wird laut gejohlt. Dann ergreift der zwei Jahre zuvor aus dem KZ Sachsenhausen zurückgekehrte SPD-Abgeordnete Robert Görlinger das Wort und erklärt, im Rathaus habe man ebenfalls nicht mehr zu essen und zu rauchen als anderswo. Auch von ihm lässt sich die Menge nicht abspeisen. Einer fragt ihn laut: „Wovun häs du dann die jähle Finger?"[331]

Im April befürchten nordrhein-westfälische Gewerkschaftsfunktionäre angesichts zunehmender Hungerdemonstrationen „Schäden für Volk und Wirtschaft" und „Zusammenbruch und Chaos" und warnen die Arbeitnehmer vor „weiteren Störungen der Wirtschaft".[332] Doch dadurch ist der Protest nicht aufzuhalten. Er beginnt im Mai mit Arbeitsniederlegungen im Carlswerk und in der Chemischen Fabrik Kalk. Der zwischen den Stühlen sitzende Betriebsrat, der die Streikenden erfolgreich beschwichtigt, erreicht immerhin, dass die Firmenleitung die Ausfallstunden bezahlt.[333]

Als im Juni die Kalorienzahl der Nahrungsrationen auf den Tiefststand der Kölner Nachkriegszeit sinkt, legen die Arbeiter in mehreren Betrieben der chemischen und der Metallindustrie die Arbeit nieder. Insgesamt erfasst die Demonstrationswelle 25.000 bis 30.000 Beschäftigte der Kölner Industrie. „Die Gewerkschaften und Betriebsräte sind nicht allmächtig", so ein Warnruf der Kölner Gewerkschaften. „Bei Fortdauer der gegenwärtigen Verhältnisse kann der Zeitpunkt eintreten, wo auch sie nicht mehr in der Lage sind, die Folgen der bestehenden Erregung und Verzweiflung einzudämmen."[334] Die Firma Martin & Pagenstecher und die KHD-Firmenleitung äußern Verständnis für kurzzeitige Arbeitsniederlegungen. Die Direktion der Fordwerke dagegen bestraft elf Schwerstarbeiter, die wegen Ausbleiben von Schwerstarbeiterkarten streiken, nach einer Woche mit fristloser Kündigung.[335]

Zwei Arbeiterschicksale

Die harten Arbeitsbedingungen prägen viele Lebensläufe, die bereits durch NS-Zeit und Krieg in Mitleidenschaft gezogen wurden – zum Teil auf sehr verschiedene Weise, wie die beiden folgenden Schicksale zeigen.

Maria Fensky – eine zweimal illegalisierte Kommunistin

Maria Fensky (1907–1989), in Wülfrath als Tochter eines Schlossers geboren, wächst in Mettmann auf, verlässt 21-jährig das Elternhaus und arbeitet in einer Metallfabrik in Düsseldorf. Dort tritt sie in die KPD ein und beteiligt sich 1933 sich an der Erstellung und Verteilung von

Broschüren. Im Zuge massenhafter Verhaftungen durch die Gestapo kommt auch Maria Fensky ins Gefängnis und wird schwer misshandelt. Schläge in den Unterleib führen zu einem Leberleiden, die Zerschlagung ihres rechten Trommelfells zu dauernder Taubheit auf diesem Ohr. Sie übersteht drei Konzentrationslager, wird 1938 entlassen, arbeitet in Mettmann in einer Polsterei und sammelt dort Geld, um Untergetauchte und Inhaftierte zu unterstützen. Da sie in Düsseldorf Stadtverbot hat, zieht sie im August 1939 nach Köln-Sülz und muss sich dort regelmäßig bei der Gestapo im EL-DE-Haus melden. Dennoch agiert sie wie bisher, knüpft auch Kontakte zu den Kölner „Edelweißpiraten". Ihr Geld verdient sie auch in Köln in einer Polsterei. Während eines Arztbesuchs im Oktober 1944 sucht die Gestapo sie in ihrer Wohnung. Durch eine Arbeitskollegin gewarnt, taucht sie zusammen mit ihrem Lebensgefährten Toni Fleischhauer unter, zuerst im Keller eines zerstörten Hauses, dann in der Wohnung einer Freundin. Am 10. November beobachtet sie in der Ehrenfelder Schönsteinstraße den Abtransport von Galgen und hört vom Tod der Jugendlichen. „Ich fuhr zurück in die Stadt und habe erstmal furchtbar geheult", erzählt sie später. „Und dann sind wir hingegangen, haben auf der Schreibmaschine kleine Zettel gemacht und haben geschrieben: Verbrechen in Ehrenfeld. Heute wurden soundsoviel junge Antifaschisten aufgehängt, die nicht mit dem Krieg einverstanden sind, die endlich Frieden haben wollten. Dann haben wir ein bisschen Kleister gemacht und haben am gleichen Abend die Zettel an die Wände gepappt."[336]

Nach dem Krieg wird sie – als einzige Frau – Bezirkssekretärin der KPD und spricht im Oktober 1945 vor 900 Menschen in der Aula der Kölner Universität über „Die Aufgaben der Frau im neuen Deutschland". Dabei fordert sie die Frauen auf, sich nicht wieder in den häuslichen Bereich zurückzuziehen: „Die größten Schäden sind nicht die Trümmer, die wir vor uns sehen; viel schlimmer sind die moralischen Schäden, die Hoffnungslosigkeit und Müdigkeit der Menschen und die Angst vor der Verantwortung. In der Vergangenheit haben uns alle diese Schwächen dazu gebracht, dass wir Frauen sagen müssen: Ja wir sind mitschuldig.

Darum ist es heut die Pflicht jeder ehrlichen Frau, mitzuhelfen und mit wieder gutzumachen, was wir ja auch mitverschuldeten."[337]

Im Januar 1946 wird Maria Fensky Stadtverordnete, muss aber im Oktober wegen schwerer Tuberkulose ihre gesamte Arbeit aufgeben.

Nach ihrer Genesung kommt sie 1953 wegen erneuter politischer Tätigkeit anderthalb Jahre lang in Untersuchungshaft und geht danach nach Ostberlin.[338] 1967 wird das Verfahren gegen sie endlich eingestellt. Begründung: Man könne nicht mehr feststellen, was sie gemacht habe. Ein Recht auf Wiedergutmachung stehe ihr allerdings nicht zu. Die Bundesrentenbehörde erkennt sie zwar als politisch Verfolgte mit sechzigprozentigem Körperschaden an, doch sie erhält die niedrigste überhaupt nur in Frage kommende Rente.

1968 kehrt sie nach Köln zurück, ist in der Friedensbewegung aktiv und arbeitet in der „Vereinigung der Verfolgten des Naziregimes" (VVN), auch in der DKP, in der sie freilich kein politisches Amt mehr übernimmt. Als sie mit 65 Jahren Rentnerin wird, nimmt sie regelmäßig Einladungen von Schulen und Frauengruppen an, um über ihre KZ- und Widerstandserfahrungen zu berichten.

1989 wird sie wegen einer schweren Krankheit bettlägerig und stirbt im Alter von 82 Jahren.[339] „Sie hat soviel durchgemacht und war trotzdem noch so lebendig und herzlich und liebevoll", so eine Zeitzeugin in einem Interview. „Das hat vielen Frauen Vertrauen gegeben. Sie kamen auch zu ihr, wenn es ihnen dreckig ging. Maria war kein Stück verbittert und verhärtet. Das hat mich ungeheuer fasziniert."[340]

Günter Schumacher – ein erfolgreicher Kampf um Arbeit und Brot

Der 1925 in Deutz geborene Günter Schumacher wird nach seiner Ausbildung als kaufmännischer Angestellter 1943 Soldat in Russland, wird verwundet und muss in Frankreich weiterkämpfen.[341] Nach der Landung der Alliierten in der Normandie im Juli 1944 kommt er dort in US-amerikanische Gefangenschaft und wird beim Verladen und Verplomben von Waggons eingesetzt. Nach zwei gescheiterten Fluchtversuchen versteckt er sich im September 1946 mit drei Freunden unter Nagelsäcken in einem zur Abreise bereiten Waggon. Nach zehn Tagen lassen sie sich vor Fulda bei langsamer Fahrt aus dem Waggon fallen und kampieren einige Zeit in einer Scheune. Günter Schumacher kann eine Freundin herbeitelefonieren und mit Hilfe eines von ihr besorgten Passierscheins auf Umwegen nach Köln gelangen.

Seine Angehörigen sind im Juni 1943 bei einem Fliegerangriff ums Leben gekommen. Bekannte nehmen ihn auf. Um Lebensmittelkarten zu erhalten, geht er zum Wohnungsamt. Dort fragt man ihn, ob er Arbeit habe, und schickt ihn zum Arbeitsamt. Dieses Amt wiederum verlangt von ihm eine Wohnbescheinigung. Nach einigem Hin und Her meldet er sich resigniert in der Kaserne der Engländer in Köln-Dellbrück und bittet darum, in die Gefangenschaft zurückgeschickt zu werden. Die jedoch geben ihm einen Entlassungsschein und weisen ihm ein Zimmer im Stadtteil Rath zu, das er sich mit zwei weiteren Menschen teilen muss.

In seinem erlernten Beruf findet er keine Arbeit; das Arbeitsamt erklärt ihm, er müsse ein Jahr lang beim Wiederaufbau Kölns helfen. So repariert er im Sommer zerstörte Abwasserkanäle und räumt im Winter Schutt aus dem kriegsbeschädigten St.-Joseph-Krankenhaus in Kalk. Als seine Dienstverpflichtung um ein weiteres Jahr verlängert werden soll, weicht er auf Schwarzhandel aus, tauscht an der Ahr Süßstoff gegen Rotwein, von Bauern hergestellten Rübenschnaps („Knolly Brandy") gegen Kleider und Kleider gegen Lebensmittel. Die Bekannten, die ihn selbstlos aufgenommen haben, versorgt er nun hin und wieder mit Kohlen, die er am Güterbahnhof in Vingst „gefringst" hat.

Nach der Währungsreform arbeitet er 1948 im Tiefbau im Akkord und verdient zum ersten Mal gutes Geld. Ein Jahr später stellt ihn die Chemische Fabrik Kalk (CFK) im Kesselhaus, der zentralen Energieversorgungsanlage, als Heizer ein.[342] Die Schichtbesetzung besteht aus einem Meister, einem Wasseraufbereiter, zwei Heizern und fünf Hilfsleuten. Die Arbeit ist ungewöhnlich hart. Die Heizer müssen den Kohlenachschub regulieren, die Hilfsleute – sie tragen Holzschuhe und Fußlappen aus Sackleinen – die noch nicht ausgeglühte Asche entsorgen. Wasserdampf macht ihnen zuzüglich das Atmen schwer. Oft sagt der Meister: „Für Frühstück ist keine Zeit mehr, es muss für Kohlenachschub gesorgt werden!"

Zur 56-Stunden-Woche mit Früh-, Spät- und Nachtschicht kommen Überstunden, die Günter Schumacher die Anschaffung von Möbeln und Hausrat möglich machen. Was von ihm als Übergangslösung gedacht war, wird Dauerzustand: Er wird 1970 Werkmeister bei der CFK und bleibt in dieser Position bis zu seiner Verrentung im Jahre 1984. Danach beteiligt er sich an der Aufarbeitung der Geschichte von CFK aus der Sicht der Arbeitnehmer und – nach Schließung der Fabrik – an der Erhaltung denkmalwürdiger Maschinen und ihrer öffentlichen Aufstellung in Kalk.[343]

Günter Wallraff – belastete Kindheit in schwerer Zeit

Auch der international bekannte Schriftsteller Günter Wallraff, dessen Recherchemethoden in Schweden „wallraffen" genannt werden, stammt – „von oben" betrachtet – aus kleinen Verhältnissen. Sein Vater, Josef Wallraff, wird 1898 in Sinzenich, einem Dorf in der Voreifel, geboren. Dessen Mutter hat sich dort in einen vorbeiziehenden Wanderartisten verliebt, ist schwanger geworden, heiratet dann aber den Expedienten Michael Wallraff, der den Sohn seiner Frau adoptiert. Seinen biologischen Vater lernt Josef nie kennen. Nach einer Lehre als Installateur wird er zu Beginn des Ersten Weltkriegs Soldat und überlebt die Schützengräben Frankreichs.[344]

Notvolle Kriegszeiten

Danach zieht er mit einem Freund nach Spanien, nimmt in der Nähe von Barcelona eine Stelle bei Siemens an, gründet danach einen kleinen Installationsbetrieb und heiratet die Spanierin Rosario Burgillo de la

Cruz. Als General Franco 1936 gegen die linke Volksfrontregierung putscht, verlässt er mit seiner Frau die Wahlheimat und kehrt nach Köln zurück. Hier trifft ihn ein harter Schicksalsschlag: Seine Frau stirbt an einer Lungenentzündung. Seine eigene Gesundheit ruiniert er durch seine Arbeit in der Lackiererei („Lackhölle") der Kölner Fordwerke.

Kurz vor seinem 40. Geburtstag lernt er Johanna Panier kennen, deren Vorfahren als Hugenotten aus Frankreich geflohen sind. Ihr Vater besitzt in Köln-Ehrenfeld eine kleine Klaviermanufaktur. Johanna hat sich von einem gewalttätigen und trunksüchtigen Gastwirt scheiden lassen. Wenig später stirbt ihre achtjährige Tochter an Diphtherie. Im August 1938 heiratet sie Josef Wallraff und zieht mit ihm nach Köln-Mauenheim. Als Enkelin eines „Halbjuden" ist sie gefährdet. Dennoch zeigt sie sich mit einer jüdischen Freundin, die den gelben Stern tragen muss, in Düsseldorf demonstrativ Arm in Arm in der Öffentlichkeit.[345]

1942 wird sie schwanger. Ihr Mann bringt sie außerhalb der bereits von alliierten Bomben bedrohten Stadt in ein Burscheider Krankenhaus, das auch schon unter erschwerten Kriegsbedingungen arbeitet. Die junge Mutter, die nach der Geburt ihres Sohnes an Wundfieber erkrankt, fällt wochenlang ins Koma und muss dort ein halbes Jahr lang bleiben. Josef Wallraff bringt das Kind zu seiner inzwischen verwitweten Mutter in den Bergischen Ort Blecher, in den sie mit ihrem an Bronchitis leidenden Mann gezogen ist. Sie besitzt dort einen kleinen Andenkenladen, von dem sie sich mehr schlecht als recht ernähren kann.

Trennungen

Nach ihrer Entlassung aus dem Krankenhaus will Johanna Wallraff nicht mit ihrem Sohn ins vom Krieg bedrohte Köln zurückkehren und zieht zu ihrer Schwiegermutter. Regelmäßig bringen die beiden Frauen Andenken und Souvenirs in den Wallfahrtsort Altenberg, verkaufen sie dort am Dom und schleppen den Rest abends wieder den Berg hoch nach Blecher. Manchmal stecken sie dort russischen Kriegsgefangenen heimlich Nahrung zu.[346]

Josef Wallraff bleibt vorerst in Köln und arbeitet weiter in den Ford-Werken. Da der amerikanische Firmengründer Henry Ford mit dem NS-Regime sympathisiert, wird die Fabrik von den Alliierten nicht bombardiert, und Josef Wallraff behält seinen als kriegswichtig eingestuften Arbeitsplatz.

Nach Kriegsende leben die Eltern Wallraff mit ihrem Kind im kriegsbeschädigten Mauenheimer Miethaus dicht gedrängt zusammen mit anderen Leuten. Hamsterfahrten bessern den kargen Speisezettel auf, mit Öl aus im Wald gesammelten Bucheckern werden Reibekuchen gebacken und aus langsam fahrenden Güterzügen werden Briketts abgezweigt – „gefringst".

Das Leben ist mühsam. Trotz nachgewiesenem Arbeitsplatz bittet Josef Wallraff mehr als ein Jahr lang vergeblich um einen Bezugschein für ein paar neue Schuhe. Viel schlimmer noch: Bei einer der Hamsterfahrten zieht er sich eine schwere Wirbelsäulenverletzung zu und muss monatelang im Streckbett im Krankenhaus bleiben. Seine nun völlig auf sich selbst gestellte Frau geht arbeiten und bringt ihren Sohn schweren Herzens vorübergehend in einem Waisenhaus in Neunkirchen-Seelscheid unter. Dort steckt man die Kinder in eine uniforme Einheitskleidung. „Das war wie eine Entpersönlichung", so Wallraff im Rückblick. „Man verlor seinen eigenen Geruch, ja seine ganze Identität. Es war für mich ein traumatisches Erlebnis."[347]

Nach seiner Genesung arbeitet Josef Wallraff aus gesundheitlichen Gründen nicht mehr in der Produktion, sondern in der Materialverwaltung. Mit dem Wenigen, das sie hat, erlebt die Familie dennoch eine glückliche Zeit.

Als Josef Wallraff erneut schwer erkrankt und an einer Blutvergiftung zu sterben droht, wird der dem Taufschein nach katholische Vater von Nonnen im Krankenhaus so lange „bearbeitet", bis die mit seiner Frau geschlossene protestantische Ehe noch einmal nach katholischem Ritus besiegelt und der protestantisch getaufte viereinhalbjährige Sohn erneut katholisch getauft wird. Man drückt ihm eine Kerze in die Hand, zwängt ihn in ein zu kurzes Taufkleid und fragt ihn, ob er den Namen Johannes annehmen wolle. Doch er besteht auf seinem bisherigen Namen: Günter. „Diese Erfahrung", so Wallraff später, „hat mich früh genug davor bewahrt, in der Amtskirche etwas Positives zu sehen." Doch eine tiefe christliche Prägung bleibt: „Jesus war für mich immer ein großes Vorbild und die Bergpredigt eine zentrale Erfahrung."[348]

Am Rosenmontag 1958 – Günter ist bereits Gymnasiast – wird Johanna nach einer Routineuntersuchung ihres Mannes ins Krankenhaus gerufen. Man teilt ihr mit, ihr Mann sei an einer „Prostata-Hypertonie" verstorben.[349] Mit 57 Jahren steht die Witwe erneut allein da. Da ihr Mann aufgrund seiner Wanderjahre nur unzulänglich versichert war, erhält sie nur eine höchst bescheidene Betriebsrente. Der Sohn muss das Gymnasium verlassen und tritt eine Lehre als Buchhändler an. In dieser Zeit werden Gedichte von ihm veröffentlicht – so auch dieses:[350]

Künstlersein sollte mit Lebensgefahr verbunden sein
die Galerien stünden leer
der Büchermarkt schmölze auf ein Minimum zusammen
die Orchester spielten Pausenzeichen
die Kunst wäre gerettet
es lebe die Kunst.

1963 wird Günter Wallraff gemustert und zur Bundeswehr eingezogen. Sein Antrag auf Kriegsdienstverweigerung wird abgelehnt. Da er sich trotzdem beharrlich weigert, eine Waffe in die Hand zu nehmen, wird er zur Beobachtung in die psychiatrische Abteilung des Bundeswehrlazaretts Koblenz eingewiesen. Um in einer Umgebung, die ihn für verrückt hält, überleben zu können, schreibt er ein Tagebuch – auch in der später von Heinrich Böll bestärkten Hoffnung, seine Erfahrungen der Öffentlichkeit zugänglich zu machen. Seine erste, allerdings noch unfreiwillige Rolle, die des Wehrdienstverweigerers und Psychiatriepatienten, ist für ihn ein Schlüsselerlebnis und bildet den Ausgangspunkt seiner späteren Arbeiten, die ihn international bekannt machen.[351]

Publikumslieblinge im Wirtschaftswunderland

Bis zum Ende der 1950er-Jahre entwickelt sich die Bundesrepublik zur zweitstärksten Wirtschaftsnation der Welt nach den USA. Im Bewusstsein der Bevölkerung stellt die Wirtschaftswunderzeit das Ende der Nachkriegszeit dar.[352] Die Wirtschaft wächst, der Export steigt, die Entwicklung auf dem Arbeitsmarkt ist positiv. Die Spuren von Krieg und Naziherrschaft werden beiseitegeschoben. Die steigenden Löhne beteiligen auch die Arbeitnehmer am wachsenden Wohlstand und ermöglichen ihnen die ersten Schritte in die neue Welt des Konsums und den Unterhaltungsbetrieb. Humoristen wie Karl Küpper, Grete Fluss und Toni Steingass werden vom Publikum dankbar begrüßt, Boxer wie Peter Müller und Jupp Elze haben beste Aufstiegschancen. Die Menschenrechte homosexuell liebender Menschen werden freilich noch missachtet. Ihre strafrechtliche Verfolgung wird erst 1973 beendet werden.

Ein nonkonformistischer Karnevalist

Karl Küpper, während der Nazi-Zeit einer der wenigen aufmüpfigen Karnevalisten, ist bei Ewiggestrigen wenig beliebt.[353] Außerdem hat er aus Kölner Sicht einen karnevalistischen „Geburtsfehler“: Er wird 1905 in Düsseldorf geboren. Die Familie siedelt später nach Köln-Kalk um. Der Vater betreibt dort eine kleine Druckerei. Karl wird Drucker und Schriftsetzer und beginnt Ende der zwanziger Jahre seine karnevalistische Karriere. Von den meisten anderen Büttenrednern unterscheidet ihn dabei seine Missachtung der Nazi-Herrschaft. Am Rande der Bühne lässt er die Beine baumeln, hebt gelegentlich die rechte Hand wie zum Hitler-Gruß und fragt mit scheinheiliger Miene: „Is et noch am Rähne?“ Falls es draußen nicht regnet, kommentiert er seine ausgestreckte Hand mit dem Satz: „So hoch litt bei uns im Keller der Dreck!“ 1939 verhängt ein Kölner Sondergericht ein „lebenslängliches Redeverbot“ gegen ihn aufgrund des „Heimtückegesetzes“. Der Vorwurf: Verächtlichmachung des Deutschen Grußes sowie von NS-Würdenträgern und NS-Organisationen und Parteigrößen wie Robert Ley und Hermann Göring. Zurück aus amerikanischer Kriegsgefangenschaft tritt er bald wieder in Köln auf. Neben den Zuständen unter der Besatzung nimmt er weiterhin den Nationalsozialismus aufs Korn.

In einer Büttenrede am 1. Januar 1952 erzählt er: „Einer säht för mich: ‚En Kölle sieht et ever us ... Doll. Do kann mer sich ohne Führer äver nit mieh zerääch finge.' Ich sage: ‚Häß do dann emmer noch nit de Nas voll?' Eß doch wohr: Ich han keiner nüdig gehatt." Wegen dieser „Entgleisung" wird eine Sitzung des Bürgerausschusses „Kölner Karneval" einberufen. Festausschuss-Vorsitzender Albrecht Bodde gibt laut Protokoll „seiner Entrüstung lebhaften Ausdruck".[354] Sein Vorgänger Thomas Liessem bedauert Küppers Entgleisung ebenfalls außerordentlich und versichert, dass innerhalb der angeschlossenen Karnevalsgesellschaften „von dieser Rede in keiner Weise mehr Gebrauch gemacht werde".[355]

Euphorie im „Schlaraffenland"

1954 feiern die Kölner die deutsche Fußball-Nationalmannschaft, die „Helden von Bern", die dort die Weltmeisterschaft errungen haben. Besonders gefeiert wird der 27-jährige Hans Schäfer, Sohn eines Frisörs aus Köln-Sülz. Ein Jahr später wird die 24-jährige Margit Nümke, ein „echt kölsches Mädche us Nippes", Miss Germany. Sie erhält Geschenke im Wert von 18.000 DM, darunter auch eine Fernsehtruhe – und einen Mannequinvertrag, der den Beginn ihrer Fernsehkarriere einleitet.[356]

Der Karnevalist Hein Louy besingt 1961 die „Weetschaffswunder-Zick" dankbar und erleichtert – und mit ironischem Unterton:

Et hätt noch nie gegange
Uns all so got wie hück;
Doch mancher anzofange
Weiß nix met all däm Glöck.
Deit wigger Scholde maache
Un lääv wie 'ne Baron.

Fängk et am Engk an Kraache
Hät hä verdröck sich schon.[357]

„Willkommen im Schlaraffenland" heißt es 1964 auch für den Portugiesen Armando Rodrigues de Sá bei seiner Ankunft in Köln. Dem von Reportern und Kameras umringten einmillionsten „Gastarbeiter" in der BRD spendiert der Arbeitgeberverband ein Leichtmotorrad. Ein Jahr später leben schon knapp 50.000 ausländische Arbeitskräfte allein in Köln.[358]

Humor aus dem „Veedel" – Grete Fluss

Grete Fluss (1892–1964) wird in einem typischen „Veedel" geboren: Unter Krahnenbäumen. Im Mittelalter gibt es hier noch Wacholderbüsche, von den Kölnern „Krähen" genannt. Vater Fluss ist Polsterer und handelt nebenbei mit Kohlen. Sonntags spielt er Geige in der Tanzschule des Großvaters. Die Mutter hat einen kleinen Kramladen, kaum mehr als ein „Büdchen". Gretes Bruder Willi ist bereits ein begabter Klavierspieler. Schon nach der Volksschulzeit – damit endet ihre herkömmliche Ausbildung – tritt Grete bei Volksfesten und in Vergnügungslokalen auf – als „Schulmädchen", „Schutzweib", „Granatendreherin" und „Straßenbahnschaffnerin". Sie ist auch die erste Frau in Köln, die während des Karnevals mit durchschlagendem Erfolg in der „Bütt" auftritt. Mit Schlagern, Operettenmelodien und Parodien geht sie auf Tournee. Während des Kriegs lässt sie sich zur Truppenbetreuung einsetzen. Danach entwickelt sie, von der englischen Besatzungsmacht argwöhnisch beobachtet, Karnevalsrevuen.

In den 1950er Jahren erleben Zehntausende die resolute und beleibte Komikerin in kleinen und großen Sälen als Zigeunerin, Kölsche Boor, Madame Butterfly, Mutter Colonia und – besonders komisch – als „sterbenden Schwan". Sie ist es auch, die Willi Ostermanns Lied „Och, wat wor dat fröher schön en Colonia" aus der Taufe hebt. „Tonfall und Sprache machen den Effekt", schreibt die Journalistin und Schriftstellerin Vilma

Sturm. „Aber wie sie die Petronell von der Damenkapell spielt, voller Gehässigkeit auf den Deckel losschlagend: ‚Ich kreje dat Dinge nit kaputt!' und wie sie – steifbeiniger Oberst, der das Regiment abschreitet – den Saal zum Schunkeln bringt, das ist schon erschütternd komisch. Keine Individualität, nein, vielmehr das vom Beifall ihrer Stadt hochgetragene Kölner Marktweib, rauhe Schale und darunter das kölsche Hätz, keifen und bützen mit einem Munde und von einem Augenblick zum andern."[359]

Toni Steingass – der kleine Humorist

Anton Steingass (1921–1987)[360] lernt nach Abschluss der Realschule auf väterlichen Wunsch Klavier spielen, um im Klaviergeschäft des Vaters potentiellen Kunden das entsprechende Instrument vorzuführen. 1944/45 war der Kleinwüchsige in Berlin Soldat in einer Künstlerdivision und heiratet gegen Kriegsende seine aus Haltern stammende Freundin Anni.

Danach beginnt seine große Karriere als Kölns erster Alleinunterhalter, zuerst in einer Gaststätte in Niehl, dann mit zwei Kollegen in einer Bar auf dem Eigelstein. Von 1947 bis 1953 spielt er während des Sommers mit seinem Akkordeon in einer Bar auf Borkum auf. In der Karnevalszeit wird das „Steingass-Terzett" allmählich beliebt und erfolgreich. Mit seinem im Walzertakt komponierten Schlager „Der schönste Platz ist immer an der Theke" wird Steingass im ganzen Rheinland bekannt.

1968 sprengt er den provinziellen Rahmen. Nach einer achtzehntägigen Tournee durch die USA startet er im WDR die 16 Jahre lang mit Erfolg produzierte Sendung „So klingt's bei uns im Rheinland". In dieser Zeit ist er als Alleinunterhalter auf Schiffs- und Bustouren unterwegs, bei Kur-, Brunnen- und Hafenkonzerten des WDR, auch bei Familienfesten und Festen für ältere Mitbürger. Nach Auflösung des Terzetts tritt er zusammen mit seinem singenden Sohn Helmut auf, der ihn vorher schon als Fotograf begleitet hat.

Er hat 419 Lieder getextet und komponiert, darunter einen Hit über die Kirmes („Et Karusellscheleed"), einen anderen über eine kölsche Lieblingsspeise („Et Rievkoocheleed") und ein Lied über die Sprache, in der allein ein echter Kölner sich mitteilt: „Jo, Kölsch, dat is uns Muttersproch". Im Karneval, aber auch auf zahlreichen Schallplatten leben diese Lieder weiter. Sich selbst hat Toni Steingass schon zu Lebzeiten ein musikalisches Denkmal gesetzt – mit dem Lied „Ne Humoress". Metzger, Bäcker und Chauffeure, Kellner, Bauern und Friseure: sie alle haben eine regelrechte Ausbildung hinter sich, und man sieht ihnen – anders als einem Humoristen – ihren Beruf an:

Et jov kein Kayjass för dä Steinjass, wo man liehrte.
Et jov kein Uni, wo ich dä Humor studierte.
Ich spillte Quetschkommod un wor e bessche kess,
su wood ich, wat ich ben, ne Humoress.

Wenn jemand heiratet, wird Toni Steingass als der bestellt, der nach dem Essen die Verwandtschaft unterhält. Der eine sagt: „Leeve Tünn, do bess för mich et Bess", ein anderer meint, er wär' „de jrößte Dress". Und natürlich drückt er sich in frommem Milieu anders aus bei derbem Schwoof an der Ahr oder auf dem Neumarkt:

Janz secher dunn ich beim Pastur jet anders schwade
als bei de Ahrschwärmer un bei de Nüümaatskraade.
Ich singe üvverall, beim kleins und jrößte Fess,
för Lück, die Barjeld han, als Humoress.

Zwei Box-Idole

Peter Müller – „De Aap"

Dem in Köln-Sülz geborenen legendären Boxer Peter Müller (1927–1992) wird nachgesagt, er habe seinen Spitznamen „de Aap" (der Affe) wegen seiner gebückten Kampfhaltung und seines fröhlichen Aussehens erhalten. Doch den hatte er schon in seiner Kindheit bekommen, als nämlich ein Bienenstich seine Unterlippe so unförmig anschwellen ließ, dass das seine Physiognomie in entsprechender Weise veränderte. Später bestätigt er sich als Obstverkäufer und als „Klüttenmann“, der den Leuten Kohlesäcke in den Keller schleppt. Und er boxt.

„Schlagartig“ berühmt wird er, als er am 8. Juni 1952 in Köln im Kampf um die Mittelgewichtsmeisterschaft ausrastet. Er spuckt seinen Mundschutz aus und beschwert sich beim Ringrichter Max Pippow, der ihn zuvor wegen Klammerns ermahnt hat, über seinen Gegner. Pippow ermahnt ihn erneut: Er dürfe im Ring nicht reden. Darauf streckt Müller ihn mit einem rechten Haken zu Boden. Auch die vier Sekundanten, die eingreifen wollten, bezwingt er und greift sogar seinen Manager an, der zugleich sein Schwiegervater ist und schlichtend eingreifen will.

Die lebenslange Sperre, die er sich damit einhandelt, wird allerdings bereits zehn Monate später wieder aufgehoben. Er wird dreimal deutscher Meister im Mittelgewicht. Den Titel eines Europameisters kann er nicht erringen. Beim ersten Anlauf 1959 gegen Bubi Scholz ist der Kampf bereits nach zwei Minuten in der ersten Runde durch K.o. beendet. Beim erneuten Versuch gegen den dreimaligen ungarischen Olympiasieger Laszlo Papp verliert er vier Jahre später ebenfalls durch Knockout.

In dieser Zeit, wie auch nach seinem Karriere-Ende, arbeitet er als Catcher und versucht sich als Schlagersänger („Ring frei, zur ersten Runde, Ring frei, jetzt komme ich …“ und „Rädebomm, dä Jong dä fällt nit om …“). Bei Kölner Karnevalsveranstaltungen ist er ein gern gesehener Gast. Im Alter von 65 Jahren stirbt er an Herzversagen.[361]

Vom Handformer zum Champion – Jupp Elze

Der in Köln-Kalk geborene Josef Elze (1939–1968) beginnt 1952 bei den „Faustkämpfern Kalk“ mit dem Boxtraining. Beruflich arbeitet er als Handformer in der Gießerei der Firma „Klöckner-Humboldt-Deutz“ (KHD). Schon nach wenigen Jahren gehört er zu den erfolgreichsten Amateurboxern seiner Altersklasse. „Als Mittelgewichtler ist er etwas klein, so dass er zunächst zu seinen Gegnern aufsehen muß“, meint die „Neue Rhein-Zeitung“ am 4. November 1960. „Aber meist kann er schon nach wenigen Minuten auf sie herabsehen, denn Elze ist ein ausgesprochener k.o.-Spezialist."

In 137 Amateurkämpfen für seinen Kalker Verein siegt er 110-mal, 16-mal verliert er, und elfmal endet der Kampf unentschieden. Als Profi-Boxer setzt er 1962 seine Karriere erfolgreich fort. 1966 verteidigt er im Müngersdorfer Stadion vor 25.000 begeisterten Fans seinen Deutschen Meistertitel gegen Peter Müller, der nach diesem Kampf seine Profikarriere beendet. Im Jahr darauf kann Elze seinen Deutschen Meister-Gürtel erneut erfolgreich verteidigen.

Am 13. Juni 1968 bricht er in der Kölner Sporthalle im Kampf um die Europameisterschaft nach der 15. Runde bewusstlos zusammen und stirbt am 21. Juni, ohne noch einmal aus dem Koma zu erwachen. Bei der Obduktion wird das Dopingmittel Pervitin entdeckt.[362]

„… un sin stolz weiterjejange" – homosexuell Liebende

Josef D. wird 1901 in Forstweiler, einem schwäbischen Dorf, geboren. Mit 14 Jahren beginnt er eine Lehre als Schneider und näht anschließend im Ludwigsburger Bekleidungsamt Uniformen fürs Militär. Hier kommt es zu ersten homosexuellen Annäherungen. Nach dem Ersten Weltkrieg gehrt er auf die Walz und zieht 1925 nach Köln.

Trotz des vielfältigen, bunten Lebens in Kneipen wächst zu Beginn des „Dritten Reichs" die Angst der homosexuell Liebenden vor Verfolgung. Das Lokal „Dornröschen", das Josef D. gern besucht, wird am Aschermittwoch 1933 zum Sturmlokal der SA umgewandelt. Der Kellner Hugo Z., der dort gearbeitet hat, taucht in Gelsenkirchen unter. Am Ende jenes Jahres wird Josef D. bei einer Razzia verhaftet, nach drei Wochen Untersuchungshaft im Gefängnis „Klingelpütz" aber wieder entlassen. Als der Krieg beginnt, wird er aus Krankheitsgründen ausgemustert – und damit möglicherweise vor weiterer Verfolgung bewahrt. In der Nachkriegszeit kann er nur sehr langsam aus der Verborgenheit seines „von der sexuellen Norm abweichenden Lebens" heraustreten.

Doch in den achtziger Jahren nimmt er Kontakt zu Männern auf, die dem überkonfessionellen Arbeitskreis „Homosexuelle und Kirche“ (HuK) angehören, wird HuK-Mitglied, bewegt sich freier in Kölns schwuler Szene und lebt selbstbewusster.[363]

Der 1938 wegen „männlicher Prostitution“ zu einer Zuchthausstrafe von einem Jahr und drei Monaten verurteilte 21-jährige Arbeiter Edmund K. ist nach seiner Haftentlassung aufgrund zuvor begangener „homosexueller Handlungen“ als „Gewohnheitsverbrecher“ eingestuft und unter „planmäßige polizeiliche Überwachung“ gestellt worden. Als er im Januar 1940 – inzwischen obdachlos – auf dem Kölner Hauptbahnhof von einem kontrollierenden Beamten als „Stricher“ verdächtigt wird, kommt er in Vorbeugehaft. Er habe durch sein Verhalten gezeigt, dass er nicht gewillt sei, „sich der Volksgemeinschaft anzupassen“. Er kommt daraufhin ins Konzentrationslager Sachsenhausen. Edmund K. überlebt alle Quälereien und Strapazen und stirbt 1986 im Alter von 68 Jahren.

Helmut Z., Jahrgang 1926, wächst in Köln-Kalk in kleinbürgerlichen Verhältnissen auf. Der Vater hat einen Gemüsestand in den Kölner Markthallen.[364] Nach einer Schneiderlehre soll Helmut zur Waffen-SS eingezogen werden, doch er kann sich erfolgreich davor drücken. 1945 bemerkt die Großmutter des jetzt 19-Jährigen seinem aus dem Krieg zurückkehrenden Vater gegenüber lakonisch: „Dein Sohn ist warm.“ Der Vater reagiert darauf nicht. „Och ming Mutter“, erinnert sich Helmut Z. 47 Jahre später, „hätt nix jesaht – janix. Die sin da janz drübber wegjejange. Also quasi tabu.“

Helmut Z., der schon vor 1945 erotische Erfahrungen gesammelt hatte, trifft sich in der Nachkriegszeit mit Männern am Neumarkt, Heumarkt, Rudolfplatz, am Bahnhof und in reichlich vorhandenen Versteckplätzen im Kölner Trümmergelände. Doch sie zeigen sich auch unbefangen in der Öffentlichkeit, „Dauerwelle, tizianrot jefärbt, Kölnisch-Wasser öm d'r Hals“ – und ernten die Bemerkung: „Die riechen, die stinke so! Ach, dat sin wärm Bröder.“ Und die Reaktion der Betroffenen? „Da hammer de Kopf in der Nacken jeworfen un sin stolz weiterjejange.“

Von der Existenz des Strafgesetzbuch-Paragraphen 175, der für Homosexuelle Gefängnis vorsieht, wissen sie nichts. Doch noch vor Gründung der Bundesrepublik greift die Sittenpolizei ein. Die Clique, zu der Helmut Z. gehört, wird zur Polizeiwache gebracht. „Dann hieß es auf einmal. ‚Du hast mit dem un dem geschlafen.' ‚Was hast du gemacht?' ‚Hast du dich von dem ficken lassen?' Also, diese Ausdrücke kannten wir jar nicht!"

Nach der Untersuchungshaft im Kölner Klingelpütz wird Helmut Z. verurteilt und muss drei Monate in der Haftanstalt Siegburg absitzen – „die allerschlimmste Zeit" seines Lebens. Auch 47 Jahre später wird er darüber nichts sagen – nur so viel: „Wenn mir am heutigen Tage so jet passiere dät ... also, wenn ich sonst für Selbstmord auch nix übrig han ... Aber ich dät mich glatt umbringe."

Anfang der 1950er-Jahre ist er mit einer Wanderbühne unterwegs im Rheinland, spielt „Max und Moritz auf wärm" – mit Trude Herr als Witwe Bolte. Eine lebenslange Freundschaft wird beide verbinden. In der zweiten Hälfte dieses Jahrzehnts verliert er als Taxifahrer nach einem Unfall („weil ich ein paar Kölsch getrunken hatte") für drei Monate den Führerschein. Die Rückgabe des Personenbeförderungsscheins wird ihm verweigert: Er sei „ja homosexuell und charakterlich nicht geeignet, Personen zu befördern". Der nun Arbeitslose kann sich gegen diese Entwürdigung nicht wehren. Politisch bleibt er erst recht in den 1950er- und 1960er-Jahren abstinent: „Zu Adenauer wüßt ich nix. Politisch han ich nie jet zu don jehat, weil die jo allemole jäjen uns wore."

Als er nach der Strafrechtsreform von 1969 seinen Personenbeförderungsschein erfolgreich zurückfordert, ist er plötzlich wieder „charakterlich geeignet". Er lebt als Rentner weiter in Köln – bis zum Tod der Mutter mit ihr zusammen. Wenn er die Wahl gehabt hätte, wäre er lieber nicht homosexuell gewesen – wenngleich er sich an die Nachkriegszeit mit ihren Freiräumen als die schönste Zeit seines Lebens erinnert. In kölscher Manier blickt er über sein Leben hinaus: „Ich bin jetzt jespannt, wenn ich denn in den Himmel komme, ob ich die all wieder sehe, die Jungens."

WÄRMESTRÖME GEGEN DIE KÄLTE

Wenn viele kleine Menschen
an vielen kleinen Orten viele kleine Dinge tun,
können sie das Angesicht der Welt verändern.

Afrikanisches Sprichwort

Die 1968er-Bewegung führt im sozialen Bereich bei Studierenden auch zu Initiativen „von unten" – etwa um gemeinsam mit Obdachlosen oder Fürsorgezöglingen um ihre Rechte zu kämpfen.

Spektakulär sind Günter Wallraffs Aktionen bei Ford oder im Gerlingkonzern, wo er die Situation der arbeitenden Menschen miterlebt und später in seinen Reportagen beschreibt.

Alltagsbeobachtungen mit Sympathie für Einheimische wie für Zugewanderte zeichnen die frühen Lieder der „Bläck Fööss" aus, die die Herzen der Kölner und Kölnerinnen wie im Fluge gewinnen. Eine ähnlich große Sympathie lösen die Lieder und Theateraufführungen der Sängerin und Volksschauspielerin Trude Herr aus.

Die seit Jahrhunderten miserable Lebenslage der Menschen „ganz unten" verbessert sich auch gegen Ende des Jahrtausends nicht wirklich. Im Gegenteil. Aufgrund der global wie national vorherrschenden Machtstrukturen werden auch hierzulande die Reichen reicher und die Armen ärmer. Immerhin gibt es Initiativen, Gruppen und Organisationen, die nicht nur karitativ wirken, sondern Betroffene ermutigen, gemeinsam um bessere Lebensbedingungen zu kämpfen. Immer wieder wird erlebbar: Das weiche Wasser bricht den Stein.

„In unserm Veedel" – die Botschaft der „Bläck Fööss"

Im September 1968 gewinnt die Gruppe „Stowaways" auf einem „Kölner Beatfestival" den ersten Preis. Ihre Mitglieder heißen Hartmut Priess, Peter Schütten und Erich („Erry") Stoklosa. Zwei Jahre später stößt Tommy Engel zu ihnen – die „Bläck Fööss"[365] sind geboren und landen mit „Drink doch eine mit" ihren ersten großen Hit:

Drink doch eine mit,
Stell dich nit esu aan,
Du steis he die janze Zick eröm.
Häs de och kei Jeld,
Dat is janz ejal,
Drink doch mit un kümmer dich nit dröm.

Ein ähnliches Lied – Text und Melodie von Hartmut Priess – erscheint 1974 auf einer Single: „En unserm Veedel". Die Kneipe, der Kristallisationspunkt des Viertels, und dessen winklige Gemütlichkeit sind durch kommerzielle Modernisierung – etwa im Severinsviertel – bedroht: „Wie soll dat nur wigger jonn, / wat bliev dann hück noch stonn, / die Hüsjer und Jasse, / die Stüncher beim Klaafe, / is dat vorbei?" Gewiss – die Kinder spielen hier nicht im Gras gepflegter Gärten. Doch wenn eins auf die Nase fällt, dann ist man nicht so empfindlich – „die Bühle und Schramme, / die fleck m'r zesamme, / dann is et vorbei."

Wat och passeet, dat Eine is doch kloor:
Et Schönste, wat m'r han schon all die lange Johr
Es unser Veedel, denn he hält m'r zesamme,
ejal, wat och passeet en unserm Veedel.

Auf die Befürchtung vieler Anwohner des Severinsviertels, wegen der Sanierung ausziehen zu müssen, reagiert die dritte Strophe mit der Parole „Mer blieven, wo mer sin". Das Lied wird zu einer Hymne des kölschen Milieus – in Kneipen, auf Partys oder in den Konzerten der Bläck Fööss.

Nach fünf Singles bringen die Bläck Fööss 1974 ihre erste Langspielplatte heraus. Sie erhalten den „närrischen Oskar", eine Auszeichnung des Boulevardblatts Express. Nun werden ihre Lieder erst recht zu Gassenhauern.

Ähnlich wie die Musik der „Beatles", die zu dieser Zeit große Erfolge feiern, sind die Lieder der „Fööss" Teil einer weltweiten Jugendkultur. Auch wenn sie nicht explizit politisch sind, beeinflussen sie wie Popmusik und Protestlieder die Mentalität der '68er-Generation.

Aber sie verlebendigen vor allem das kölsche Milieu. Die Thekenrunde in der „Weetschaff op d'r Eck" ist die zweite Heimat des Kölners – und so mancher Kölnerin. Und wenn dann ein alter Mann an der Tür steht, kein Geld hat und doch gerne mittrinken würde, wird er freundlich-energisch eingeladen: „Drink noch eine mit, stell dich nit esu aan!" Und dann gibt's da noch die „Kaffeebud". Da treffen sich die Männer vom Bau – Schreiner, Putzer, Maurer. Einige Postler kommen hinzu. „Un dann ston se en d'r Kaffeebud / Un schödden sich dä Kaffee en d'r Kopp." Jeder liest in der Zeitung oder isst ein Brötchen. Der Putzer sagt ein falsches Wort, und schon geht die Schimpferei los: „Do Jipsgeseech, do Weihnachtsmann / Do wells Ahnung vun Fossball han?" Der Putzer, nicht faul, biegt seinem Kritiker den Kaffeelöffel krumm – „Un schödd im dann dä Kaffee en de Mötz / Dä Mürer deit jet Milch dobei / Unk kritt jetz für die Schweinerei / Vom Possmann Zucker hinger de Brell jespretz." Jetzt schreitet die Herrin der Kaffebud, die „Kaffeemam", ein. Die Jungs machen auf ihren Befehl hin alles friedlich wieder sauber und verabschieden sich: „Dann maat et jot bes morje halver zehn!"

Un su ston se en d'r Kaffeebud
un schödden sich dä Kaffee en d'r Kopp.
Dovun weed die Pump dann janz schön flott.
Jeder deut sich noch e Brütche ren.
Op eimol es d'r Düvel loss

un och dä Büggel vun d'r Poss,
dä misch sich jetz met en un schreit – Hurra.

Schimpfereien kommen in den Liedern der Bläck Fööss vor, nicht zu knapp, aber nie unversöhnlich – und nicht ohne Selbstkritik. Da ist der Sprücheklopfer, der in seiner Kneipe mit seinem hohen Lohn angibt und schon acht Tage vor Monatsbeginn kein Geld mehr hat – „Wär kennt en nit dä dolle Käl?" Und da ist dann der Kötter, der immer wieder gern etwas ausleiht und selten etwas zurückgibt. Doch mit dem Refrain werden beide wieder hineingeholt in die Thekenrunde samt anderen Abgebrühten oder Schlafmützen.

Dat sin die Lück, die könne nix dofür.
Doch steck nit och e janz klei Stöck
Davun en dir un mir?
Muzzepuckel, Affjebröhte, Schlafmötz un Filou,
Schluffe, Streuner, Klatschtant, Kötter,
Lück wie ich un du.

Wie sangen doch die Beatles in ihrem Lied „Nowhere man": „Isn't he a bit like you and me?"

Was braucht ein Halbwüchsiger, um einer Freundin zu imponieren? Ein schnelles Rad mit Dreigangschaltung und Gepäckträger. Mit 14 Jahren kommt der Verliebte zu einem Installateur in die Lehre und kann sich bald ein Moped leisten. Doch nebenan wohnt der Mattes, der als Geselle mehr Geld verdient. Und in dessen Auto fährt jetzt das Käthchen dem enttäuschten Mopedfahrer davon. Doch die frohe Erinnerung bleibt:

Ming eetste Fründin, dat wor et Meier's Kättche,
Un ich fuhr mem Rädche Dach für Dach zo im.
Et Meier's Kättche fuhr dann met om Rädche,
Un dann dät et laache su wie ne Sonnesching.

Im Veedel – besonders in Ehrenfeld – lebt man multikulturell zusammen. Da wird beim Straßenfest zusammen getanzt. Da spielt Costa die Bouzouki und Hein Akkordeon.

Ovends no der Arbeit
Wenn de Sonn am Himmel steit
Süht mer op de Strosse
Lück die han ihr Jeld verdeent.

Alles es versammelt
Vör der Dür ston Stöhl un Desch
Schnäuzer sin am schwade
Un et rüch no Öl un Fesch.

Einer hät en Zeidung
Us der Heimat un lies für
Drinke dun se Rutwing
Usser einer dä drink Bier

Costa spellt Bouzouki
An der Quetsch do spellt der Hein
Mikis danz Sirtaki
Jeder föhlt sich wie doheim.

Proteste gegen das Wohnungselend

Mit Streiks und Protestveranstaltungen demonstrieren zahlreiche Kölner im Mai 1968 gegen die von der Bundesregierung geplanten Notstandsgesetze, die die Verhängung des Ausnahmezustandes ohne parlamentarische Kontrolle ermöglichen sollen. Grundrechte sollen eingeschränkt und die Kompetenzen der Staatsorgane beim Einsatz der Polizei und Streitkräfte erweitert werden.

Studenten legen den Vorlesungsbetrieb lahm, Schüler demonstrieren an Gymnasien. Die Protestwelle dehnt sich auch auf mehrere Betriebe aus. Viele Stimmen fordern eine Volksabstimmung über die geplanten Eingriffe ins Grundgesetz. Trotz bundesweiter Proteste werden die „Notstandsgesetze" Ende Mai 1968 verabschiedet.[366]

Viele und heftige Proteste richten sich in Köln in der Folgezeit noch gegen Notstände ganz anderer Art: Etwa 17.000 Wohnungslose sind Ende der 1960er-Jahre in 74 Kölner „Übergangshäusern" einquartiert. Die Lebensbedingungen in den Wohnungen sind schlimm. Oft sind Wände feucht oder Stromkabel defekt. Kinderreiche Familien hausen in einem einzigen Zimmer.

Die „Interessengemeinschaft Obdachlosigkeit"

1969 gründen engagierte Bürger – auch solche aus Sozialwohnungen – die „Interessengemeinschaft Obdachlosigkeit" (IGO). Einige ihrer Mitglieder beteiligen sich an einem „Politischen Nachtgebet"[367] in der Antoniterkirche und stellen dort die Aussagen eines Betroffenen vor:

„Als wir heirateten, mieteten wir eine Zweizimmerwohnung. Der Hausbesitzer suchte ein ruhiges Ehepaar, ‚kinderlos'. Wir erhielten die Wohnung. Beim ersten Kind gab es Schwierigkeiten, beim zweiten kam die Kündigung. Wir konnten eine Altbauwohnung finden – zu 280 DM. Dort wohnten wir mehrere Jahre. Die Mieteinnahmen waren dem Hausbesitzer zu gering. Er wollte umbauen. Miete: 400 DM! Inzwischen waren wir fünf Personen. Mein Lohn als Bauhilfsarbeiter reichte nicht mehr aus. [...] Wir versuchten es auf dem privaten Wohnungsmarkt. Das Gros der Angebote war viel zu teuer. Bei zwei günstigeren Angeboten waren wir einmal der 65., einmal der 341. Bewerber. Unsere letzte Zuflucht war das Wohnungsamt. Wir bekamen einen Berechtigungsschein für eine Sozialwohnung."

Da Tausende einen solchen Berechtigungsschein haben, bleibt die Situation für die Betroffenen trotzdem hoffnungslos. Der Kündigung folgt die Räumungsklage und die Einweisung in ein städtisches Übergangshaus. Für die Familie ist das ein Schock: „Ein Lastwagen brachte uns bis ans Ende der Welt. Wir sahen zuerst eine Müllkippe und einen Abwässerteich in einer trostlosen Landschaft. Als wir die Räume besichtigten, stellten wir fest, dass auf eineinhalb Zimmern weder für die Möbel noch für fünf Personen Platz war."

Die Fürsorgerin beruhigt die Familie, mahnt aber auch zu mehr Ordnung und Sauberkeit und pünktlichem Schulbesuch der Kinder. Die Eltern reagieren: „Versuchen Sie einmal, in unseren Verhältnissen zu wirtschaften und Ordnung zu halten. Erziehen Sie mal Ihre Kinder in der Notunterkunft im Sinne des Gesundheitsamtes: ‚Sauber und gesund.' Finden Sie einmal hier Ruhe, um für Arbeit und Schule Kraft zu kriegen!" Die Fürsorgerin sagt daraufhin zu einer Kollegin: „Ich kenne diese Leute. Die wollen gar nicht raus."

Kleine Erfolge

Die Arbeitsgruppe des „Politischen Nachtgebets" verteilt in der Kirche Flugblätter, die auf leerstehende und durchaus menschenwürdige städtische Wohnungen hinweisen. Der Aussage der Stadt, solche Wohnungen stünden für Katastrophenfälle bereit, wird entgegengehalten, die Situation vieler Betroffener sei „eine Dauerkatastrophe". Die Gruppe fordert die Anwesenden auf, als „Politisches Nachtgebet" den „generellen Einweisungsstopp in allen Siedlungen und Unterkünften der Stadt Köln" zu fordern. Die große Mehrheit trägt sich in entsprechende Listen ein.[368]

Die IGO arbeitet kontinuierlich weiter. Sie besetzt leere Wohnungen, veranstaltet „Go-ins" bei Behörden und gründet eine Obdachlosenzeitung. Die in der Stadt Verantwortlichen reagieren anfänglich mit Beschimpfungen, verbessern dann aber doch mit erheblichen Finanzmitteln die Wohn- und Lebenssituation der Betroffenen.[369] Ähnlich wie die IGO, die sich mit Obdachlosen solidarisiert, agiert die „Sozialistische Selbsthilfe Köln" im Blick auf Heimzöglinge und obdachlose Jugendliche.[370]

Arbeiter, Portiers und Boten – Günter Wallraffs Reportagen

Die Identifikation des Schriftstellers Günter Wallraff mit „denen da unten" beginnt schon in jungen Jahren.[371] Wenn er in der Schule schlechte Noten hat, droht seine Mutter: „Aus dir wird nichts! Aus dir wird nur ein Straßenkehrer!" Er habe ihr immer geantwortet – so erinnert er sich später – „Das ist doch auch ein ordentlicher Beruf, die Leute werden gebraucht, ich werde Straßenkehrer!"[372]

Die Kollegen vom Band nebenan

Als er 1963 seine erste Stelle als Arbeiter am Fließband bei der Firma Ford in Köln antritt, fragt ihn der Mann im Personalbüro erstaunt: „Wieso wollen Sie unbedingt ans Fließband. Das sind doch inzwischen nur Ausländer!" Er erwidert, sein Vater habe hier lange gearbeitet – „und darum möchte ich da, wo mein Vater gearbeitet hat, auch anfangen".[373]

Rasch kommt er mit den Kollegen ins Gespräch. J. vom Band nebenan, 49 Jahre, erinnert sich an frühere Jahre: „Da ging es noch gemütlicher am Band zu. Wo früher an einem Band die Fertigmacher standen, arbeiten heute an zwei Bändern vier." Doch er beklagt sich nicht. „Man gewöhnt sich daran. Hauptsache, ich bin noch gesund. Und jede Woche ein paar Flaschen Bier." Jeden Tag nach Schichtende, 23.40 Uhr, macht er noch Überstunden und kehrt mit zwei anderen ihren Hallenabschnitt aus.[374]

Wallraff erfährt, wie die Ehe eines jung verheirateten Bandarbeiters langsam in die Brüche geht. Wenn er nach Haus kommt, regt ihn jeder Muckser des Kindes auf. Für seine Frau ist er kaum noch ansprechbar. Sie zieht eine Zeit lang mit dem Kind zu ihrer Mutter. Ein anderer Arbeiter, so erfährt Wallraff, beging Sabotage am Band, um eine einzige Zigarette zu rauchen: „Statt seinen Presslufthammer an die vorgesehene immer gleiche Stelle der Karosserie zu halten, bohrte er kurz ins Band hinein, und alles stand augenblicklich still." Nach mehrmaliger Wiederholung dieser Art Selbsthilfe kam die Sache ans Licht und er flog raus.

Die Männer arbeiten isoliert voneinander. Durch Zufall lernt Wallraff den Mann kennen, vom dem ein Teil seiner Arbeit abhängt. Er steht etwa 30 Meter vor ihm und notiert auf den Laufzetteln der Wagen Lackschäden, die Wallraff dann ausbessern muss. Er ist stolz darauf, dass er nun nicht mehr zur „Produktion", sondern zur „Inspektion" gehört. Dabei muss er die Wagen auf vier Bändern gleichzeitig kontrollieren – und übersieht Lackschäden, nach denen Wallraff dann suchen muss. Oft wird das normalerweise schon hohe Bandtempo noch erhöht. Dadurch werden die Arbeiter aus ihrem Bandbereich abgetrieben und können sich nur mühsam, wenn überhaupt, wieder zurückarbeiten.

Viele wollen wegen solcher Arbeitsbedingungen so bald wie möglich aufhören. Alle hoffen auf einen Lottogewinn. Auf einer Karikatur an der Säule über dem Feuermelder pisst ein Arbeiter aufs Fließband. Darunter steht: „Sechs richtige! Ich kündige!!!" Jemand klagt: „Ich war über fünf Jahre bei Ford, ohne einmal krank gewesen zu sein, als ich einen Unfall hatte. Dann aber schickte man mir jeden dritten Tag eine Vorladung zum Vertrauensarzt. Bis es dem zu bunt wurde, und er sagte: ‚Ob und wann Sie arbeitsfähig sind, das bestimme immer noch ich.'" Der Kranke hat den Eindruck, die Vorladungen würden maschinell ausgestellt und seien Routine. Einen anderen will der Werksarzt nach einem schweren Unfall in die Versehrtenabteilung schicken. Doch der Meister lässt ihn nicht weg, lässt ihn schon nach drei Tagen wieder arbeiten, obwohl die Unfallfolgen noch nicht auskuriert sind.

Die meisten am Band sind sehr jung, keiner ist über fünfzig, manche sind von der Fließbandarbeit schon gezeichnet. Die Hände eines Türeinpassers fangen regelmäßig an zu zittern, wenn er nicht fertig wird und hinter den Wagen herlaufen muss. Ein anderer unterhält sich nur brüllend, auch wenn man dicht neben ihm steht. „Er war mehrere Jahre lang an einem Bandabschnitt eingesetzt, wo ein solcher Lärm war, dass man sich nur mit Brüllen verständigen konnte." Manche verfolgt die Arbeit bis in den Schlaf hinein.

Günter Wallraff schreibt über seine Arbeit in der Gewerkschaftszeitung „metall" – und das fällt eines Tages auf. Der Werksleiter zitiert ihn zu sich und erklärt ihm, er werde sein Dasein bei Ford „kurz und schmerzlos" beenden. Vorher rühmt er die Großzügigkeit der Firma, die zusätzliche Hitzepausen für die Arbeiter gewähre, und beklagt die Undankbarkeit der Arbeiter, dass trotzdem das Soll in der Firma nicht erreicht werde und sicher ein Drittel der Krankgemeldeten durchaus noch einsatzfähig sei und sich nur drücken wolle. Dann wird er noch deutlicher und sehr laut: „Was Sie schreiben, ist diffamierende Lüge. Sie ziehen unser Firmen-Image in den Dreck. Ich werde Sie eigenständig die Treppe runterschmeißen, als Privatmann, versteht sich."

Nach der Abkanzelung erwähnt Wallraff den Arbeitern gegenüber die „Hitzepausen". Das sei Mumpitz und reine Theorie, sagen sie, und er bestätigt das aus eigener Erfahrung: „Vorgesehen sind alle drei Stunden 10 Minuten Pause, wenn das Thermometer morgens um 9 Uhr 25 Grad im Schatten zeigt. Das zuständige Thermometer hängt aber am Haupttor neben dem Direktionsgebäue, wo ständig ein frischer Wind vom Rhein her weht. Da sind 25 Grad auch bei der mörderischsten Hitze morgens nicht drin. Ich hab jetzt während der heißen Tage die Temperatur in unserem Hallenabschnitt gemessen. Wir arbeiten zwischen zwei Lacköfen. Temperatur: 28 Grad um die Mittagsstunden. Hierher dringt kein frischer Wind vom Rhein."[375]

Im Inneren des Gerling-Konzerns

1973 begibt sich Günter Wallraff unter Pseudonym und mit dem Vornamen „Friedrich-Wilhelm" – zugleich Name der Stammhaus-Versicherung des Gerling-Konzerns – in den achten Stock des Konzerns, um sich dort im Personalbüro, bescheidend auftretend, als Bote zu bewerben.[376] Er wird genommen und zuerst an der Pforte eingesetzt, muss Kunden den Weg weisen, zu spät Kommende registrieren und interne Post weiterleiten – „korrekt, höflich und aufmerksam", so die Dienstvorschrift. Portiers und Boten sind in verschiedene Klassen eingeteilt. Läufer – zu ihnen gehört Wallraff – tragen braune, länger gediente Portiers blaue Uniformen. Die Männer in der Portiersloge müssen herannahenden Vorstandsdirektoren ehrerbietig die Tür öffnen – oder der Gattin des Konzernchefs die Wagetür aufhalten. Ein Portier, der dabei seine Zigarre in der Hand behielt, sollte entlassen werden, wurde aber nach Intervention des Betriebsrats ins Rechenzentrum strafversetzt.

Wallraff lernt einen Boten kennen, der nach dem Tod seines Bruders als Taxifahrer für dessen Familie mitverdienen musste. Er fuhr oft 20 Stunden hintereinander, schlief in den Warteschlangen und verursachte schließlich einen Unfall, der ihn den Führerschein kostete. Nun verdient er statt 2400 nur noch 1000 DM. Ein anderer, recht blasser Bote bessert seinen kargen Lohn durch Blutspenden auf. Ein weiterer, noch neu im Dienst, verlangte von einem Vorstandsdirektor, den er nicht kannte, vorschriftsmäßig einen Passierschein. Er wurde von ihm angebrüllt, bat erneut erfolglos um den Ausweis des Herrn – und wurde, weil noch in der Probezeit, fristlos entlassen. Ein älterer Kollege meint dazu: „Wenn ich noch Junggeselle wäre und keine kranke Frau zu Haus hätte, würde ich mir viel weniger gefallen lassen."

Nach einigen Wochen wird Wallraff, nun mit brauner Uniform, zur Poststelle versetzt, verteilt dreimal täglich normale, vertrauliche und – an den Konzernchef – streng vertrauliche Briefe. In der Korrespondenz eines Vorstandsmitglieds findet er die Bemerkung, erfreulich sei „die weiterhin anhaltende Steigerung der Umsätze und, was ja noch wichtiger ist, der prozentual niedrigere Lohnkostenzuwachs". Vieles in der ausgehenden Post ist an Konzernfilialen in diktatorisch regierten Ländern wie Spanien, Portugal und Südafrika gerichtet.

Nach zwei Monaten beendet Wallraff seine Boten- und Portiers-Existenz mit einem Schlusspunkt besonderer Art: Er setzt sich in der Mittagspause mit Butterbrot, Apfel, Schälmesser und einer kleinen Flasche Schnaps in den exklusiv-feudalen Speisesaal der Vorstandsdirektoren, bestellt das gleiche Menü wie die irritierten Speisenden dort, wird von verlegenen Kellnern nicht bedient, packt sein Butterbrot aus, zückt zum Schrecken einiger Herren sein Messerchen, schält den Apfel und genießt den für das gemeine Volk im Konzern streng verbotenen Alkohol – mit dem Hinweis, die Herren am Nebentisch tränken ja auch Champagner.

Ein Vorstandssprecher belehrt ihn: „Sehen Sie mal, das sind Ordnungsstrukturen und Prinzipien, die sind Jahrhunderte und Jahrtausende alt, die sind gewachsen, die können Sie doch nicht über den Haufen schmeißen. Diese Rangunterschiede, die findet man doch, wenn man bis ins Tierreich zurückgeht. Da frisst erst der männliche Löwe, und was der übrig lässt, das kriegt die Löwin mit den Jungen und dann kommen die Schakale dran." „Ich nehme an", so notiert Wallraff später, „auf die abgeklärteren und würdigeren unter ihnen wirkt mein Eindringen so, als ob die neue Zeit angebrochen sei, jetzt ist es soweit, jetzt brechen die Dämme auf, jetzt strömt das Volk an unsere Tische und Tröge. Keiner wagt, mich des Saales zu verweisen, dafür hat man seine Leute."[377]

Bevor er vom Dienst suspendiert wird, lässt er sich eilends in seiner Botenuniform im saalartigen Zimmer des Konzernchefs – keine Sekretärin ist sichtbar – im Schneidersitz auf dem Schreibtisch fotografieren, in der Hand das stattliche Firmensymbol: die mit dem Buchstaben G verzierte Weltkugel. Die noch ahnungslose Boulevardzeitung „Express" sentimentalisiert den Vorgang: „Der Traum des Botenjungen. Einmal mit den Chefs speisen. Jetzt ist er vom Dienst suspendiert." Ein langjähriger Pförtner zu „Express": „Unser ganzes Haus schmunzelt. So etwas haben wir noch nicht erlebt."

Über das schwedische Fernsehen leitet Wallraff seine Enttarnung ein. Deutsche Medienberichte folgen. Der Konzern versucht mit List und Tücke an seine Manuskripte zu kommen. Vergeblich. Sein enthüllender Bericht auch über Angestellte, Lehrlinge und Machenschaften des Konzerns in dem Buch „Ihr da oben – wir da unten" erreicht später eine Millionenauflage.[378]

Trude Herr – Volksschauspielerin und Sängerin

Trude Herr (1927–1991) geboren in Kalk, wächst in Mülheim in ärmlichen Verhältnissen auf und besucht dort die Schule. Ihre Mutter gehört zu den ersten Frauen, die 1926 für die Freigabe des Schwangerschaftsabbruchs eintreten. Ihre Schwester Agathe erinnert sich: „Ich an der einen Hand, unser Brüderchen an der anderen Hand und Trude im Bauch – so hat sie mitdemonstriert."[379]

Trude wächst in der Kalk-Mülheimer Straße auf. „Mittendrin standen ein paar Häuser. Das war die ‚Insel' ", so ihre Schwester Agathe. „Zwölf Häuser, vierstöckig, ein reine Arbeitersiedlung. Hier wohnten Arbeiter der Chemischen Fabrik Kalk. Weil mein Vater dort Lokomotivführer war, wohnten wir auch da. Die ‚Insel', das war eine große Familie. Ein Völkchen für sich. Ich glaube, wenn ein Krimineller dabei gewesen wäre, keiner hätte ihn verraten. Rundherum waren Felder, eine Kiesgrube und sonst wirklich nichts. Es gab einen Lebensmittelladen, den Konsum, eine Kneipe und einen Frisörsalon, der war so groß wie heute ein Badezimmer. Die Tochter vom Frisör war schon was Besseres."[380] In Trude Herrs Lied „Manchmol"[381] klingt dieses Leben nach.

Wenn ich an ming Kindheit denk
vill wurd mir do nit jeschenk
am Nomensdaach ene Ball
dat wor et och schon all
Christdaachs Zauss mit Fleisch
un Öcher Printen

Om Herd en Kann mit Muckefukk
E Zimmer im Prolete-lukk
dat Finster jing zum Hoff
da soss als Kind ich off
un luurte in de Luff
nom blauen Himmel

un manchmol
do meinten ich jlatt
ich künnt fleeje
wie Vuelcher mim Wind

und manchmol
do däten die Wolken mich weeje
un ich wor e jlöcklich Kind.

Trudes Vater Robert Herr wird 1929 während der Weltwirtschaftskrise arbeitslos. Im „Dritten Reich“ wird er als Kommunist inhaftiert und überlebt Gefängnis und Konzentrationslager. Die 1943 ausgebombte Familie siedelt für die nächsten zwei Jahre nach Hessen über. Mutter Agathe bringt sich und die drei Kinder unter großen Entbehrungen durch.

Trude, wegen ihrer vollschlanken Formen bereits „dat Pummel“ genannt, ist Schreibkraft in einem Dillenburger Krankenhaus. Weil sie unbedingt Schauspielerin werden will, arbeitet sie nach dem Zweiten Weltkrieg einige Zeit als Statistin an einer Aachener Wanderbühne, zieht mit ihr 1947 durch die Eifel und erhält schließlich auch in Köln kleinere Rollen im Millowitsch-Theater in Stücken wie „Die spanische Fliege“, „Der kölsche Zigeunerbaron“ oder „Die Heinzelmännchen von Köln“. 1949 zerstreitet sie sich mit Willy Millowitsch und gründet mit ihrem Freund und Mentor Gustav („Gustl“) Schellhardt die Kölner Lustspielbühne, deren Existenz jedoch nicht von langer Dauer war. Nach dem Konkurs arbeitet sie einige Zeit als Barfrau in einem Szenelokal. 1953 schreibt sie gemeinsam mit Schellhardt eine Büttenrede, die sie in den beiden folgenden Jahren als eine der ersten Frauen im Karneval dem begeisterten Publikum vorträgt.

Der solistische Durchbruch gelingt ihr 1955 mit ihren Rollen als „Wunderkind“ und „Besatzungskind“ im Karneval. Sie überrascht mit ihrem „Ganzkörpereinsatz“ und ihrem souveränen Verzicht auf die traditionelle „Bütt“. Nicht alle Brauchtumshüter teilen die Begeisterung des Publikums. 1959 darf sie ihre satirische Büttenrede „Die Karnevalspräsidentengattin“ auf Intervention des Festkomitees nicht halten. Damit endet ihre karnevalistische Karriere.

Inzwischen hat sie mit dem Schlager „Ich will keine Schokolade, ich will lieber einen Mann“ ihren ersten Hit gelandet, und sie ist von Willi

Schaeffers, dem Chef des Kabaretts „Tingel-Tangel", entdeckt worden, der ihr zu Auftritten in Berlin verhilft. 1960 nimmt sie einen neuen Anlauf in Köln, wird Sängerin und Schauspielerin. In den folgenden Filmen spielt sie selbstironisch die „doofe Dicke" und singt „Ohne Krimi geht die Mimi nie ins Bett". Sie wirkt in mehr als 30 Filmen mit, hat zahlreiche Auftritte in Fernsehsendungen und Erfolg im Schlagergeschäft. 1969 heiratet sie den zum Volk der Tuareg gehörenden Tunesier Ahmed M'Barek. Die Ehe hält bis 1976.

Das Volkstheater und der Abschied von Köln

Trude Herrs dritte Karriere als Volksschauspielerin beginnt 1970. Mit einem eigenen Ensemble führt sie im Millowitsch-Theater die Komödie „Die Perle Anna" auf. Abseits abgenutzter Boulevardschwänke schreibt sie sich selbst Volksstücke auf den Leib – so etwa „Scheidung op Kölsch" oder „Dat versoffene Lenchen" – und eröffnet 1977 auf der Severinstraße ihr „Theater im Vringsveedel". Es soll eine volksnahe Alternative zum etablierten Millowitsch-Theater werden. Ihr kongenialer Partner auf der Bühne wird Hans Künster. Ohne städtische Zuschüsse steht das Theater finanziell ständig auf schwachen Füßen.

Deshalb und auch wegen zunehmender Gesundheitsprobleme beendet Trude Herr das Theaterexperiment Ende 1986. 1987 nimmt sie ein Album mit internationalen Hits auf, die sie mit deutschen Texten versieht. Doch dann denkt sie an Abschied. In dem Lied „Niemals geht man so ganz", das sie mit Wolfgang Niedecken (BAP) und Tommy Engel (Bläck Fööss) interpretiert und mit dem sie Platz 20 in den deutschen Charts erreicht, heißt es:

Maach enem Vagabund
doch et Hätz net wund,
fliech e Stück mit
op singem Weech. […]
Niemals geht man so ganz,

irgendwas von mir bleibt hier,
es hat seinen Platz immer bei dir.

1988 erhält sie das Bundesverdienstkreuz. Aus gesundheitlichen Gründen zieht sie um auf die Hauptinsel des Fidschi-Archipels, schreibt an einer Biografie und züchtet Champignons. 1991 kehrt sie mit dem 30 Jahre jüngeren Fidschianer Samuel Bawesi, ihrem Lebenspartner, nach Köln zurück. Doch ehe sie hier wieder Fuß zu fassen beginnt, zieht sie nach einer Zwischenstation auf einem Westerwälder Bauernhof aus gesundheitlichen Gründen in den Süden, nach Lauris, einem kleinen Dorf bei Aix-en-Provence, wo sie am 15. März 1991 an Herzversagen stirbt.[382]

Trude Herr erwähnt mehrmals in ihrem Leben, dass sie nie wieder wie in ihrer Jugend arm sein wollte. Aber sie bleibt „denen da unten“ verbunden. Als sie einmal gefragt wird, warum sie so links sei, antwortet sie schlicht und pragmatisch: „Mir wor ja alle Kommuniste früher.“[383] „Sie hat das Abenteuer geliebt, und sie war eine sehr politische Frau, aber nicht im parteipolitischen Sinn“, meint der ehemalige Wirtschaftsminister und Staatsminister im Auswärtigen Amt Hans-Jürgen Wischnewski. „Sie war sehr wachsam. Sie hat unsere Gesellschaft kritisch beurteilt und machte ihre Anmerkungen zu dem, was sich hier in der Bundesrepublik abspielte. Insbesondere zu Ungerechtigkeiten äußerte sie sich immer.“[384] Ihre Ehrlichkeit und Direktheit bringt sie in ihrem Lied „Ich sage wat ich meine“ auf den Punkt:

Ich saare wat ich mejne,
jonn ich och dodran kapott,
schaad ich mir och selvs,
ich kruffe keinem in de Fott.
Ma hätt doch e Hätz noch
ene Kopp e Jewisse,
un sin Meinung
verkäuv mer nit om Maat.

Ähnlich wie Hans-Jürgen Wischnewski erlebte sie der Kölner Oberstadtdirektor Kurt Rossa . „Sie wollte Menschen aller Schichten ansprechen, sie hatte eine Botschaft in ihrem Herzen. Sie war ein sehr sozialer Mensch, diese Trude Herr. Und sie benutzte die Komödie als Leimrute. Die Menschen kamen in ihr Theater, waren vergnügt, und wenn Menschen vergnügt sind, kann man ihnen auch Dinge sagen, die wichtig sind." Sie sei zeitlebens von der „Menschheitsutopie" fasziniert gewesen, meint Rossa. „Darum ging es ihr, wenn sie davon sprach, Kommunistin zu sein. Man darf das sicherlich nicht verwechseln mit einer regimetreuen Parteibuchkommunistin, davon war sie weit entfernt."[385]

Und sie war und blieb eine echte Kölnerin, die ihre Heimatstadt ohne Verklärung und penetranten „Stolz" liebte. „In dieser Stadt jitt et Jode un Schlächte", sang sie in ihrem Lied „Ming Stadt", „Schwache und Starke, met jet in dr Mau, Ärme und Riche, und Linke und Rächte, einer is brav, dr andre schlau. Ob söß oder better, Du muß üverläve, / jot oder schläch, et is ming Stadt."

Kölsches Milieu – traditionell und multikulturell

1958 bereits veröffentlichte Karl Hargesheimer unter dem Pseudonym Chargesheimer den Bildband „Unter Krahnenbäumen" (UKB). Er erzählt – wie Peter Fröhlich nach ihm[386] – die Geschichte und das Alltagsleben dieser typisch „kölschen", später durch die Nordsüdfahrt zerschnittenen Straße im Ablauf eines Jahres. Mit dem Namen, so der Fotograf im Vorwort, „bezeichnet der Kölner seine persönlichste Art zu leben. ‚UKB' – das ist unverwechselbar Köln."

Heinrich Böll fügt im Begleittext hinzu: Volk ist der älteste Adel mit den strengsten Gesetzen. Stolz und unnahbar. Jahrhundertelang oft wohnen ganze Sippen in Straßen wie dieser. Verbergen ihren Reichtum, verbergen ihre Armut, pflegen ihre Kranken, ihre Krüppel, in immer derselben Wohnung. Fremde werden aufgenommen, mögen sie Stanislaus, John oder Luigi heißen, Jan oder Sven.

Es gibt nur eine einzige Münze für Haben und für Soll, Treue und die Anerkennung der Gesetze, die niederzuschreiben unmöglich wäre. Deren Größe und Härte in ihrer Ungeschriebenheit besteht. Das geschriebene Gesetz ist immer der Auslegung unterworfen. Ermessenstreit wird ausgefochten. Anwälte spitzen Zunge und Federn. Das Gesetz dieser Straßen kennt nur zwei Antworten auf die Frage: Schuldig? Ja oder nein! Schuldig, ein Mädchen sitzen gelassen zu haben, schuldig, der Sippe nicht den gebührenden Tribut gezahlt zu haben, schuldig, Verrat geübt zu haben." [387]

Nicht reich, bescheiden – aber selbstbewusst: Das ist ein Merkmal mancher „kleinen" Geschäftsleute. Zwei von ihnen sollen im Folgenden vorgestellt werden. Hans Knipp, kreativer Autor vieler Texte, hat mit der „Ahl Frau Schmitz" einer liebenswerten Kölnerin ein Denkmal gesetzt und mit dem Lied „Unsere Stammbaum" Kölns multikulturelle Vergangenheit und Gegenwart hervorgehoben. Rolly Brings erinnert mit seinem Lied „D'r ahle Zigeuner – O puro Rom" daran, das auch Sinti und Roma dazu gehören.

Bescheidene Geschäfte – „Maronen-Hans" und „Eisen-Edmund"

Eigentlich war Hans Müller Jockei. 1937 gewann er auf seinem Pferd „Staatsoper" eine sensationelle Einlaufwette. Doch dann zog er als Soldat in den Krieg und verlor 1941 in Russland ein Bein. Die Rennplätze sah er danach nur noch als Zuschauer – und als Süßwarenverkäufer.

1967 aber erobert Hans Müller einen neuen Standort: anderthalb Quadratmeter auf dem Rudolfplatz. Oft verkauft er, hinter einem Kohlenfeuerchen sitzend, in den folgenden 17 Jahren „Kuschteie" – Esskastanien, Maronen. Als er 65 wird, zieht er sich vom Geschäft zurück und frönt einer alten Leidenschaft: den Pferdewetten. Die Wettannahmestelle ist ihm vertraut: schräg gegenüber dem Platz, an dem er seine Maronen verkaufte.[388]

Der kleine Eisenwarenladen auf der Marsiliusstraße in Köln-Sülz hatte Tradition. Großvater Bosen hatte ihn 1880 gegründet, Enkel Edmund hat ihn 1930 vom Vater übernommen. Mehr als zehntausend Artikel sind seitdem dort zu finden – Glühstrümpfe für Gaslampen, Dichtungen für den Wasserhahn, Schlüssel für den alten Schrank, aufbewahrt in tausend Schubladen, Kistchen und Kästen. Auch wenn jemand nur nach einer einzelnen Schraube verlangt – Edmund Bosen findet sie für ihn. Oft ist er zwölf Stunden lang in seinem Laden beschäftigt, Kunden kommen von weit her. Die Frau des Kameruner Botschafters kauft bei ihm sämtliche Kölner Bretter für ihr neues Haus in der Heimat.

Oft hilft nur Bosens lange Berufserfahrung, um zu erraten, was der Kunde eigentlich will. „Kann man hier Bremsklötze kaufen?" Auch das. Denn Bremsklötze, Bremsen, Knübbelchen, Prellböckchen, Klämmerchen, Stellfüßchen, Vorsatzschrauben, Zusteller – das sind nur einige der Bezeichnungen seiner Kunden für die „Dinger" zum Feststellen von Gardinenröllchen.[389]

Die „Ahl Frau Schmitz"

Auch wenn das Lied „Mir schenke der Ahl e paar Blömcher" im Karneval bierselig zersungen wird, enthält doch der Text von Hans Rudolf Knipp[390] neben diesem Refrain die liebenswerte Würdigung einer alten Kölnerin, die vom Wenigen, das sie hat, noch gerne abgibt:[391]

Em janze Veedel es die Ahl Frau Schmitz bekannt,
se weed vun alle nur Schmitze Bill jenannt.
Die hät nit viel, is nit besonders rich,
un hät noch lang net jeden Middag Fleisch o'm Desch.
Nur ein Dell jit et, wo se Freud' dran hät,
dat sin de Blömcher op ihrem Fensterbrett.

Un klopp och öfters ens ne Ärme an ihr Döhr,
dat se janix jitt, ich glöuv, dat küt nie vür.
Un es se och nit rich, es keine Millionär,
jet zu verschenke, dat fällt ihr nit schwer.

Un sind et nur zehn Pfennig un nit mih,
dafür hät se ävver unser Sympathie.

„Unsere Stammbaum"

Von Hans Rudolf Knipp geschrieben und im Jahre 2000 von den Bläck Fööss vertont ist das Lied „Unsere Stammbaum", das an die von Carl Zuckmayer beschriebene „Ahnenreihe der Menschen am Rhein" erinnert.[392] Es betont die multikulturelle Vergangenheit und Gegenwart Kölns und hebt dabei Bauern, Schreiner, Fischer, Bettler, Sänger und Gaukler besonders hervor – mit Stolz nicht auf das „Deutschtum", sondern auf jenen „Stammbaum":

Ich wor ne stolze Römer, kom met Caesars Legion,
un ich ben ne Franzus, kom mem Napoleon.
Ich ben Buur, Schreiner, Fescher, Bettler un Edelmann,
Sänger un Gaukler, su fing alles aan.

Refrain: Su simmer all he hinjekumme,
mir sprechen hück all dieselve Sproch.
Mir han dodurch su vill jewonne.
Mir sin wie mer sin, mir Jecke am Rhing.
Dat esjet, wo mer stolz drop sin.

Ich ben us Palermo, braat Spaghettis für üch met.
Un ich wor ne Pimock, hück laach ich met üch met.
Ich ben Grieche, Türke, Jude, Moslem un Buddhist,
mir all, mir sin nur Minsche, vür'm Herjott simmer glich

Refrain: Su simmer all …

De janze Welt, su süht et us,
es bei uns he zo Besök.

Minsche us alle Länder triff m'r he aan jeder Eck. [393]
M'r gläuv, m'r es en Ankara, Tokio oder Madrid,
doch se schwade all wie mir
un söke he ihr Glöck.

Refrain: Su simmer all ...

„Der alte Zigeuner" – ein Porträt im Lied

1935 hatte die Stadt Köln auf dem Gelände des Sportvereins Schwarz-Weiß in Köln-Bickendorf ein „Zigeunerlager" errichtet, in dem die „Zigeuner" in Barackensiedlungen unter Aufsicht zwangsangesiedelt wurden, um sie vom Wanderleben abzuhalten.[394] 1937 lebten dort etwa 500 Menschen. Nachdem 1938 zunächst arbeitslose Insassen des Lagers in das KZ Sachsenhausen gebracht wurden, löste man das Lager am 16. Mai 1940 vollständig auf und transportierte die Bewohner in das Sammellager in Köln-Deutz, von wo aus sie fünf Tage später nach Ostpolen deportiert wurden. Nach dem Krieg entstand auf dem Gelände erneut ein Wohnwagenlager. Seitens der Bevölkerung gab es einige Verständigungsbemühungen. So besuchten auch katholische Jugendgruppen von St. Dreikönigen das Lager zur Weihnachtszeit, um dort zu singen. Diesen Impulsen standen jedoch Beschwerden von Bürgern bei der Stadtverwaltung über das Lager gegenüber. Die Stadtverwaltung war jahrelang bemüht, weiter außerhalb der Stadt Unterbringungsmöglichkeiten zu schaffen. Diese wurden schließlich 1958 in Köln-Roggendorf eingerichtet.[395]

Der Kölner Lehrer, Mundartlied-Autor und Sänger Rolly Brings begegnet in den 1980er-Jahren in Köln einem überlebenden Sinti und erzählt dessen Geschichte im Lied „D'r ahle Zijeuner – O puro Rom"[396].

Sing Sproch es fremb un dunkel si Jeseech.
Sing Kar huh voll Schrott, su trick hä singe Wäch.
Hä fäht üvver de Dörfer un maggelt met dä Lück.
Sing Siel, die danz, denn hück, do hätt hä Jlöck.

Us dä ahl Kumod us dem Borehuus
Mät hä en ‚ech Antickche' drus.

Mit dem Geld aus dem Kommodenverkauf kauft er für ein bescheidenes Mahl ein: Weißbrot, Fleisch und Wein. Schon oft hat er gedacht: Was wird morgen sein? Mit ihm, der immer noch die KZ-Nummer auf dem Arm hat, mit seinen fünf Kindern und seiner immer noch wunderschönen Frau?

En Ossendorf, wo hä jebore wood,
do han die Ahle singe Vatter allt jehot.
Dä hät jespillt op jedem Feß;
Sing Jeich kriesche loße, dat kunt hä et beß.
Gestapo holt' de janze Familich naaks usem Bett.
Em Fröhjohr '42 wootense en et Lager verschlepp.

In unserer Plastikwelt verdient er nicht viel. Er weiß, für ihn und sein Volk stehn die Räder bald still. Unsere Erde wird verplant, verbaut und verkauft. Was ist da ein Mensch – ein Zigeuner noch wert? „Bleib', wie du bist", ruft der Liedermacher ihm zu, sonst werden wir alle etwas ärmer.

Ävver wenn em Fröhjohr de Mäl ehr Leeder singk,
dann es hä fott – wohin, weiß nor d'r Wind.
„Bliev, wie du bes, un es et noch esu schwer;
sons wäde mer all jet ärmer – jläuv et mer."
Un sin ich sing Sipp am Jrömjödel ston,
sag ich janz leis: „Puro Rom – latscho drom."

„Was wären wir ohne sie?" – die Müllmänner

Bis in die Neuzeit galten Müllmänner als nicht „ehrbar", ähnlich wie unehelich geborene Kinder, körperlich und geistig Behinderte, Aussätzige,

Juden, Zigeuner, zu entehrenden Strafen Verurteilte, aber auch Vertreter zahlreicher „schmutziger" Berufe, die dennoch unverzichtbare gesellschaftliche Aufgaben erfüllen.

Heinrich Böll, der stets ein Gespür für das Schicksal kleiner Leute hatte, widmet 1979 den Müllmännern, den am Montagmorgen „sehnlichst erwarteten Befreiern", ein kleines Denkmal. „Sonntags abends setzt der Run auf die Mülleimer ein, werden rasch noch Papiersäcke gefüllt, nach unten gebracht, bevor der Müllwagen kommt, der prompt die unvermeidliche Verkehrsstauung verursacht, er ist breit genug, die Einbahnstraße zu blockieren, Rechts- oder Linksabbiegern Ungeduld zu verursachen, die Straßenkreuzungen zu verstopfen, und wenn dann noch, was gelegentlich vorkommt, in der Nachbarschaft ein Lieferwagen die Einbahnstraße verstopft, setzt das fröhliche wie sinnlose Hupen ein."

Doch für Böll ist diese Situation kein Stoff für eine Burleske. Er schaut genau hin und sieht, dass die meisten Müllmänner wohl aus sonnigen Ländern kommen, aus Gegenden, wo wenig Geld verdient und kaum Wohlstandsmüll produziert wird: „Es sind Italiener, Türken, Griechen, Marokkaner, die umsichtig und würdig die Straße von dem großen Alptraum einer ständig wachsenden Mülllawine befreien; auf Extrakartons mit Müll sitzend, gelegentlich auch auf Eimern oder Türschwellen unter den melancholischen Jugendstildamen, verzehren sie ihr Frühstück, lassen sich durch Hupen nicht beunruhigen. Was wären wir ohne sie? Verloren. Es erübrigt sich, ihren Fleiß und ihre Umsicht zu loben, die Eleganz, mit der sie die Mülltonnen an dicht parkenden Autos vorbeirollen, ohne ein Krätzerchen zu verursachen. [...]

Abends, kurz vor acht, kurz vor Beginn der Tagesschau, sieht man sie oft am Kiosk, wo's Zigaretten, Alkohol und das lokale Boulevardblatt gibt; nicht nur sie, viele andere aus der Nachbarschaft, die rasch, bevor's am Fernsehschirm losgeht, noch Zigaretten, Bier oder Limonade brauchen."[397]

Solidarität mit Obdach- und Arbeitslosen

In Köln arbeiten mehrere Organisationen, bei denen Obdach- und Arbeitslose nicht außenstehende Empfänger von Hilfsmaßnahmen sind. In ihnen leben Benachteiligte und engagierte „Normalbürger" zusammen. Im Folgenden werden zwei dieser Organisationen vorgestellt: die „Emmaus-Bewegung" und die „Sozialistische Selbsthilfe Mülheim" (SSM). Ein unbehauster und seltsam sensibler Obdachloser, der sich an den Stadtrand zurückgezogen hat, wird von Rolly Brings besungen.

Bemerkenswert ist auch die Arbeit zweier Kirchengemeinden in Höhenberg und Vingst („HöVi-Land"), in einem armen Stadtteil, in dem nicht nur Arbeits- und Obdachlose, sondern auch Kinder und Jugendliche unterstützt und aktiviert werden.

Emmaus – „gemeinsam leben – arbeiten – helfen"

In Köln tritt die Emmaus-Bewegung 1959 erstmals im Rahmen eines Verkaufs von Gebrauchtgegenständen an die Öffentlichkeit. Erlös: 15.000 DM. Ein Jahr später gründet sich in Köln-Ehrenfeld die erste Emmaus-Gemeinschaft, die Notleidende und Bedürftige aufnimmt. 1967 erhält die stetig wachsende Gemeinschaft von der Stadt Köln ein Haus in Bocklemünd. Aufgrund von Misswirtschaft und korruptem Verhalten eines Mitglieds findet das Leben der Gemeinschaft 1973 allerdings ein Ende. Nach einer längeren Aufbauphase wird 1977 ein Gebrauchtwarenladen in Nippes eröffnet. Vom Erlös können wieder wie zuvor Hilfsprojekte in der „Dritten Welt" unterstützt werden. Die Gewinne bilden 1983 zugleich die finanziellen, personellen und räumlichen Voraussetzungen für die Wiedergründung einer Emmaus-Gemeinschaft „als offene Selbsthilfegruppe". Die Kölner Gas-, Elektrizitäts- und Wasserwerke (GEW) überlassen Emmaus ein Verwaltungsgebäude, in dem weitere Arbeitsplätze eingerichtet werden. 1984 findet der Umzug statt.

Seit 1991 sind Emmaus-Gemeinschaft und Emmaus-Bewegung selbständige und gemeinnützige Vereine. Unter dem Motto „Mit den Armen an einer solidarischen Weltgesellschaft bauen" leben und arbeiten Privilegierte und Benachteiligte in ihrer und für ihre Gemeinschaft. 1997 kann schließlich mit Hilfe der „Stiftung Wohlfahrtspflege NRW" ein 5600 qm großes Gelände in Köln-Niehl gekauft werden. Zudem bietet die Stadt Köln seit 1999 eine für 25 Jahre mietfreie Unterbringung im ehemaligen Dormagen-Stift in Köln-Longerich an. Davon abgesehen, finanziert sich die Gemeinschaft unabhängig von öffentlichen Mitteln – nach dem Prinzip, nur vom Erlös der eigenen Arbeit zu leben. Spenden werden ausschließlich für externe Projekte (z.B. Entwicklungsarbeit in der „Dritten Welt") und lokale Hilfen gemäß den Zielsetzungen des Vereins und eines „Internationalen Manifests" verwendet. Die Emmaus-Sozialbetriebe arbeiten seit 1997 mit etwa 50 Mitarbeiterinnen und Mitarbeitern in verschiedenen Beschäftigungsverhältnissen an drei Standorten. Dazu gehören ein Möbellager und ein Flohmarkt, verschiedene Werkstätten für Holz-, Metall-, Elektro- und Textilbearbeitung, ein Antiquariat und ein Ladenlokal.

Die Emmaus-Gemeinschaft vertritt die Ziele des „Internationalen Manifests der Emmaus-Bewegung", die sich der allgemeinen Erklärung der Menschenrechte verpflichtet fühlt. Ihr Grundsatz heißt: „Hilf, ehe Du an Dich selbst denkst, dem, der weniger glücklich ist als Du! Hilf dem zuerst, der am meisten leidet!" Zielgruppe der Arbeit sind Personen, die dem Druck der Leistungsgesellschaft erlegen sind – Obdachlose, Drogenabhängige, Alkoholkranke, Haftentlassene und auch Personen, die sich für ein Leben in der Gemeinschaft entschieden haben.

„Wir geben nicht nur den Menschen wieder einen Wert, sondern auch den Sachen, die in unserer Wegwerfgesellschaft keinen Wert mehr zu haben scheinen", sagt der 29-jährige Sozialarbeiter Johannes Does, der gemeinsam mit seinen drei Geschwistern und seinen Eltern, die Emmaus in Köln leiten, in der Gemeinschaft aufgewachsen ist und halbtags mitarbeitet. Die Frage ist, ob ein Mensch kommt und hier eine Qualität entdeckt, die auf den ersten Blick nicht zu sehen ist. So wie bei Franz Opfergelt vor 15 Jahren. Seitdem er wieder gebraucht wird, möchte er bei Emmaus in Köln „bis zum bitteren Ende" bleiben.[398]

Plastiktüten-Franziskus

Rolly Brings begegnet in den 1980er-Jahren einem Obdachlosen, der am Stadtrand im „Niemandsland“ haust. Im Lied „Plastiktüten-Franziskus“ schildert er ihn mit seinem Sack auf dem Rücken und seinem mit Tüten bepackten Fahrrad. Der Mann wühlt in Abfallbehältern, murmelt Lieder, blickt freundlich, grüßt nicht zurück und teilt sein Essen mit den Tieren.

Hä paß op, dat singe Foß keine Wurm erwisch,
wat hä zeesse hät, deilt hä met Mäl un Mösch,
mät jedem dude Dier e Jrav met Blome drop.
Hä wisch sich mem Rän un drüch sich mem Wind,
un es hä allein, dann danz hä wie e Kind,
singk fremde Leeder un lort zum Himmel rop.

Ävver naaks, wenn d'r Mondsching üvver Schinneschwelle höpp,
et Käuzche om Signalmaß e Wöhlmüsje kröpp,
em Ooßendorfer Knaß die Belächschaff bleie schlöf:
Dat is de Zick, do hä met de Stäne sprich,
si dunkel Jeseech met Daudroppe wisch
un, bes d'r Morje jraut, nor eine Name röf.

Wenn d'r Fröhzoch vum Fordwerk Autos transporteet,
die eeschte „5“ met Quietsche en de Engschleiff fäht,
krüff hä unger sing Platiktüte un rollt sich en.
Jäje Meddach, wenn d'r Kochduns us de Finstere kütt,
de Huusfrau de Reste en de Mülltonn schött,
dröck hä sich lans de Hüser un sammelt en.

Doch dann muss er eines Tages unter Tränen mit ansehen, wie sein kleines Revier von Baggern und Planierraupen zugunsten einer Gartenkolonie zerstört und plattgemacht wird. Und er sucht sich einen neuen Platz:

Zwesche Butzweiler Stroß un Autobahn,
wo d'r Ijel ungerm Struch noch levve kann,
die Schlösselblom em Schodder am Bahnjleis blöht,
hät hä ener Kul si neu Revier,
läv in Fridde do met Flanze und mänchelei Jedier
un luusch janz stell, wenn hä d'r Wind singe höt.[399]

Sozialistische Selbsthilfe Mülheim e. V. (SSM)

In der SSM haben sich von etwa 20 Menschen jeden Alters und aus verschiedenen gesellschaftlichen Schichten zusammengefunden, die auf dem Arbeitsmarkt schlechte Chancen hatten: Arbeitslose, Obdachlose, Behinderte, psychisch Kranke, ehemals Drogenabhängige und Querdenker.

Die Mitglieder wohnen und arbeiten auf einem ehemaligen Fabrikgelände. 1979 wurden die vier Gebäude einer alten Schnapsbrennerei besetzt. Nach langwierigen Verhandlungen kam 1993 ein günstiger Mietvertrag mit der Stadt Köln zustande. Die SSM betreibt einen selbstverwalteten Betrieb. Mittels Wohnungsauflösungen, Transporten, Gebrauchtwarenverkauf und Bereitstellung eines Veranstaltungsraums sichert sich die Gruppe ihre Existenz. Um unabhängig zu sein, erhalten die Mitglieder weder Arbeitslosengeld noch Sozialhilfe. Ein-Euro-Jobs werden nicht in Anspruch genommen. Jeder bekommt ein für alle gleiches wöchentliches Taschengeld.[400]

Einer von ihnen ist seit Mitte der 1980er-Jahre Freddy Bettelmann. Er gilt als geistig behindert, hat einen Schwerstbehinderten-Ausweis. Doch obwohl er nicht lesen und schreiben kann, findet er von jeder Stelle in Köln wieder mit Bus und Straßenbahn nach Hause.

Als Kind war er in ein Heim gekommen, weil seine Mutter nach dem Tod des Vaters mit acht Kindern überfordert war. Sie fand einen Platz bei der SSM, Freddy nach seiner Flucht aus dem Heim auch, ebenso sein behinderter Bruder Peter. Vor Jahren hatte Freddy eine Katze, heute einen Hamster. Er hat ein Beet vor seinem Zimmer angelegt, ab und zu geht er angeln; er weiß, wo es die besten Regenwürmer gibt. Bei Kölner Festen ist er gern allein unterwegs.

Meist macht er – inzwischen 43 Jahre alt – Küchendienst oder hilft bei Umzügen oder Wohnungsauflösungen, mit denen die SSM Geld verdient. „Mit der Arbeit braucht er es allerdings nicht immer so genau nehmen", so SSM-Mitarbeiter Heinz Weinhausen. „Wenn es ihm zu viel wird, dann kommen seine Sprüche, dass er nicht acht Arme habe und außerdem keine Kampfmaschine sei. Nicht immer kommt er allerdings damit durch."

Bis jetzt hat die Gruppe aber stets entschieden, dass geistig Behinderte oder andere Menschen mit einem Handicap ihren Platz bei der Selbsthilfe haben, auch wenn das unbequem sein kann und mit ihnen kein Spitzenverdienst am Markt zu erreichen ist. „Auf diese Weise hat Freddy allerdings kräftig mitgemischt", so Heinz Weinhausen, „dass unsere Selbsthilfe nicht zum ökonomisch erfolgreichen, selbstverwalteten Betrieb geworden ist, der dann irgendwann zum üblichen Unternehmen mit all seinen Marktzwängen mutiert wäre, wie es bei so vielen Projekten seit den achtziger Jahren geschah. Freddy hat uns stets geholfen, menschlich zu bleiben. Ein sympathischer Gedanke."[401]

„Wer was macht, hat die Macht" – HöVi-Land

Die Kölner Stadtteile Höhenberg und Vingst sind in den 1960er-Jahren noch eine Arbeitersiedlung. Den Menschen geht es relativ gut, weil sich in ihrem Umkreis große industrielle Firmen angesiedelt haben. In den 1980er Jahren allerdings müssen viele Firmen schließen und die beiden Viertel verarmen zusehends.

Im Jahre 2010 sind etwa 30 Prozent der Menschen arbeitslos, 40 Prozent leben von Hartz IV. Der Ausländeranteil – in Köln rund 19 Prozent – liegt hier bei 32, bei den Jugendlichen bei 60 Prozent. Viele „tagesobdachlose" Kinder gehen morgens aus dem Haus und zur Schule, bleiben aber den ganzen Tag über unbetreut.

Das Engagement für die Kinder – die Anfänge

Im Jahre 1993 gehen die evangelischen und katholischen Kirchengemeinden in Höhenberg und Vingst gemeinsam auf die Straße. Die „Streetwork“ beginnt mit einem ausrangierten Bus der Kölner Verkehrsbetriebe. Der katholische Kaplan Ansgar Puff und die evangelische Sozialpädagogin und Jugendleiterin Petra Kempe steuern an Nachmittagen in der Woche Punkte im Stadtteil an, an denen sich Kinder versammeln und oft nicht wissen, was sie mit ihrer Zeit anfangen sollen. Der Bus war – und ist auch in allen Jahren danach – immer wieder voll gepackt mit Spielgeräten, die sich die Kinder für ein paar Stunden ausleihen können. Routiniert lenkt der 25-jährige Fahrer den Bus durch die Straßen. Im Inneren schlingern Fahrräder und Tretautos, an der Decke baumeln Hula-Hoop-Reifen, Teller und Tassen klappern im Schrank.

Kinder aus diesen Stadtteilen wollen Ferien machen wie andere auch. Doch für viele Familien ist ein Reise-Urlaub unerschwinglich. Deshalb entsteht 1994 in den beiden Kirchengemeinden die Idee, nach zuvor jeweils eigenen Ferienaktionen nun gemeinsame Sache zu machen: Menschen aus dem „Veedel“ beginnen auf einer Wiese in der Nähe des Vingster Naturfreibads die Aktion „HöVi-Land“. Was mit 100 Kindern begann, mobilisiert 16 Jahre später das ganze Viertel. 100 Jugendliche zwischen 16 und 20 Jahren – zum Teil früher selbst HöVi-Land-Kinder – betreuen die 6 bis 14 Jahre alten „Pänz“ in 25 Gruppen. 150 Erwachsene helfen bei Planung, Aufbau und Versorgung mit. Eine Postbeamtin, nach schwerer Krankheit mit 47 Jahren frühpensioniert, koordiniert die rund 250 Angebote für Ausflüge und Workshops: etwa in einem neuen Sportpark neue Ballspiele ausprobieren oder einen Naturgarten mit Tieren besuchen. Dabei staunte einmal ein kleiner Junge im nahe gelegenen Königsforst: „So viele Bäume habe ich noch nie gesehen.“

500 Kinder erscheinen drei Wochen lang Tag für Tag in Kölns größtem Ferienlager. Die Zusammenarbeit im Viertel erreicht dann ihren Höhepunkt: mit Bürgervereinen, Kirchengemeinden und Muslimen. 60 Rentner und Renterinnen bewachen nachts die Zelte. Betreuer – vom Karne-

valsvereinsvorsitzenden bis zum praktischen Arzt – nehmen jährlich an Vorbereitungskursen teil. Seit Beginn dieser Aktion wurden in den beiden Stadtteilen auf diese Weise über 1000 Jugendbetreuer ausgebildet. Eltern zahlen symbolische 15 Euro pro Woche.[402]

Ein im Ferienlager entstandenes und oft gesungenes Lied spiegelt die dortige Stimmung wider:

Schau sie an, all die Gesichter, manche länglich, manche rund.
Jedes Kind ist einzig hier, zusammen sind wir bunt.
Hier gibt's Ferien, hier ist Freude, Action pur steht auf dem Plan.
Viele Menschen haben ihre Arbeit schon getan.
Jetzt fehlt nur noch, dass du mitmachst, ohne Murren, ohne Zank.
Jeder baut auf seine Gruppe, euren Leitern zeigt mal Dank.
Magst du was von dir erzählen, sag, was dir gefällt.
HöVi-Land-Geschichten sind die schönsten auf der Welt.

Aktionen gegen Armut und für Lebensqualität im Stadtteil

Die katholische Gemeinde St. Theodor und St. Elisabeth (Vingst-Höhenberg) unter der Regie von Pfarrer Franz Meurer[403] verteilt kostenlose Lebensmittel. Er bestand darauf, dass die Kirche nicht nur zum Gottesdienst genutzt wurde. So entstand mit St. Theodor in Vingst ein Kirchenbau, der neben Räumlichkeiten der Begegnung im Unterbau einer Werkstatt, Kleiderkammern und Essensausgaben Platz bietet. Einmal pro Woche erscheinen meist 450, am Monatsende gelegentlich 900 Menschen, um Essenspakete abzuholen. Damit die Lebensmittelberge umgeschlagen werden können, steht ein Gabelstapler parat. Fast immer reicht es für alle, keiner wird abgewiesen. Die Nahrungsmittelspenden kommen aus der Nachbarschaft oder von regionalen Nahrungsmittelherstellern wie etwa einer nahegelegenen Brotfabrik.

In einem Kellerraum der Kirche reihen sich Schulranzen und Schreibutensilien aneinander. In einem anderen hängen Kleider für Erwachsene. Im nächsten stapeln sich bis unter die Decke Kinderkleidung und Spielsachen.[404] Auch der Gabelstapler steht selten nutzlos in der Ecke. Auf ihm machen arbeitslose Jugendliche den Gabelstapler-Führerschein. Einem Gerücht zufolge soll auch der Kölner Kardinal das Gefährt schon ausprobiert haben.

Mit Überzeugungskraft und persönlichem Einsatz gewinnen engagierte Kirchenleute, allen voran Franz Meurer, zahlreiche ehrenamtliche Mitarbeiter jeden Alters und ermutigen viele Menschen, füreinander aktiv zu werden. Über die genannten Aktivitäten hinaus werden Kinder von Sozialhilfeempfängern mittags betreut und Väter-Kinder-Wochenenden im Rahmen einer ökumenischen Familienwerkstatt sowie sexualpädagogische Projekte organisiert.[405] Außerdem werden unter dem Motto „Blühendes HöVi" Jahr für Jahr Blumen auf Plätzen, in Nischen und an Straßen gepflanzt und von 180 Anwohnern gepflegt. Ein Kneipenwirt, Präsident der örtlichen Karnevalsgesellschaft und Mitbegründer von HöVi-Aktivitäten, sagt dazu: „Dass Leute dafür gefunden sind, die dafür die Patenschaft übernommen haben, die sauber halten, die gießen, die auch die Leute ansprechen – dieser Ansatz ist ganz wichtig, dass die Leute in konkrete Dinge im Ort mit einbezogen werden. Dass sie hingehen und sagen können. Das mache ich und das nicht. Freie Entscheidung!"

Getragen werden „Blühendes HöVi" und viele andere Projekte vom HöVi-Verein und der Stiftung „Pro HöVi", oft in Kooperation mit der Stadt Köln und vielen privatwirtschaftlichen Einrichtungen. Ein 21-Jähriger, der eine „HöVi-Land-Karriere" hinter sich hat, bemerkt: „Früher hat man sich geschämt, wenn man sagen sollte, wo man wohnt. Heute sagen viele stolz: Wir wohnen in HöVi. Eine Gegend mit vielen Bewohnern, die nicht klagen, sondern mit anpacken, um ihr Viertel zu verändern."

Tätige Teilhabe – Stärkung der Eigenkräfte

„Wer was macht, hat die Macht" – so zitiert Franz Meurer ein junges Mitglied seines Kirchenvorstands.[406] Er selbst regt dazu an. „Wichtig ist ihm alles, was die Eigenkräfte stärkt, das Produkt der Aktivitäten, das konkrete Resultat im jeweiligen Engagement der Helfer und Betroffenen wird ernst genommen", heißt es in der Laudatio des Initiativkreises, der ihn zum ersten „alternativen Ehrenbürger" Kölns machte.[407]

Pastoralreferent Peter Otten beschreibt die tätige Teilhabe und gelungene Emanzipation des 24-jährigen Roland F., der während des Karnevals 2008 den HöVi-Veedelszug mit dem Mikrophon begleitet und kommentiert. Als kleiner Junge war er Teilnehmer im HöVi-Ferienlager, mit 15 Jahren Gruppenleiter. Später leistet er in HöVi-Land seinen Zivildienst, betätigt sich bei Veranstaltungen als Discjockey und beginnt danach eine Lehre als Veranstaltungstechniker. Er liebt Rap-Musik und produziert in einer kleinen Wohnung über den Dächern von Köln-Vingst einige CDs, in denen er HöVi-Land „Hometown" nennt. Die Kinder und Jugendlichen verstehen ihn und seine Sprache. „Ich sehe uns als einen Teil des Entstehungsprozesses oder des ‚Besserwerdens' des Stadtteils", sagt er im Interview mit Peter Otten. „Denn wenn man wirklich mal zehn Jahre zurückdenkt – oder noch länger: 20 oder 30 Jahre –, dann sah es ja noch ein bisschen düsterer aus. Und jetzt im Moment passiert ja viel. Und ich sehe uns einfach als Bestandteil dessen." Und auch da ist ihm wichtig: „Es ist keiner hier, der denkt, er müsse jetzt der King von Vingst sein. Man sieht das ja auch am Prinzip von HöVi-Land. Dass jeder irgendwo mitarbeitet. Es hat alles eine Power, die Höhenberg und Vingst zu einem schöneren Stadtteil macht." Und dann fügt er hinzu: „Meine Freundin habe ich im HöVi-Land kennengelernt. Wir sind quasi durch HöVi-Land entstanden."[408]

So erlebt Peter Otten in seiner kirchlichen und außerkirchlichen Arbeit Wachstumsprozesse und Menschen, die selbst tätig werden und den aufrechten Gang lernen. „So weht der HöVi-Geist, wo er will, und schafft es doch, ein Viertel und seine Menschen ganz verschieden nachhaltig zu prägen."[409]

Widerstand, Witz und Heimatliebe – spezifisch kölsch?

Was unterscheidet die „kleinen Leute“ in Köln von anderen? Sie alle lebten unter wechselnden Herrschaften, deren Macht wuchs und wieder verging. „Das klingt tröstlich und man muss es wissen“, so Bertold Brecht in der „Ballade vom Wasserrad“. „Nur: für uns, die wir sie nähren müssen / Ist das leider immer ziemlich gleich gewesen. / Aufstieg oder Fall: wer trägt die Spesen?“ In Köln lebten die Menschen bis zum Beginn der Franzosen- und der Preußenherrschaft immerhin in einer freien Reichsstadt. Es waren Ratsherren, die die unmittelbare Obrigkeit bildeten, Patrizier zumeist, keine Fürsten, Könige oder Kaiser, denen man als Leibeigener oder Soldat zu Diensten sein musste. Die armen Menschen in Köln darbten im 16. Jahrhundert nicht so wie süddeutsche Bauern, die rechtlos und ausgebeutet in den erfolglosen Krieg zogen. Und sie litten im 19. Jahrhundert nicht so wie die schlesischen Weber, deren Aufstand 1844 blutig niedergeschlagen wurde. Es gab im „hilligen Köln“ zudem ein vor allem von Kirchen und Stiftungen hergestelltes soziales Netz, das allzu großes Elend verhinderte und zugleich der Kontrolle der Menschen diente. So wuchs Widerstand, der 1848 in die Arbeiterbewegung einmündete, in Köln nur mäßig. Er wurde in der Bismarck-Ära unterdrückt, im „Dritten Reich“ zerschlagen und danach mühsam wieder aufgebaut.

Zähigkeit und Mutterwitz

Immer wieder ist die Geschichte der „kleinen Leute“ von Niederlagen und Enttäuschungen begleitet. In allen diesen Zeiten überleben Zähigkeit und Mutterwitz. Das gilt für mittelalterliche Mägde ebenso wie für den Straßenmusiker „Orgels Palm“, den kölschen Diogenes „Maler Bock“ oder den Karnevalisten Karl Küpper. Dabei bleibt auch der Galgenhumor nicht auf der Strecke – wie bei jenem Mann, der nach einer Bombennacht aus dem Keller seines zerstörten Hauses kroch und meinte: „Wenn die noch ens kumme, müsse die sich de Häuser metbränge.“ Charakteristisch auch Karl Berbuers Nachkriegsironie im Blick auf unaufhörlichen Regen im Campingurlaub, für den noch kein Wohnwagen zur Verfügung stand: „Do lachs do dich kapott, dat nennt mer Cämping / Do laachs do dich kapott, dat fingk mer schön, / Wenn im Zelt de Mücke und de Hummele dich verjücke / Und du kanns dann nit erus im Rähn."

Eine ähnliche Mentalität spiegelt sich auch im „Rheinischen Grundgesetz", das Konrad Beikircher 2001 aus anonymen Redensarten zusammenfügte. „Et es, wie et es", „et kütt wie et kütt", „wat fott es is fott" – diese realistisch-resignativen Sprüche sind gewiss nicht in Chefetagen entstanden. „Et hät noch immer jot jejange": Diese Behauptung hält jedoch selbst bei gegenteiligen Erfahrungen die Hoffnung auf Besserung aufrecht. „Sein Schicksal gehört ihm. Sein Fels ist seine Sache", meint Albert Camus in seinem „Mythos des Sisyphos". „Der Kampf gegen Gipfel vermag ein Menschenherz auszufüllen. Wir müssen uns Sisyphos als einen glücklichen Menschen vorstellen." In diesem Sinne könnte man beim Blick in die Kölner Geschichte hier und da vielleicht wie vom kölschen Diogenes so auch vom kölschen Sisyphos sprechen.

„Typisch kölsch"?

Lassen wir die standfesten Personen dieses Buchs Revue passieren, stellt sich immer wieder die Frage: Ist Witz und Lebensmut „typisch kölsch" – oder doch nicht vielmehr ein Merkmal „kleiner Leute", die sich oft von Jugend an durchkämpfen müssen? Hat nicht der Maler Heinrich Zille in Berlin ein ähnliches Bild von ihnen („Zilles Milieu") gezeichnet? Und bringt nicht das Märchen von den Bremer Stadtmusikanten, den Tieren, die zäh und listig um ihr Überleben kämpfen, Ähnliches zum Ausdruck: „Etwas Besseren als den Tod findest du überall!"

Ist der „echte", der „typische", alle Bevölkerungsschichten repräsentierende Kölner vielleicht nur ein von bürgerlichen Autoren und Interpreten geschaffener Mythos, ein Märchen, ein Mittel zur Selbstberuhigung und Selbstverklärung, ein Ausdruck von kollektivem Narzissmus? Paul Linke besingt den „echten" Berliner eher augenzwinkernd:

Der richtige Berliner gibt sich
gastfrei und bescheiden.
Drum ist er überall beliebt
und jeder mag ihn leiden.
Wenn sonst man „Mir kann keiner" sagt
so sagt in jedem Falle
wenn's dem Berliner nicht behagt
er sanft: „Mir könn'se alle."

„... denn wir sind Utopie" – anarchistische Spuren

Dabei finden sich die „kleinen Leute" nicht fatalistisch mit Ungleichheit und Ungerechtigkeit ab. In ihrem Karneval reicht der spielerische Protest bis an die Wurzeln der Anarchie. Jürgen Becker beschreibt sie in seinem zusammen mit Martin Stankowski und Gerhard Glück („pappan") verfassten „Biotop für Bekloppte". Da ist von einem türkischen Dreigestirn die Rede, von Transsexuellen, die mit dem Erzbischof tanzen, oder von Afrikanern, die den „Poller Negerköpp" versichern: „Wir sind keine Kölner Stämme, wir sehn immer so aus." Alle kommen einfach nur so, „mit Pauken und Trompeten, Pänz und Posaunen, Hören und Staunen, aber ohne Vorstand", ohne Festkomitee, ohne Sponsoren, Industrie und Senat, auch ohne „Lach- und Weinzwang". Zum Schluss treffen sich alle auf dem Altermarkt – ohne Präsidium, ohne Ansprache: „Keiner redet mehr von Utopie, denn wir sind Utopie." Bertold Brecht hat solche Vision in seiner „Ballade vom Wasserrad" mit Blick auf die wechselnden Herrschaften auf den Punkt gebracht: „Ob sie besser waren oder schlimmer: / Ach, der Stiefel glich dem Stiefel immer / Und uns trat er. Ihr versteht: ich meine / Daß wir keine anderen Herren brauchen, sondern keine!"

Das anarchische Element, das zwischen „hoch" und „niedrig" keinen hochmütigen Trennungsstrich zieht, findet immer wieder im Witz seinen Ausdruck: Ein Obdachloser sucht Nahrung in einer Mülltonne und weicht erschrocken vor einen zerbrochenen Spiegel zurück: „Leck mich fett, ne Duude!" Er meldet das einem Polizisten, der ebenfalls erbleichend in den Spiegel blickt: „Öm Joddes Welle, dat es jo eine von oohs!" Er nimmt den Spiegel mit und vergisst ihn. Abends entdeckt ihn seine Tochter und ruft der Mutter zu: „De Bap hätt en Fründin!" Die Mutter sieht in den Spiegel: „Jesses nee, un wat für en Schabbrack!"

Für solchen Witz mag der Spruch „Jeck sinn mer all, ävver jeder Jeck is anders" Pate gestanden haben. Auch diese Sentenz dürfte kaum auf den Bänken von Regierung oder Opposition, in Ämtern, Konzernen oder gar auf Sesseln von Bankern entstanden sein.

„Worin noch niemand war: Heimat" – die kölsche Sehnsucht

Es gibt kölschen Wärmestrom nicht nur in Witzen oder im Karneval, sondern das ganze Jahr über – besonders im Veedel, das die Bläck Fööss besingen: „Denn he hält m'r zosamme, ejal, wat och passeet." In den Zeiten der „Stadtsanierung" besangen die Bläck Fööss im „Südstadt-Leed" die Menschen, die in ihrer Straße wohnen bleiben wollten – solange es geht, wo jeder jeden noch versteht, „wo die Pänz un die Ahle och noch Minsche sinn. An dr Stadtrand do krit uns keine Deuwel hin."

Da leben angenehme und unangenehme Zeitgenossen, aber ohne Klassenunterschiede – „Lück wie ich und du" eben. Dieses Gefühl reist auch nach Spanien in den Urlaub mit. Da grillt man abends Mitgebrachtes und trinkt Sangria und Cuba Libre. Am nächsten Morgen trifft man sich am Strand – „en Zeidung us d'r Heimat un et Radio em Sand". Einmal in der Woche gibt's „Ähzesupp met Hämmche", danach eine Busreise – genau wie im letzten Jahr.

Nä, nä Marie es dat he schön,
Üverall nur kölsche Tön.
Nä, he süht et wirklich us
Wie bei uns zohuss.
He fählt nur vum Balkon
Die Aussich op d'r Dom.

Diese Lieder werden Jahr für Jahr von Tausenden in Köln gesungen – und das nicht nur im Karneval. Sie erfreuen die Gemüter. Viele erkennen sich in ihnen wieder, auch wenn sie nicht zu den hier besungenen, meist „kleinen Leuten" gehören. Auch wer nicht nach Benidorm in den Urlaub fährt, kennt dieses Gefühl, wenn er zum ersten Mal nach langen Wochen – den Kölner Dom wieder sieht. Und manche würden im Ernstfall immer noch „zo Foos noh Kölle jonn" – und dabei an Willi Ostermanns Lied denken:

In Köln am Rhing bin ich jebore,
ich han, un dat litt mir im Senn,
ming Muttersproch noch nit verlore,
dat es jet wo ich stolz drop ben.

Wenn ich su an ming Heimat denke
un sinn d'r Dom su vür mer stonn,
mööch ich tireck op Heim ahn schwenke,
ich mööch zo Fooß noh Kölle jonn.

Mag dieses Heimatgefühl hier und da auch sentimental sein und dabei die Sicht auf die korrupten Seiten Kölns verschleiern – es hält die Sehnsucht nach einer Utopie wach: einer Welt, in der Gleichheit, Gerechtigkeit und Geschwisterlichkeit zu Hause sind. Die Wurzel der Geschichte ist dabei „der arbeitende, schaffende, die Gegebenheiten umbildende und überholende Mensch", so Ernst Bloch am Schluss seines dreibändigen Werks „Das Prinzip Hoffnung". „Hat er sich erfaßt und das Seine ohne Entäußerung und Entfremdung in realer Demokratie begründet, so entsteht in der Welt etwas, das allen in die Kindheit scheint und worin noch niemand war: Heimat."

NACHSPIEL

MARTIN STANKOWSKI

Lieber Klaus Schmidt,

da hast Du mir ein Buchmanuskript in die Hand gedrückt mit der Bitte um einen Kommentar und ich habe zugesagt, bevor ich es gelesen hatte. Und jetzt – nach der Lektüre – bin ich erst mal verwirrt, fast deprimiert. Da stellt sich bald der Eindruck ein, bei deinen kleinen Leuten handelt es sich um eine Spezies von Loosern, nur zufällige Subjekte, eher Objekte einer nicht abreißenden Kette von Niederlagen. Und wenn ich das durch die Jahrhunderte verfolge, frage ich mich: Warum, verdammt noch mal, gibt es nie ein Happy End? Wieso endet das ständig mit Krankheit, Tod und Hungersnot? Weshalb wird die Christina Plum in all ihrer naiven Unschuld wirklich verbrannt? Wieso kommt niemand dem bitter klagenden Seilergesellen Heinrich S. in der Guilleaumeschen Fabrik zu Hilfe? Warum taucht kein gnädiger Nazizöllner auf, als der Rennfahrer Albert Richter beim Grenzübertritt erwischt wird, der ihn in die sichere Schweiz abhauen lässt? Warum hast Du keinen Roman geschrieben, eben Fiktion?

Stattdessen hast Du Dich der Ochsentour unterworfen, die kaum bekannten Spuren und marginalen Reste der sozialen Rand- und Armutsexistenzen in der Kölner Stadtgeschichte aufzuspüren und sichtbar zu machen. Das ist wie ein chemischer Prozess, aus einem längst auf Halde liegenden Material nach einem nur in Spuren vorkommenden Element zu suchen, dieses zu isolieren und vom Rest zu trennen. Berge von Literatur, Texten, Urkunden durchzuackern, immer auf der Suche nach den kleinen Leute, die, obschon zahlreich existent, so selten vorkommen.

Das ist ja der dialektische Witz: Wären sie präsent, wären sie ja nicht, was sie sind. Und da man mit solcher Arbeit kaum berühmt und auch nicht reich werden kann, muss es etwas anderes bei Dir sein, und ich bin mir sicher, es ist viel Neugier und vor allem Empathie. So gesehen, erfreut und erfrischt wiederum die Lektüre, so viel Neues und Überraschendes, schräge Existenz und Lebensmut trotz aller widrigen Umstände.

Erfolgreich gescheitert
Du nennst Dein Buch „Kölns kleine Leute", und diese Bezeichnung kann man auf verschiedene Weise verstehen. Zuerst ist damit wohl die Bedeutung von Menschen gemeint, die keine oder nur eine marginale Rolle spielen. Aber der Begriff ist interessant: Du sprichst von kleinen Leuten, nicht von kleinen Menschen, damit wäre man eher bei der Körpergröße. „Mensch" ist anthropologisch, während „Leute" auf eine soziale Gemeinsamkeit rekurriert: Die Menschen unten sind Leute. Und diese haben wenig zu melden, im gesellschaftlichen Konzert ist ihre Stimme kaum zu hören, es interessiert nicht, was sie wünschen oder brauchen.

Bei der Suche nach den Gründen für ihre Existenz in der Marginalität, der „Kleinheit" stößt man bald auf große Leute, die Menschen eben, die entscheidend sind und etwas zu sagen haben, was auch gehört wird. Nur spricht man gewöhnlich von den Großen im Singular, besonders bei Spezialisten der Weltgeschichte, ob Alexander der Große, Albertus Magnus oder dem Größten Feldherrn aller Zeiten (GröFaZ): sie treten allein auf, während die kleinen Leute immer im Plural vorkommen. „Der" kleine Leut existiert nicht und wenn, dann nur metaphorisch als „kleiner Mann auf der Straße". Interessant auch, dass von der kleinen Frau dabei nie die Rede ist – nur der Kölner Kabarettist Heinrich Pachl stellt dem kleinen Mann auf der Straße immer die „kleine Frau an der Theke" zur Seite.

Leute, die im Plural auftreten und unten sind! Jetzt haben wir schon wichtige Ingredienzien zusammen. Tatsächlich aber waren und sind diese Leute auch Individuen, haben Namen, Geburtsdatum, Familie usw. Wir wissen das und kennen sie doch nicht. Du fängst ja mit Deinen kleinen Leuten im Mittelalter an, und obwohl ich von kaum einem den Namen weiß, kann ich mir gleichwohl vorstellen, wie Leben, Arbeiten, Wohnen bei den Handwerksgesellen, den Bettlern oder Hafenarbeitern ausgesehen haben. Die haben nicht nur keinen Namen, sondern sie verdanken ihre historische Existenz auch in der Regel den anderen. Die tauchen in den Akten oder Protokollen von Justiz, Klerus oder Stadt auf und solche Urkunden existieren ja nur, wenn es um Streit oder Besitz ging. Besitz hatten die kleinen Leute nicht, sonst wären sie ja nicht sie selbst, und vor Gericht sind sie in der Regel die Opfer. Wenn sie aber mal zu Tätern werden, vor allem im Plural, wenn sich „die Leute“ zusammentun, dann sind es gewöhnlich Revolten. Das scheint mir der Grund zu sein, dass du in Deinem Buch so häufig von Aufständen, Protest oder Revolten erzählst. Dann werden die kleinen Leute zum Subjekt, sie handeln.

Allerdings musst Du dann häufig auch von den Niederlagen berichten, ja eigentlich sind diese Ausbruchversuche immer gescheitert. Und das ist bei der Lektüre einer der Gründe der geschilderten Frustration. Warum zum Teufel hat das nicht einmal geklappt? Und wenn nicht, wie sieht dann eigentlich Fortschritt aus? Die Vorstellung vom Fortschritt als linearer Entwicklung haben wir uns ja schon längst abgeschminkt und einen „Aufzug“ à la Himmelfahrt haben wir bisher nicht kennengelernt. Eher scheint mir das Bild von der Spirale als Fortschritt plausibel. Da geht es zwar vor-, aber nicht unbedingt aufwärts. Vielleicht erhalte ich mir mit diesem Vergleich auch nur die Hoffnung am Leben, dass es überhaupt vorangeht in der Geschichte.

Hermann Weinsberg, der wunderbare Schwätzer
Mit den phantastischen Tagebüchern des Hermann Weinsberg im 16. und 17. Jahrhundert ändert sich die Quellenlage. Wenn das Bonmot von Jürgen Becker, der Kölner rede gern und viel und vor allem selbst und höre einfach nicht zu, einen historischen Bürgen hat, dann ist es dieser Ratsherr und Händler der frühen Neuzeit. Nichts war ihm zu Hause und auf der Straße, in der Kirche oder im Rat, in der Familie oder der Nachbarschaft, in Politik und großer kölscher Welt unwichtig genug, um nicht notiert zu werden. Eine großartige Quelle, vergleichbar nur mit den ebenfalls alltagsgeschichtlich fulminanten Tagebüchern des Londoner Marinebeamten Samuel Pepys. Zum ersten Mal treten in diesen fast 70 Jahre umfassenden und geschwätzigen Notizen die kleinen Leute nicht in Gerichtsakten oder Ratsprotokollen, sondern als gewöhnliche Kölner auf mit Essen und Trinken, Feiern und Arbeiten, mit Kleidung und Sex – dies vor allem –, als Männer und Frauen, jung und alt, krank oder gesund, Kleriker und Laien und mit allen Schattierungen dazwischen.

Wenn ich von diesen kleinen Leuten lese, die Du aus Weinsbergs Tagebüchern extrapoliert hast, stoße ich auf ein merkwürdiges Phänomen: Jeder Mensch, den Du vorstellst, setzt sich gleichsam aus zwei Wesen zusammen. Zum einen der Mensch, der kaum bekannt, ausgebeutet und unterdrückt, eben klein ist, und dann der Mensch, der als Kölner eine spezifische Religion, Tradition, Sprache und Geschichte hat, quasi das Erbe seiner Mentalität im Rucksack trägt. Das erste Wesen teilt er mit anderen kleinen Menschen und nur mit diesen, das zweite Wesen hat er mit allen Menschen in dieser Stadt gemein und teilt es folglich auch mit den Großen. Und so ist die interessante Frage: Was hat das eine mit dem anderen zu tun? Wie hängen sie voneinander ab? Welche Teile sind spezifisch „kleine Leute“ und welche typisch „kölsche Menschen“? Die beiden Wesen teilen ja dieselbe Konfession – natürlich schmerzlich für Dich als evangelischer Theologe –, die katholische, und feiern dasselbe Fest, den Karneval. Hier wird übrigens auch schnell deutlich, dass Religion und Karneval etwas Wesentliches miteinander teilen, das Versprechen auf Gleichheit. Wobei der Karneval die Gleichheit für eine kurze Ausnahmezeit, aber immerhin, die Religion dagegen auf Dauer aber dafür erst im Jenseits verspricht. Dass die Religion utopisch ist, ist mir schon klar, aber der Karneval?

Kölsch: Das Opium des Volkes?

Das dritte Gepäckstück im Mentalitätsrucksack der Kölner neben Religion und Karneval ist die Sprache. Die Sprache ist die Gemeinsamkeit aller Kölner, war sie jedenfalls, klein oder groß. Aber trotzdem ist sie für die kleinen Leute etwas Besonderes. Das Kölsche ist das geeignete Medium ihrer Fähigkeit, manche sagen auch ihrer Leidenschaft, zu ironisieren, bloßzustellen, zu attackieren, aber auch zu sentimentalisieren. So erkläre ich mir auch, dass Du häufig auf ihre Lieder und Gedichte bzw. die kölschen Texte, die von ihnen handeln, ausweichst. Es sind Zeitzeugnisse, und zugleich Ausbrüche aus der traurigen Welt ihrer Niederlagen. Oder wie der Klassiker so wunderbar poetisch sagt – ich wage diese kleine Abwandlung: Sie sind die Blumen an den Ketten der bedrängten Kreatur. Sie sind Ausdruck des Elends und zugleich die Protestation gegen das Elend. Und wenn ich jetzt weiter zitierend geistigen Diebstahl begehe, wird es kitschig, oder was ist hiervon zu halten: Kölsch ist das Opium des Volkes?

Die hohe Kunst der Reduktion

Erst mit dem 19. Jahrhundert, nach Aufklärung, Revolution und Besetzung der Stadt durch die Franzosen bekommen die kleinen Leute auch Namen, werden für die Geschichtswissenschaft zu Individuen mit Adresse, Geburtsdatum, Beruf. Du hast für diese Zeit zu Recht auf die „Originale“ rekurriert, denn sie repräsentieren in idealer Weise die zwei Wesen, von denen ich gesprochen habe. Vielleicht sind sie deshalb so beliebt und in allen Schichten populär, auch wenn es sie vielleicht gar nicht gegeben hat und sie nur fromme Erfindungen sind. Das haben sie dann mit den Heiligen gemein, bei denen es auch völlig egal ist, ob die

Geschichten mit Ort, Daten oder Namen stimmen, Hauptsache, sie klingen gut. Aber die Originale haben doch Gemeinsamkeiten, die sie vom Rest der Kölner trennen, selbst wenn sie mit den kleinen Leuten mehr zu tun hatten. Sie sind erstens sehr kreativ in der Auswahl ihrer Berufe, ja sogar in der Definition dessen, womit sie ihr Geld verdienen: Oder wer hat schon einmal von „Hühneraugenentfernern", hauptberuflichen „Kneipenrednern" oder „Grimassenschneidern" gehört, wie sie Ernst Weyden Anfang des 19. Jahrhunderts beschreibt? Eine Nische zu definieren, die es bisher nicht gab, und sie ökonomisch auszubeuten, das ist ihre Kunst! Der berühmteste, jedenfalls erfolgreichste, war dabei vielleicht der Urgroßvater von Willy Millowitsch, der immer wenn eine Menschengruppe beisammen stand und ihm nicht entfliehen konnte, etwa am Rheinufer beim langen Warten auf das Zusammenfahren der Schiffsbrücke, mit seinem Puppentheater auftauchte und die Menschen erbarmungslos bespielte. Auf Berghütten oder auf Kreuzfahrtdampfern nennt man so was „gefangene Gäste".

Zur höchsten Kunst verfeinert hat diese Fähigkeit für mich Orgels Palm. Erst zieht er mit der Orgel durch die Stadt, das kennt man, aber später hat er die Orgel durch eine Schachtel ersetzt mit einem Guckloch, durch das man Bilder sieht. Und noch später überreicht er nur noch eine Visitenkarte mit Adresse und Profession und bittet um Spenden. Er beherrschte die hohe Kunst der Reduktion, die sonst nur im Märchen gelingt, wie in der Geschichte von des Kaisers neuen Kleidern. Aber sie hat hier wie dort immer etwas mit der Quatscherei zu tun und darin ist der Kölner auf jeden Fall Meister.

Sucht man weiter nach Gemeinsamkeiten bei diesen Meistern des Reduktionismus, findet man sie vor allem in der zweiten Generation. Diese sind noch nicht vom Kölnvirus des kollektiven Solipsismus befallen. Sie haben sich in der Welt umgesehen, von Palm, der am Freiheitskampf der Griechen teilnimmt, bis zu Trude Herr, die ja für einige Jahre auf die Fidschi-Inseln ausgewandert war. Sie kennen mehr als die Heimatzeitung. Sie arbeiten in aller Regel in öffentlichen Berufen, also auf der Straße bzw. im Karneval, sie sind als Sänger, Künstler, Unterhalter, Musiker unterwegs und haben jedenfalls im 19. Jahrhundert die Rolle der heutigen Kabarettisten: Pausenclowns einerseits und Welterklärer mit Hang zum Aufrührerischen andererseits.

Einen will ich jedoch besonders hervorheben: Andreas Leonhard Lersch, der als Schauspieler, Abdecker und städtischer Hundefänger unterwegs war und seiner überdimensionalen Nase wegen die „Läsche Nas" genannt wurde. Schon die Tatsache, dass er freilaufende Hunde einfing und nur gegen Lösegeld wieder freiließ, imponiert mir, mehr aber noch, dass er sie auch erschlug, in der Nähe des Friedhofs Melaten verbrannte, und aus ihrem Fett ein Heilmittel gegen die Schwindsucht gewann, später damit in Ehrenfeld ein Geschäft eröffnete mit dem wunderbaren Titel „Diätisches Mineralwarengeschäft und Kurheilanstalt", das klingt doch erheblich feiner als „Tierkörperverwertungsanstalt". Den hätte ich gern mal persönlich kennen gelernt.

Nun ist ja Köln ohnehin der Parcours für Selbstdarsteller aller Art. Du erzählst vom Maler Bock, der selbst nie malte, aber als Schnorrer überlebte und mit den verrücktesten Kleidern herumlief: Ich denke an Hermann Götting, den bunten Paradiesvogel unserer Tage. Oder der vorgestellte Arnold Wenger, genannt „Fleuten-Arnöldche", der für ein Kölsch seine Flöte herausholte, erinnert an Klaus den Geiger, der dafür kein Kölsch braucht. Ich denke aus eigener Anschauung an den Tierpfleger Fritz Schneider, der jahrlang mit seinem Schild „Ich scheiße auf diesen Staat" auf der Schildergasse promenierte und dafür sogar sechs Wochen in den Bau ging, oder wem fällt nicht Walter Hermann mit seiner Klagemauer ein, der inzwischen doch vielen, auch Sympathisanten, auf den Wecker geht. Man könnte die Liste fortsetzen mit Typen wie Franz Josef Antwerpes, der als Regierungspräsident jeden Furz für einen öffentlichen Auftritt nutzte, oder Hans Imhoff, dem ehemaligen Stollwerckchef, dessen Hauptversammlungen vor allem eine Bühne für seine Soloschau waren. Aber dann landet man in der Mentalitätengeschichte und ist nicht mehr bei den kleinen Leuten, wobei man zu dem Unternehmer Hans Imhoff anmerken muss, dass er zwar ein schrecklicher Ausbeuter war, ein „Schokoladennapoleon", aber immerhin im hohen Alter einen großen Teil seines Millionenvermögens den Kölnern zurückgab in Form einer ambitionierten Stiftung.

Kein Herr ohne Knecht und umgekehrt
Das sind meine Gedanken bei der Lektüre, aber der Haupteindruck bleibt, lässt sich nicht wegschieben, wenn ich alle Geschichten und Schicksale der kleinen Leute rekapituliere: Hört das denn nie auf? Warum lassen sich die Menschen das alles und immer wieder gefallen? Natürlich ändern sich die Zeiten, aber trotz aller Modernität, die Konflikte sind die gleichen: Es geht um Brot und Essen, bzw. Hunger. Es geht um Arbeit oder Arbeitslosigkeit und den gerechten Lohn. Es geht um Krankheit, Familie, immer wieder die Kinder. Und es geht um Sex.
Aber lernen die Menschen nicht voneinander? Wenn die kleinen Leute auch nichts zum Vererben haben, ihr Wissen können sie doch wenigstens weitergeben? Aber dann schleicht sich der nächste Gedanke an: Wie ist eigentlich das Verhältnis zwischen den Kleinen und Großen, wer bedingt wen? Dass die Großen die Kleinen brauchen, erscheint logisch, aber umgekehrt? Bei Herr und Knecht ist es doch auch so, dass jeder Herr einen Knecht braucht, aber braucht auch jeder Knecht einen Herrn? Sollte das auch für die Kleinen gelten? Möglicherweise ist das auch nur eine Vereinfachung und wir sollten uns – wie der Kabarettist Matthias Beltz – nicht länger mit Fragen herumplagen „Woher kommt der Mensch?" oder „Wo geht er hin?", sondern die Antwort auf die entscheidende Frage suchen: „Was macht er in der Zwischenzeit"? Und damit hast Du angefangen.

In dem Sinne
Dein Martin Stankowski

ANMERKUNGEN

[1] Heinrich Böll, Zeugnis der Domitilä, einer Frau aus den Minen Boliviens, mit einem Vorwort von Günter Wallraff, aus dem Spanischen von Carmen Alicia Egas und Rene Muta; Querheft 3, Bornheim-Merten 1978, S. 17. Vgl. auch Heinrich Böll, Die „Einfachheit" der „kleinen" Leute, Schriften und Reden, 1978–1981, dtv, München 1985.

[2] Eck, Köln, S. 393f., 294–297, 374.

[3] Zit. in: Lucile Newman (Hg.), Hunger in History: Food Shortage, Poverty and Deprivation, Cambridge 1990, S. 22.

[4] Die Herrschaft der Römer wird in der Mitte des 5. Jahrhunderts von den Franken beendet. Im Blick auf diese Zeit fällt die Spurensuche aufgrund mangelnder Überlieferung noch schwerer als zuvor. Die Franken haben keine den Römern auch nur entfernt vergleichbaren Historiker hervorgebracht. Spätere Quellen versuchen die Grundzüge ihrer gesellschaftlichen Ordnung zu rekonstruieren. Köln entwickelt sich nach Abzug der Römer im Lauf der folgenden Jahrhunderte zu einer frühmittelalterlichen Stadt.

[5] Diese Trennung basiert auf dem vom Kirchenvater Augustinus geprägten Ordo-Gedanken, nach dem jeder Mensch seine Funktion im Gemeinwesen hat. Vgl. dazu Gregor Fidelis Gässler, Der Ordo-Gedanke unter besonderer Berücksichtigung von Augustinus und Thomas von Aquin, St. Augustin 1994.

[6] Kölns frühmittelalterliche Geschichte (800–1056) ist überwiegend eine Geschichte der Kirche. Die meisten überkommenen Quellen stammen von Priestern und Mönchen, die allein über Schrift und Buchwissen verfügten. Sie richteten sich vorwiegend an geistlichen Interessen aus. Rechtstexte („Lex Salica", „Lex Ribuaria") gliedern die fränkische Gesellschaft häufig nach rechtsständischen Kategorien in Freie, Unfreie und Halbfreie. Dabei entwickelte sich Adel im Sinne eines rechtlich abgesonderten Geburtsstands erst seit der späten Karolingerzeit (870–987). Zum Adel gehörten die führenden fränkischen Familien, zu den Mittelschichten bäuerliche Landeigentümer mit Grundbesitz und freie Hintersassen großer Grundherrschaften. Hörige eines Grundherrn wurden zwischen dem 9. und 11. Jahrhundert allmählich auch rechtlich unfrei. Das Hochmittelalter gliederte die Gesellschaft nicht mehr nach Freiheitsgraden, sondern nach Funktionen. So standen den Bauern die Geistlichen und die Ritter gegenüber. Vgl. dazu Heribert Müller, Das frühmittelalterliche Köln, in: Dietmar, Chronik, S. 47f.

[7] Weinsberg IV, S. 194. – Arme Menschen wohnten oft zur Untermiete, Minderbemittelte in „Zinshäusern". Im 13. Jahrhundert besaß die Familie Overstolz 16 schmale Zinshäuser unter einem Dach – Kölns erste Mietskaserne, in einer Straße, die im 16. Jahrhundert „Unter sechzehn Häusern", später „Unter Sachsenhausen" hieß. Auch in der „Boesengazze"

(später Buschgasse) gab es im 14. Jahrhundert sechs Zinshäuser (vgl. Signon, S. 112, 346). Weitere Zinshäuser gab es Unter Krahnenbäumen (25), am Mauritiussteinweg (15), in der Kettengasse (13), Weyerstraße (12), Clemensstraße (11), Friesenstraße (10), Seyengasse (9), Blindgasse (8), Wüstegasse (8), Kleinen Witschgasse (7). Vgl. Hans Vogts, Das Kölner Wohnhaus bis zur Mitte des 19. Jahrhunderts, Bd. 1, Neuss 1966, S. 58.

[8] Die Stadtbefestigungen waren bereits in den 1250er-Jahren erweitert worden. Die sieben Doppelturmtorburgen (erhalten Eigelsteintor und Hahnentor), drei Turmtorburgen (erhalten das Severinstor) und zwei Doppelturmpforten (erhalten Ulrepforte) sollten an das „himmlische Jerusalem" erinnern. 52 Türme sollten die Stadt zusätzlich schützen.

[9] Die wirtschaftliche und kulturelle Blütezeit Kölns begann im 10. Jahrhundert und erreichte ihren Höhepunkt im 15. Jahrhundert. Bereits aus dem Jahr 1112 ist eine erste „Schwurvereinigung für die Freiheit" überliefert, und einige Jahre später wird ein „Rathaus" erwähnt, dann die „Richerzeche", eine Vereinigung der 15 reichsten Familienverbände, die nun Handel und Handwerk kontrollierten und die Mitglieder des Schöffenkollegs und des Rats stellten. Unter den Ottonen kam es zu einer wechselseitig bereichernden Annäherung von Heiligem Römischem Reich deutscher Nation und Byzantinischem Reich. Von großer Bedeutung war dabei die Kaiserin Theophanu, gebürtige Griechin und Gattin Ottos II., die in Köln als Reichsverweserin residierte. 1164 machte die Überführung der Gebeine der „Heiligen Drei Könige" von Mailand nach Köln durch Erzbischof Rainald von Dassel die nun größte Stadt Deutschlands zu einem Pilgerziel ersten Ranges.

[10] Einige Straßen werden später ihren Namen erhalten: Aducht, Hardefust, Kleingedank, Lyskirchen, Quatermarkt [Quattermart] – und Overstolz. Vgl. dazu Signon, Straßen, S. 72ff., 180f., 285 f.

[11] Mit der 1270/71 abgeschlossenen Reimchronik („Boich van der stede Colne") beginnt die eigenständige und überwiegend auf die Gegenwartsereignisse konzentrierte städtische Geschichtsschreibung nicht mehr in lateinischer, sondern in deutscher Sprache. Vgl. Gottfried Hagen, Reimchronik der Stadt Köln, hrsg. v. Kurt Gärtner, Andrea Rapp, Désirée Welter, Manfred Groten. Droste, Düsseldorf, 2008. Publikationen der Gesellschaft für Rheinische Geschichtskunde, Bd. 74.

[12] „Zo richts zo graven hie began; / die erde die hieuis gewan / die droech hie des naichtes her und dar, / dat men der niet enwart gewar. / In dem bogen groef hie neder, / des dais dekte hie de kule weder." Zit. in: Bender, Köln, S. 320. (Übertragung ins Hochdeutsche: K. Schmidt)

[13] Vgl. Ennen, Köln, Bd. 2, S. 198f.; Bender, Köln, S. 112, 320. 1271 söhnten sich der Erzbischof und die Stadt, deren Freiheiten er jetzt anerkannte, aus. An die Schlacht bei der Ulrepforte erinnert ein 1360 dort geschaffenes, später ins Kölnische Stadtmuseum gebrachtes Denkmal, das erste Profandenkmal auf Kölner Boden und eines der ältesten überhaupt. Die Inschrift lautet: „Anno domini M.cc.lxviii up der heilger more naicht do wart hier durch de mure gebrochen". Jahrelange Kämpfe der Kölner Erzbischöfe mit den Patriziern wurden 1288 vorläufig durch die Schlacht bei Worringen beendet, bei der das Heer des Erzbischofs gegen das des Grafen von Berg und der Kölner Bürger unterlag. Danach gehörte die Stadt nicht mehr zum Erzstift und der Erzbischof durfte sie nur noch zu religiösen Handlungen betreten. Die Erhebung zur „Freien Reichsstadt" erfolgte offiziell freilich erst

1475. Hauptmerkmal einer Freien Reichsstadt war deren rechtliche Unabhängigkeit gegenüber den regionalen Herrschern. Sie war direkt und nur dem Kaiser untertan, an den sie ihre Steuern abführte, dem sie Heerfolge zu leisten hatte und von dem sie eine eigene, weitgehend unabhängige Gerichtsbarkeit erhielt. Damit unterschieden sich die Reichsstädte von den Landstädten, die einem Landesherrn untertan waren. Vgl. Dietmar, Köln, S. 23ff.

[14] Zit. in Bender, Köln, S. 321f.

[15] Der folgende, in der Koelhoffschen Chronik überlieferte Bericht wird von Ennen, Köln, Bd. 3, S. 384ff. in die Sprache seiner Zeit übersetzt und so zitiert. – Die 1499 von einem Unbekannten verfasste und nach dem Drucker Johann Koelhoff dem Jüngeren benannte Koelhoffsche Chronik („Cronica van der hilliger Stat van Coellen") lobt Kaiser und Reich, kritisiert aber auch Missstände innerhalb des Klerus und Fehlverhalten weltlicher Herren. Vgl. Dietmar, Chronik, S. 150; Fuchs, Chronik II, S. 36f.

[16] Ennen, Köln, Bd. 3, S. 384.

[17] Ebd., S. 384f.

[18] Erzählt in: Goswin Peter Gath, Kölner Sagen. Die Geschichte Kölns, erzählt in Sagen und Legenden, Geschichten und Anekdoten, Köln, 10. Aufl. 2002, S. 165f. Eine zeitgenössische Quelle für diese Erzählung ist nicht zu ermitteln. – Berufsmäßige Hebammen gab es in Deutschland erst seit Beginn des Mittelalters mit der Entstehung der Städte. Sie wurden städtisch kontrolliert, konnten sich aber nicht in Zünften organisieren. Ihre Tätigkeit wurde den „unehrlichen" Berufen zugerechnet. Zur Situation der Kölner Hebammen im Mittelalter vgl. Franken, Frauen-Stadtführer, S. 79f.; Böhringer, Siechenmägde, S. 135f.

[19] Die „heimlichen Gerichte" genossen im Mittelalter zeitweilig die Förderung der Kaiser und verfügten über ein ganzes Netz „wissender" Freischöffen, die auch zur Vollstreckung von Urteilen berechtigt waren. Erst unter Friedrich III. (1415–1493) begann eine Politik der Zurückdrängung, verursacht durch die Enttäuschung vieler Kläger über zu langsame Verfahren, Probleme bei Vollstreckung der Urteile, Missbräuche der Feme, fehlende Kodifizierung des Femerechts, Ende des 15. Jahrhunderts schließlich durch die Schaffung eines allgemeinen Landfriedens und einer Reichsgerichtsbarkeit. Vgl. dazu Eberhard Fricke, Die westfälische Veme im Bild. Geschichte, Verbreitung und Einfluss der westfälischen Vemegerichtsbarkeit, Münster, 2002.

[20] Seit dem 13. Jahrhundert sind in Köln Lohnwäscherinnen nachgewiesen. In der Steuerliste von 1236 ist eine solche Frau namens Druda erwähnt. Neben ehrbaren, oft verwitweten „Waschfrauen" arbeiteten auch niedriger eingestufte „Waschmägde", die unter anderem für allein stehende Männer arbeiteten und dadurch leicht ins Gerede kamen (vgl. Bab/Regenbrecht, Rheintöchter, S. 68). – Im Jahr 1583 betrug der Bruttotageslohn einer Weinleserin drei Albus, der einer Wasch- und Putzfrau um 1600 fünf bis acht Albus, der Jahreslohn einer Dienstmagd 12 Gulden. Belege aus den Turmbüchern bei Irsigler, Bettler, S. 217; Stein, Aspekte, S. 50f.

[21] Belege aus den Turmbüchern bei Stein, Aspekte, S. 42f.

[22] Hermann von Weinsberg (1518–1597) an der „Artistenfakultät" der Kölner Universität, an der die „sieben freien Künste" Grammatik, Rhetorik, Dialektik, Arithmetik, Geometrie, Musik und Astronomie gelehrt wurden. 1537 wurde er Magister, 1543 Jurist. Lebensgrundlage waren Rentenbesitz, das Vermögen zweier wohlhabender Ehefrauen, eine Herberge

und ein Weinhandel. Wie sein Vater Christian wurde er Ratsherr, verließ den Rat 1549 und wurde 1565 erneut gewählt.

[23] 1538 lösten die sexuellen Eskapaden mancher Kommilitonen in dem 20-jährigen Hermann von Weinsberg zwiespältige Gefühle aus. Er empfand es als „unverschämt, hässlich und frech", wie sie von hübschen Frauen redeten, und als abstoßend, wie ein Geistlicher von seinem Umgang mit Prostituierten erzählte. Schließlich ließ er sich aber in das Treiben der anderen hineinziehen und in einem anrüchigen Haus von zwei Seidenspinnerinnen umgarnen. „Hier muß ich meine Sünde berichten", schreibt der fromme Chronist, „und bekennen mit dem heiligen David, daß es mir herzlich leid tut. Denn wie wir dasaßen und tranken, hat es sich begeben, daß ich meine Jungfernschaft mit einer, genannt Trinchen Hochstirn, verloren hab, da ich gerade zwanzig Jahre alt war. Es war das erste Mal, daß ich in solche Gesellschaft geraten war." Noch vier- oder fünfmal, bekennt er, habe er Dirnen aufgesucht, sich danach aber, auch aus Furcht vor Geschlechtskrankheiten, „fleißig vor leichtfertigen Frauensleuten, Huren und Hurenführern gehütet". Er dankt Gott, dass er ohne Schaden davongekommen war und schloss das Kapitel mit dem Appell, „es mögen alle Eltern mit Fleiß auf ihre Kinder achten, wo sie hingehen; denn sie möchten gar leicht verführt werden, so genau man auch drauf sieht" (Häßlin, Weinsberg, S. 99f.).

[24] Dieses Zitat und die folgenden in: Hässlin, Weinsberg, S. 101f.

[25] Damit war Deutz erneut schwer heimgesucht worden. 1128 war das ehemalige römische Kastell nach einem Blitzschlag ebenfalls einem Brand zum Opfer gefallen. 14 Jahre zuvor hatte Kaiser Heinrich V. versucht, den Kölner Handel von hier aus lahmzulegen. Mit vereinten Kräften war es den Kölnern und Deutzern gelungen, die Angreifer unter schweren Verlusten zurückzuschlagen.

[26] Die Angehörigen von „unehrlichen" Berufen waren in der Ständegesellschaft „unterständisch" abgeschottet. Sie blieben in diesem Paria-Zustand gefangen. Auch die Kinder dieser Randgruppe konnten nur einen solchen Beruf ergreifen. „Unehrliche" hatten kein oder nur ein eingeschränktes Bürgerrecht. Sie waren von allen gerichtlichen Funktionen ausgeschlossen, konnten weder Richter, Schöffen noch Fürsprecher oder Vormünder sein. Als Zeugen galten sie als nicht glaubwürdig. Zünfte und städtische Ehrenämter waren ihnen versperrt, sie durften keinen Grund erwerben und waren nur eingeschränkt geschäftsfähig. Ihre Zahl stieg im Mittelalter stetig an – in den größeren Städten nach Schätzungen bis zu 40 Prozent der Bevölkerung.

[27] Vgl. Dietmar, Chronik, S. 141. Zu den „unehrlichen" Berufen zählten aufgrund eines „Kadavertabus" neben den Scharfrichtern noch Hundefänger, Totengräber, Henkersknechte und Abdecker. Unter ihnen stand der Scharfrichter noch am höchsten, da er mit Exkrementen nicht in Berührung kam und zudem als heilkundig galt. Anders seine Knechte, soweit sie Folterungen ausführen mussten, bei denen sie oft mit den Ausscheidungen der Gepeinigten zu tun hatten.

[28] Ebd., S. 174.

[29] Irsigler, Bettler, S. 275f.

[30] Ebd., S. 278ff.

[31] Siehe unten Seite 29–46.

[32] „Unterdrückt die öffentlichen Dirnen, und die Gewalt der Leidenschaften wird alles über

den Haufen werfen" (Augustinus, De Ordine 2, 4, in: Jacques-Paul Migne, Patrologia Latina 32, Sp. 100). – Unter kirchlichem Einfluss unterschied man im Mittelalter zwischen natürlichen und widernatürlichen Formen der Sexualität. Als natürlich galten zeugungsorientierte Handlungen, als widernatürlich solche, die nicht zur Zeugung von Kindern führten. Als einfache Unzucht galt der Bordellbesuch, gefolgt von Ehebruch, Blutschande (Inzest) und den Sünden wider die Natur, zu denen Kirchenlehrer Selbstbefriedigung und Homosexualität oder auch Anal- und Oralsex zählten.

[33] Stein, Aspekte, S. 50f.

[34] Ebd., S. 42f.

[35] Berufstätige Frauen, die ohnehin schlechter bezahlt wurden als Männer, suchten der Verelendung nicht selten durch Prostitution zu entrinnen. Als Köln im späten 15. Jahrhundert infolge einer allgemeinen Wirtschaftskrise als Handelsstadt an Bedeutung verlor, hatten besonders Frauen unter Konkurrenzdruck zu leiden. Ihre Berufsarbeit wurde zunehmend eingeschränkt, beispielhaft durch einen Ratserlass über die Berufspraxis der Harnischmacher und Panzermacher aus dem Jahr 1494. Es wurde einstimmig beschlossen, „dass sich die Panzermacher mit ihren Knechten und Jungen fortan an den Wortlaut ihres Amtsbriefes halten sollen und keine Mägde oder Frauen hantieren und arbeiten lassen sollen, wie es etliche Zeit hier geschehen ist" (zit. in Wagner, Frauen, S. 11).

[36] Korsch, Strafrecht, S. 83. Zur Straße „Auf dem Berlich" vgl. auch Signon, Straßen, S. 89f.

[37] Ebd., S. 39; Schwerhoff, Kreuzverhör, S. 307; Franken, Frauen-Stadtführer, S. 116f. – Bürger, die nachts unterwegs sein wollten, waren auf „Leuchtmänner" angewiesen, die sie gegen Bezahlung durch die dunkle Stadt führten. Die Stadt erlaubte nur zwei fest installierte Laternen: eine an der Marspforte, die andere bei St. Kunibert. Die Leuchtmänner profitieren von der mittelalterlichen Auffassung, dass nächtliche Beleuchtung die „gottgewollte Ordnung" zerstöre, die dem Tag das Licht, der Nacht aber die Dunkelheit vorbehalten habe (vgl. Stelzmann, Köln, S. 147). An der Marspforte war im 14. Jahrhundert eine Zeitlang auch eine Frau als Laternenanzünderin („candelatrix") tätig gewesen. Ihr Name wird nicht genannt – lediglich der ihres zünftigen Ehemanns, des Gürtelmachers Heinrich von Medemen. Vgl. Margret Wensky, Die Stellung der Frau in der stadtkölnischen Wirtschaft im Spätmittelalter, Köln/Wien 1980, S. 303; Franken, Frauen-Stadtführer, S. 115.

[38] Dietmar, Chronik, S. 143.

[39] Vgl. dazu Irsigler, Bettler, S. 219. – Zu Peter Rinck siehe unten S. 31.

[40] Ebd., S. 223–227.

[41] Weinsberg IV, S. 195; vgl. Stein, Aspekte, S. 69. Ivo Funk starb 1594.

[42] In der Schwalbengasse lag zuvor vermutlich das älteste deutsche, bereits 1286 als Haus *sconevrowe* (Schönfrau) bezeichnete Frauenhaus. Zur Geschichte der Frauenhäuser in Deutschland vgl. Beate Schuster, Die freien Frauen. Dirnen und Frauenhäuser im 15. und 16. Jahrhundert, Frankfurt/M. 1995; Peter Schuster, Das Frauenhaus. Städtische Bordelle in Deutschland (1350–1600), Paderborn 1992.

[43] Vgl. dazu Stein, Aspekte, S. 30ff.

[44] Ebd., S. 32, 51.

[45] Die Schließung des Bordells ist u. a. im Zuge der Gegenreformation auch eine Reaktion

auf die weit verbreitete Polemik der Protestanten, die die Hurerei unter Verweis auf die Bibel als schwere Sünde anprangern. Vgl. dazu Stein, Aspekte, S. 37ff.
[46] Vgl. Irsigler, Bettler, S. 204.
[47] Vgl. Stein, Aspekte, S. 45, 50. Eine Wasch- oder Putzfrau erhielt um 1600 einen Bruttotageslohn von fünf bis acht Albus – scheinbar wenig im Vergleich zum Lohn einer Dirne, die jedoch viel Geld für Miete, attraktive Kleidung, Zuhälter, Kuppler, Speisen und Getränke ausgeben musste. Vgl. dazu Irsigler, Bettler, S. 217.
[48] Ebd., S. 200.
[49] Zu den Aussagen der 18-jährigen Entgen von der Borch aus dem Jahre 1631 vgl. Stein, Aspekte, S. 43f.
[50] Ebd. S. 160. Die „Constitutio Criminalis" Kaiser Karls V. von 1532 unterschied zwischen Schadenzauber (Maleficium), für den sie Feuerstrafe vorsah, und schadloser Zauberei, bei der das Urteil dem Richter überlassen blieb.
[51] Ebd., S. 145f.
[52] Ebd., S. 158.
[53] Ebd., S. 147.
[54] Ebd., S. 160f.
[55] Ebd., S. 159f.
[56] Ebd., S. 155f.
[57] Im 16. und 17. Jahrhundert wird die unter Folter vollzogene „peinliche" Kriminaljustiz und damit auch die Hexenjustiz in Köln vom Hohen Weltlichen Gericht ausgeübt. Der Erzbischof als ehemaliger Stadtherr setzt die Schöffen ein, der Vorsitzende, der Greve, ist ihm mit Treueid verpflichtet. Zum Gerichtswesen vgl. Dietmar, Köln, S. 35–39.
[58] Ausgangspunkt für das Verfahren gegen die Tochter des ehemaligen Postmeisters Jacob Henot waren Beschuldigungen einiger Laienschwestern des Klosters St. Klara, Katharinas Pakt mit dem Teufel sei die Quelle ihres Leidens. Trotz des Widerstandes ihrer Familie wurde Katharina am 19. Mai 1627 in Melaten erdrosselt und auf dem Scheiterhaufen verbrannt (vgl. Soénius/Wilhelm, Kölner Personenlexikon, S. 230).
[59] Vgl. Franken, Hexen, S. 123–126; Böhringer, Siechenmägde, S. 136.
[60] Vgl. Manfred Hammes, Hexenwahn und Hexenprozesse, Frankfurt am Main [1971] 1981, S. 99–102; Schwerhoff, Hexenverfolgung, S. 30–35; Franken, Hexen, S. 100–111.
[61] Schwerhoff, Hexenverfolgung, S. 37–41; Franken, Hexen, S. 148–157.
[62] Franken, Hexen, S. 13ff.
[63] Zit. ebd., S. 97; dies. Frauen, S. 166. – Weil Kerkermeister mit Schweiß, Blut und Tränen gefolterter Menschen in Berührung kamen, wurde auch ihr Beruf zu den „unehrlichen" Berufen gezählt.
[64] Zwischen 1647 und 1655 wurden jedoch erneut fünf Personen zu Tode gebracht, darunter der 15-jährige Peter von Rodenkirchen und der noch zwei Jahre jüngere Entgen. Die zehnjährige Tochter Enn des Marketenders Peter Lenartz war das letzte Opfer des Kölner Hexenwahns. Das Kind erzählte phantastische Geschichten und „gestand", es sei wiederholt vom Teufel durch die Luft geführt worden und habe dort Gott und seinen Heiligen abgeschworen. Es habe nur die Wahrheit gesprochen und sei bereit, sich in Riemen schneiden zu lassen, wenn es nur die Seligkeit erlangen könne. Im Mai 1655 wurde das Mädchen nach

fast zweijähriger Haft zu Melaten vom Scharfrichter enthauptet und danach verbrannt. Vgl. dazu Ennen, Köln, Bd. 3, S. 802. Insgesamt kamen zwischen 1617 und 1655 in der Reichsstadt Köln 32 Menschen als „Hexen" zu Tode; die Zahl der Anklagen, Ermittlungen und Prozesse während des 16. und 17. Jahrhunderts dürfte doppelt bis dreifach so hoch gewesen sein. Vgl. Bergerhausen, Köln, S. 213ff.

65 Friedrich von Spee, Cautio Criminalis oder Rechtliches Bedenken wegen der Hexenprozesse, Rinteln 1631, Übers. Weimar 1939/München 1986. Zu von Spee vgl. besonders Walter Nigg, Friedrich von Spee. Ein Jesuit kämpft gegen den Hexenwahn, Paderborn 1991.

66 Vgl. Bergerhausen, Köln, S. 213ff.

67 Dietmar, Chronik, S. 82, 112, 116.

68 Zit. in Dietmar, Köln, S. 116. Vgl. auch Irsigler, Bettler, S. 18.

69 Ebd., S. 20.

70 Vgl. Schwerhoff, Kreuzverhör, S. 152f.

71 Vgl. Irsigler, Bettler, S. 50.

72 Nach der Arbeit der Schmiede und Härter war es die Aufgabe des Schwertfegers, das Schwert oder die Klinge blank zu fegen, sie zu polieren und blank zu schleifen. Vor dem Hochmittelalter schliffen die Schmiede die Klingen ihrer Schwerter selbst. Seit dem 12. Jahrhundert war dann das Handwerk der Schwertfeger zu finden.

73 Zu allen Einzelheiten dieser Schicksale vgl. Irsigler, Bettler, S. 62–68.

74 Kellenbenz, Wirtschaft Bd. 1, S. 178f. Dieses Privileg wurde 1804 während der Franzosenherrschaft abgeschafft. Vgl. Art. Stapel, Wilhelm, Köln-Lexikon, S. 429f.

75 Vgl. ebd., S. 180f.

76 Zum Folgenden vgl. Härtel, Regelungen, S. 41–44. Die hier genannten Menschen mit ihren Berufen gehören zur unteren Mittelschicht. Zu nennen wären neben Schreibern, Boten und Arbeitsknechten noch kleine Krämer, die es nicht bis zur Zunftbildung bringen, Altwarenhändler und viele andere – insgesamt etwa 600 bis 800 Personen.

77 Zu den „Goldgräbern" siehe oben Seite S. 27ff.

78 Ute Kaltwasser, Heiliges Köln, sündiges Köln, Köln 1982, S. 45–49. 1574 fasste der Rat – weithin erfolglos – Beschlüsse zur Ordnung und Sauberkeit in Köln. Schweine sollten von den Straßen ferngehalten, Bettler und Müßiggänger aus der Stadt vertrieben werden.

79 Wagner, Frauen, S. 42.

80 Vgl. dazu Klersch, Volkstum, S. 318f.

81 Ebd., S. 130f.

82 Ebd., S. 159.

83 Weyden, Köln, S. 46. – Der Schriftsteller Ernst Weyden (1805–1869) studierte deutsche Sprache, neuere Fremdsprachen und Geschichte in Bonn und wurde 1828 Hilfslehrer an der städtischen Höheren Bürgerschule in Köln. Er beteiligte sich 1833 an der Gründung des Vereins bildender Künstler und war Mitglied des kleinen Rates im Kölner Karneval, für den er zahlreiche Lieder schrieb. 1839 wurde er Sekretär des Kölnischen Kunstvereins. 1842 gehörte er zu den Gründern des Dombauvereins. 1861 wurde er erster Oberlehrer, musste jedoch 1868 wegen einer Gemütserkrankung in den Ruhestand gehen. Als einer der Ersten sammelte und edierte er kölnische Sagen, Volkslieder und Sprichwörter. Seine Schrift „Köln am Rhein vor 50 Jahren" erschien 1862.

[84] Vgl. Weber, Köln, S. 130.
[85] Zu diesem 1876 erschienenen „Schmerzenslied" vgl. Louis, Liederschatz, S. 98f. Für Nichtkölner/innen hier eine freie Übertragung (K.S.):
Schon kommt der erste Passagier, / „He Kutscher", ruft er, „fahr er mir ..." / O Gott – ein dicker Mann! / zweihunder Pfund Gepäck dazu, / ich zieh', so gut ich kann.
Kaum bin ich wieder dann zur Stell', / da steigt 'ne Kammerzof'-Mamsell / mit Dreien ein – zum Lachen! / Die sind so fett und wibbelich, / dass Wände, Fenster krachen. [...]
Wie leben doch in schöner Eh' / die Pferdchen von der haute-volee! / Das ist in lustig Völkchen. / Die kriegen Zucker – Prügel kaum / und selten Protoköllchen.
[86] Weyden, Köln, S. 53f.
[87] Ebd., S. 55, 58.
[88] Becker, Köln, S. 71f. Zu Hermann Becker vgl. Stahl, Autoren-Lexikon, S. 43f.
[89] Ebd., S. 83.
[90] Zit. in Louis, Originale, S. 215f. (Freie Übertragung: K.S.).

Man sieht ihn geh'n bei Wind und Regen,
Den fleißigen Zebingemann,
In Scharen kommt man ihm entgegen,
Weil er Zerbroch'nes flicken kann.

Ob Krüge, Töpfe oder Teller,
Er flickt und bindet sie mit Draht.
Mal gibt's ein Schwätzchen, mal geht's schneller,
Er weiß auch sonst so manchen Rat.

An seiner Karre hockt sein Hündchen,
Es gähnt und legt sich dann zur Ruh'.
Dem Mädchen mit dem Rosenmündchen
Sagt er – und blinkt ihr freundlich zu:

„Du hüte dich vor Liebesschmerzen,
Spiel mit dem Feuer nicht, mein Kind.
Ich kann nicht heilen mehr die Herzen,
Wenn lieblos sie zerbrochen sind."

[91] Zit. in Louis, Originale, S. 216. Vgl. Becker, Köln, S. 72. Zu Peter Paul Faust (1833–1912) vgl. Stahl, Autoren-Lexikon, S. 95f.
[92] Bab/Regenbrecht, Rheintöchter, S. 48f.
[93] Finzsch, Obrigkeit, S. 212.
[94] Ebd., S, 215.
[95] Ebd., S. 222.
[96] Weyden, Köln, S. 15. Vgl. Wegener, Leben, S. 269ff.
[97] Albert Klebe, Reise auf dem Rhein [...], Frankfurt am Main 1801, zit. in Leson, Köln, S. 32.
[98] Zeitpunkt und Umstände von Steinhausens Tod sind nicht überliefert. – Dazu und zum Folgenden vgl. Bayer, Originale, S. 25f.; Louis, Originale, S. 126–129.

[99] Mahl- und Schlachtsteuer nannte man eine in Preußen 1820 für die größeren Städte obligatorisch, für kleinere fakultativ eingeführte Steuer auf in die Stadt eingebrachtes Fleisch und Getreide. Ursprünglich in 132 Städten, 1865 nur noch in 76 erhoben, wurde sie 1875 als Staatssteuer beseitigt und nur die Schlachtsteuer fakultativ als Kommunalsteuer beibehalten.
[100] In der ersten Hälfte des 18. Jahrhunderts war die Reichsstadt Köln für Truppenwerbungen ein Platz ersten Ranges. Besonders häufig wurde Köln von kaiserlichen, preußischen und dänischen Werbern aufgesucht.
[101] Zit. bei Euler-Schmidt, Häme, S. 112.
[102] Zit. in: Paul Lauing, Die Geschichte der Kölner Polizei, Köln, 1926, S. 34; vgl. Euler-Schmidt, Häme, S. 115f.
[103] Vgl. ebd.
[104] Zit. ebd., S. 118f.
[105] Ebd., S. 119.
[106] Funck-Vöör un allerhand, gerümb, un wohr un auch bekannt. Im Juli 1812, Köln 182; zit. in Euler-Schmidt, Häme, S. 123. – In jüngster Zeit wurde die Geschichte der „Roten Funken" kritisch aufgearbeitet. Vgl. dazu besonders die ausführlichen Beiträge in: Hunold, Stadtsoldaten.
[107] Wilhelm Walter, Der Carneval in Köln, Köln 1873, S. 24; zit. in Hildegard Brog, Die roten Funken und die Preußen. Parodie und Wirklichkeit in der Festungsstadt Köln, in: Hunold, Stadtsoldaten, S. 159.
[108] Samuel Schier, Der cölnische Carneval vom Jahre 1823, Köln 1823, S. 7; zit. ebd., S. 159. – Christian Samuel Schier (1791–1824). Als preußischer Leutnant Teilnehmer an den Freiheitskriegen. 1817 Teilnahme am Wartburgfest. Danach Verfolgung und Flucht nach Amerika. 1820 Rückkehr nach Deutschland. 1821/22 Mitarbeit bei der „Kölnischen Zeitung" und Redakteur der Zeitschrift „Colonia". Mitwirkung bei der Reform des Kölner Karnevals, dessen Chronist und erster Hofpoet. Vgl. Stahl, Autoren-Lexikon, S. 198f. – Bis in die jüngste Gegenwart dauerte der unkritische oder verklärende Umgang der „Roten Funken" mit ihrer Vergangenheit noch an, blieb der ebenso traditionsreiche wie gut bürgerliche Verein „Kölsche Funke rot-wieß vun 1823 e. V." schlicht ein etablierter Bestandteil des Kölner Karnevals, wurde die eigene Nazi-Vergangenheit verdrängt und Distanz zu alternativen Formen des Karnevals gehalten. Doch noch vor der Jahrtausendwende begann die kritische Aufarbeitung, die schließlich in dem umfangreichen Werk „Vom Stadtsoldaten zum Roten Funken" ihren Niederschlag fand. Vgl. dazu Hunold, Stadtsoldaten.
[109] Bis zur Mitte des 14. Jahrhunderts ist in Köln kein Waisenhaus nachgewiesen. Findelkinder wurden in den 34 Frauenklöstern aufgenommen. 1523 war auf dem Hunnenrücken ein Haus für Waisen- und Findelkinder errichtet worden. Grundlage waren die Mittel einer Stiftung, die Dr. Peter Rinck, Juraprofessor an der Kölner Universität, lange zuvor gemacht hatte. Wenn die Kinder alt genug wurden, für ihren Unterhalt zu betteln, wurde ihnen dazu das „Findlingsthor" an der Südseite des Doms zugewiesen. Vgl. Weber, Köln, S. 77; Dietmar Chronik, S. 153.
[110] Vgl. Monika Frank, Daten 1700–1794, in: Fuchs, Chronik, S. 96.
[111] Vgl. dazu Dietmar, Chronik, S. 208–211.
[112] Zit. ebd., S. 214.

[113] Napoleon ließ zudem diskret Akten über begüterte Kölner Familien anlegen, um französische Beamte und Offiziere auf günstige Partien aufmerksam zu machen. Das konnte ihm Dotationen ersparen und zugleich die Rheinlande durch Herzensbande fester an Frankreich binden. Französische Leitkultur via Ehebett.
[114] Dieser Begriff der modernen Sozialgeschichte lässt sich freilich nur grob auf die Gesellschaft des beginnenden 19. Jahrhunderts anwenden, die die ständische Gesellschaft hinter sich lässt, aber die Strukturen einer Klassengesellschaft noch nicht erreicht hat. Die Grenzen zwischen Mittel- und Unterschicht sind hier noch fließend. Vgl. dazu Müller, Köln, S. 276.
[115] Vgl. Jütte, Köln, in: Fuchs, Chronik, Bd. 2, S. 48f.; Finzsch, Frauenarmut, S. 137; Müller, Köln, S. 277ff.
[116] Vgl. Müller, Köln, S. 162–165.
[117] Alle Zitate in: Finzsch, Frauenarmut, S. 134ff. 478 der 754 erfassten weiblichen Familienvorstände (63,4 Prozent) waren durchschnittlich 73,5 Jahre alte Witwen, die trotz ihres Alters noch die Verantwortung für 402 Familienmitglieder zu tragen hatten. Ebd., S. 136f.
[118] Vgl. dazu Müller, Köln, S. 166f. Die in Brauweiler befindliche frühere Benediktinerabtei wurde 1024 von dem Pfalzgrafen Ezzo-Ehrenfried und seiner Frau Mathilde, einer Tochter von Kaiser Otto II. und Theophanu, gestiftet. Die ehemalige Abteikirche und heutige Pfarrkirche St. Nikolaus und St. Medardus ist der dritte Kirchenbau an dieser Stelle, errichtet von 1136 bis nach 1220. Die Abtei wurde bei der Säkularisation 1803 aufgehoben. Anschließend wurde sie nach einem napoleonischen Gesetz ab 1811 als Bettlerdepot eingesetzt und durch die preußische Regierung ab 1815 als Arbeitsanstalt. Ende der 1960er-Jahre wurde sie für einige Jahre in ein Landeskrankenhaus umgewandelt.
[119] Vgl. Finzsch, Frauenarmut, S. 138f.
[120] 1826 wurde die „Preußisch-Rheinische Dampfschiffahrtsgesellschaft" – die spätere „Köln-Düsseldorfer Deutsche Rheinschiffart AG" – gegründet. 1839 rollte der erste Zug bis nach Aachen. Vier Jahre später sorgte die vom Preußenkönig Friedrich Wilhelm IV. initiierte Grundsteinlegung für den Weiterbau des Doms für Lokal- und Nationalstolz.
[121] Vgl. Klein, Köln, S. 134f.; Dietmar/Jung, Köln, S. 145ff.
[122] Bericht der Armenverwaltung zu Köln (1819), zit. in: Frank, Von armen Kranken, S. 53; vgl. auch Klein, Köln, S. 134f.
[123] Veröffentlicht in: Kölnische Zeitung, Nr. 87 v. 10.5.1829 und Nr. 78 v. 30.4.1829.
[124] Heinrich von Wittgenstein war ein Sohn von Jakob von Wittgenstein, dem Maire der napoleonischen Zeit. Vgl. Soénius/Wilhelm, Kölner Personenlexikon, S. 586. Die Armenanstalt führte um 1848 nur noch ein kümmerliches Dasein. In den Jahren 1855 bis 1861 wurde hier das Wallraf-Richartz-Museum errichtet. Vgl. Klein, Köln, S. 138f.
[125] Zur Entstehung des Namens Klingelpütz vgl. Signon, Straßen, S. 222f. Die ersten drei Flügel des Gefängnisses „Klingelpütz" wurden 1834–38, der vierte Flügel 1843–45 auf dem Gelände des ehemaligen Augustinerherrenklosters erbaut. Vgl. Klein, Köln, S. 517f.
[126] Köln. Zeitung Nr. 134 v. 23.1.1821 und Nr. 78 v. 30.4.1829; zit. in Weber, Köln, S. 121f., 123.
[127] Ebd., S. 81. – Die Nachtwächter waren Hilfsorgane der Polizei. Köln war zu dieser Zeit in zwölf Polizeibezirke eingeteilt.
[128] Ebd., S. 44f.

[129] Bericht über die Armenverwaltung zu Köln (1830), zit. in: Frank, Von armen Kranken, S. 53.
[130] Seit dem 6.1.1843 behandelte das Gesetz über die „Bestrafung der Landstreicher, Bettler und Arbeitsscheuen" Personen, die sich „einer ausschweifenden Lebensart, dem Trunk etc." hingeben, wie Kriminelle. Zit. ebd., S. 54.
[131] Ebd.; Klein, Köln, S. 136f.
[132] Wagner, Frauen, S. 20.
[133] Müller, Köln, S. 163. 1812 werden sogar 22 Kölner Waisenkinder einem Bettlerdepot in Brauweiler überstellt.
[134] Zit. in Signon, Straßen, S. 353.
[135] Weyden, Köln, S. 60.
[136] Becker-Jákli, Entwicklung, S. 213.
[137] Vgl. Kastner, Kinderarbeit, S. 33ff.; Jung, Köln, S. 165.
[138] Zum Zitat siehe unten Seite S. 79ff.
[139] Zu Winters vgl. Soénius/Wilhelm, Kölner Personenlexikon, Art. Johann Christoph Winters, S. 583f.
[140] Joseph Wach, Kölsche Orgenale, in: Kölner Local-Anzeiger Nr. 126 (10. Mai 1903), zit. in Bayer, Originale, S. 28. Zu Wach vgl. Stahl, Autoren-Lexikon, S. 237.
[141] Louis, Originale, S. 37–41; Soénius/Wilhelm, Kölner Personenlexikon, S. 369ff.
[142] Johann Palm, Es war einmal ein Kölner Husar. Die Lebensgeschichte des „Orgels-Palm", Köln 1982. In diesem Buch eines Nachfahren von „Orgels-Palm" sind Familienerinnerungen und phantasievolle Erzählungen untrennbar miteinander verwoben.
[143] Zit. ebd., S. 143. In diesem Buch sind solche Anekdoten und Familienerinnerungen aufbewahrt.
[144] Bayer, Originale, S. 37ff.; Louis, Originale, S. 50–61; Soénius/Wilhelm, Kölner Personenlexikon, S. 441.
[145] Bayer, Originale, S. 41–54; Signon, Straßen, S. 246f.; Louis, Originale, S. 103–123. Im selben Jahr 1878, in dem „Maler Bock" stirbt, erblickt der „halve Hahn" das Leben. Um eine Dame zu ärgern, die ihre Vorliebe für gutes Essen betonte, bestellte der Kölner Lehrer Wilhelm Vierkötter in seinem Stammlokal „halbe Hähne". Ein ins Vertrauen gezogener Köbes servierte jedoch ein Roggenbrötchen mit Käse – „Röggelchen met Kies" (laut Hermann Ritter in der Zeitschrift „Kölsch Levve", Bd. 2, 1921). Das Gericht wurde schnell volkstümlich.
[146] Vgl. Signon, Straßen, S. 246f.
[147] Albert Klebe, Reise auf dem Rhein [...], Frankfurt am Main 1801, zit. in Leson, Köln, S. 34.
[148] Gotthilf Theodor von Faber in: „Beobachter im Rheindepartement", Nr. 602, 13. Ventôse (4. März 1802), 10. Jahr; zit. in: Häßlin, Köln, S. 265f.; Brog, D'r Zoch, S. 48.
[149] Fritz Hönig, zit. nach Heinrich Wiethase u. a. (Hg.), Köln und seine Bauten [...], Köln 1888, S. 625. Zu Fritz Hönig vgl. Stahl, Autoren-Lexikon, S. 126f.; Soénius/Wilhelm, Kölner Personenlexikon, S. 249.
[150] Matthias Joseph DeNoël, der Freund Ferdinand Franz Wallrafs, war Mitglied der „Olympischen Gesellschaft", engagierte sich für das „Hänneschen"-Theater, wurde Kunstsammler und erster Konservator der Sammlung Wallraf, gab Zeichenunterricht am Museum, war Mitarbeiter des „Beiblatts" zur „Kölnischen Zeitung" und der Zeitschrift „Omnibus zwischen

Rhein und Weser", außerdem Verfasser von Gedichten, Fastnachtsspielen und stadtgeschichtlichen Beiträgen – und einer der ersten Kölner Mundartdichter. Vgl. Wegener, Leben, S. 237ff.; Stahl, Autoren-Lexikon, S. 75ff.; Soénius / Wilhelm, Kölner Personenlexikon, S. 113.

[151] Vgl. Matthias Joseph DeNoël, Der Sieg der Freude, oder Karnevals-Almanach von 1825, Köln 1825, S. 3; zit. in: Brog, D'r Zoch, S. 63ff. Zum Gesamtzusammenhang vgl. Schmidt, Raveaux, S. 26–35.

[152] Vgl. dazu Schmidt, Raveaux, S. 26–33. – Franz Raveaux (1810–1851), demokratischer Pionier, Zigarrenhändler, Karnevalist. Besuch des Karmelitergymnasiums. Nach Duell militärische Untersuchungshaft. 1830 Flucht, Fremdenlegionär in Brüssel (Befreiungskampf Belgiens von holländischer Vorherrschaft) und Spanien (auf Seiten der Liberalen gegen die Royalisten). 1836–1841 verschiedene Berufstätigkeiten, seit 1842 Zigarrenhändler in K. 1842–1845 nach Kritik am etablierten „Festordnenden Komitee von 1823" Wortführer einer demokratisch organisierten Karnevalsgesellschaft. 1846 Initiator einer Bürgerinitiative und einer unbewaffneten Bürgerwehr nach polizeilichen und militärischen Ausschreitungen während der Kölner Brigitten-Kirmes. 1848 als Mitglied einer Stadtratsdelegation Augenzeuge der Märzrevolution in Berlin. Erster demokratischer Abgeordneter Kölns in der Frankfurter Paulskirche. 1849 führende Positionen im süddeutschen Befreiungskampf gegen die Preußenherrschaft. 1851 Exil im belgischen Laeken. In Abwesenheit wegen Hochverrats in Köln zum Tode verurteilt. Vgl. Schmidt, Raveaux.

[153] Ebd., S. 29.

[154] Zum Folgenden vgl. Schmidt, Raveaux, S. 54–67. Raveaux konnte die von ihm gesammelten Informationen fern von Köln unter seinem Namen veröffentlichen: Die Kölner Ereignisse vom 3. und 4. August nebst ihren Folgen, Mannheim 1846.

[155] Vgl. dazu: Bericht über die Ereignisse zu Köln vom 3. und 4. August 1846 und den folgenden Tagen. Zusammengestellt nach den bei der Bürger-Ermittlungs-Commission abgegebenen Aussagen von Augenzeugen und veröffentlichten Aktenstücken, Mannheim 1846; zit. bei Schmidt, Raveaux, S. 60–64.

[156] Vgl. Schmidt, Gottschalk, S. 42.

[157] Andreas Gottschalk (1815–1849), Sohn eines Schächters und Thoralehrers. 1835–38 Medizinstudium in Bonn. 1840 Promotion. 1842 Eröffnung einer Arztpraxis in Köln. Wissenschaftliche Veröffentlichungen. 1844 Konversion zum Protestantismus. 1848 Wortführer einer Handwerker-Demonstration mit sechs „Forderungen des Volkes" vor dem und im Rathaus. Kurzzeitige Verhaftung. 1848 Gründer und Präsident des rasch auf 5000 Mitglieder anwachsenden „Kölner Arbeitervereins". Freispruch durch die Geschworenen nach spektakulärem „Hochverrats"-Prozess. Tod nach Pflege von Cholerakranken, Beerdigung im Beisein von über 4000 Menschen. Nachrufe für G., „der beim schlichten Proletarier den Namen Freund erworben, / Der den armen Kranken heilte durch sein großes Wissen, / Der die Medizin ihm zahlte, / der sich selbst den Schlaf entrissen". Vgl. Schmidt, Gottschalk.

[158] Vgl. dazu und zu den folgenden Ereignissen: Cavaignac in Köln! Eine wahrheitsgetreue Erzählung der Kölner Ereignisse mit steter Berücksichtigung der aktenmäßigen Darstellung. Zusammengestellt von mehreren Augenzeugen, Köln 1848; zit. in Schmidt, Gottschalk, S. 42–51.

[159] Vgl. dazu Klein, Köln, S. 198.
[160] Ders., S. 62ff. – Der Verein verfasste zahlreiche Petitionen, die zur Unterstützung des Ziels einer spürbaren Verbesserung der Lebensbedingungen der Arbeiter dienen sollten. Darüber hinaus artikulierte er Forderungen nach der Einrichtung von Schiedsgerichten zur paritätischen Mitbestimmung in Betrieben und beschloss einen Boykott der seiner Meinung nach unfairen, weil indirekten Wahlen zur Frankfurter Nationalversammlung. Diese Arbeit brachte dem Verein viele Sympathien ein, sodass die Zahl der Mitglieder bis auf 7000 Personen anstieg.
[161] Zu dieser Firma vgl. Wilhelm, Köln-Lexikon, Art. Felten & Guilleaume, S. 141f. Zu Johann Theodor Guilleaume vgl. Soénius / Wilhelm, Kölner Personenlexikon, S. 203f.
[162] Nachdruck des Zeitungsartikels bei Witich Roßmann, Vom mühsamen Weg zur Einheit. Lesebuch zur Geschichte der Kölner Metall-Gewerkschaften. Quellen und Dokumente Bd. 1, Hamburg 1991, S. 73f.
[163] Freiheit, Brüderlichkeit, Arbeit. Organ des Arbeiter-Vereins zu Köln (I), Köln, 26.10.–31.12.1848; Freiheit, Brüderlichkeit, Arbeit. Organ des Arbeiter-Vereins zu Köln (II), Köln, 8.2.–24.6.1849. Nachdr., hrsg. v. Dieter Dowe, Berlin / Bonn 1980, S. 112.
[164] Zum Folgenden vgl. Schmidt, Gottschalk, S. 98f.
[165] Vgl. ebd., S. 514.
[166] Vgl. dazu Schmidt, Gottschalk, S. 109–113.
[167] Andreas Gottschalk in der Zeitung „Freiheit, Arbeit" (1849), zit. in Schmidt, Gottschalk, S. 141, 68f.
[168] Dieser mit Schulgeld verbundene Unterricht scheiterte jedoch vielfach an der Armut der Eltern. Ausnahmen bildeten hier die Pfarrschulen, die in solchen Fällen auf das Schulgeld verzichteten. – Die Novelle zur Gewerbeordnung von 1869 im Jahre 1891 schrieb die sonntägliche Arbeitsruhe verbindlich vor, schränkte die Frauen- und Kinderarbeit weiter ein und regelte den Erlass von Arbeitsordnungen. Treibende Kraft war hier der preußische Handelsminister Hans v. Berlepsch, der seine Reformvorstellungen als Regierungspräsident in Düsseldorf (1883–1889) und als Oberpräsident (1889–1890) entwickelt hatte. Vgl. dazu Hans-Jörg v. Berlepsch „Neuer Kurs im Kaiserreich". Die Arbeiterpolitik des Freiherrn v. Berlepsch 1890 bis 1896, Bonn 1987; Wilhelm Janssen, Kleine Rheinische Geschichte, Düsseldorf 1997, S. 354.
[169] Zit. in Kastner, Kinderarbeit, S. 268f.
[170] Ebd., S. 272. Auch die Erste Kammer des Landtags stimmte dem Gesetz zu – ohne Gegenstimme. Vgl. auch Dietmar / Jung, Köln, S. 146; Jung, Köln, S. 66f.
[171] Zit. in Schmidt, Gottschalk, S. 147.
[172] Selbstbiographie von Robert Blum und dessen Ermordung in Wien am 9. November 1848. Hrsg. von einem Freunde. Leipzig / Meißen [1848), S. 4f.; zit. in: Zerback, Blum, S. 16. – Das Elend der Familie war keine Ausnahme. In der Krise 1816 / 17 waren von den 45.000 Einwohnern Kölns 18.000 bis 19.000 täglich Almosenempfänger. Vgl. Gisela Mettele, Das Kölner Bürgertum und sein Stadttheater in der ersten Hälfte des 19. Jahrhunderts, in: Geschichte in Köln 38, S. 133. Roberts Stiefvater brachte täglich den kargen Lohn von 40 Stübern nach Hause.
[173] Später Marzellengymnasium.

[174] Robert Blums weitere Laufbahn: 1831–1847 Theaterkassierer in Leipzig. 1845 Vorsteher der Leipziger Gemeinde der deutsch-katholischen Bewegung. 1847 Gründer einer Verlagsbuchhandlung, Haupt der demokratischen Bewegung in Sachsen, Organisator, Redner und Publizist. Vizepräsident des Vorparlaments, 1848 Abgeordneter der Frankfurter Nationalversammlung, Republikaner und Führer der Linken. Im Oktober 1848 nach Wien delegiert, um den dortigen Aufständischen gegen die österreichische reaktionäre Regierung eine Sympathieadresse zu überbringen. Am 9. November wegen Beteiligung am Aufstand nach einem Kriegsgerichtsverfahren trotz parlamentarischer Immunität in der Brigittenau bei Wien standrechtlich erschossen. Die offene Brüskierung der Nationalversammlung löste eine wenn auch folgenlose ungeheure Empörung aus. Totenfeiern in Deutschland, großes Requiem in Köln, Gedenkplakette unterhalb der Kirche Groß St. Martin („Möge das Vaterland meiner eingedenk sein"). Vgl. Sabine Freitag (Hg.), Die Achtundvierziger. Lebensbilder aus der deutschen Revolution 1848/49, München 1998; Helmut Hirsch: Robert Blum. Märtyrer der Freiheit. (= Kölner Biographien; Bd. 8). Nachrichtenamt der Stadt Köln, Köln 1977; Peter Reichel: Robert Blum. Ein deutscher Revolutionär 1807–1848, Göttingen 2007; Ralf Zerback: Robert Blum. Eine Biografie, Leipzig 2007.

[175] August Bebel, Kindheit in den Kasematten, aus: August Bebel, Aus meinem Leben, Erster Teil, Stuttgart 1910; zit. in: Gundel Paulsen (Hg.), Kindheitserinnerungen aus Köln. Husum 1993, S. 42–45. – Weitere Stationen von Bebels Laufbahn: Nach einer Ausbildung als Drechsler kam er 1860 nach Leipzig. Ein Jahr später trat er dort dem neu gegründeten Gewerblichen Bildungsverein bei und vertrat ihn 1863 auf dem Vereinstag der deutschen Arbeitervereine in Frankfurt am Main. 1866 führte er den Leipziger Verein als dessen Vorsitzender in die von Karl Marx beeinflusste Internationale Arbeiterassoziation. 1866 gründete er gemeinsam mit Wilhelm Liebknecht die Sächsische Volkspartei, als deren Vertreter wurde er 1867 in den Reichstag des Norddeutschen Bundes gewählt. 1869 war er maßgeblich an der Gründung der Sozialdemokratischen Arbeiterpartei SDAP beteiligt. In der Zeit des Sozialistengesetzes 1878–1890 wurde er zum unumstrittenen Führer der SPD und war viele Jahre Mitglied des Reichstags. Er starb am 13.8.1913 in Passog in der Schweiz und wurde auf dem Zentralfriedhof von Zürich neben seiner Frau beigesetzt. Vgl. August Bebel, Werner Jung, August Bebel, Köln 1985; Brigitte Seebacher-Brandt, Bebel. Künder und Kärrner im Kaiserreich, Berlin 1988; Christian Graf von Krockow, Porträts berühmter deutscher Männer. Von Martin Luther bis zur Gegenwart, München 2001, S. 235–288; Francis L. Carsten: August Bebel und die Organisation der Massen, 1991; Art. August Bebel, in: Soénius/Wilhelm, Kölner Personenlexikon, S. 46f.

[176] Vgl. August Bebel, Aus meinem Leben, Erster Teil, Stuttgart 1910, S. 60.

[177] 1875 schlossen sich auf ihrem Vereinigungskongress in Gotha die von August Bebel und Wilhelm Liebknecht geführte Sozialdemokratische Arbeiterpartei (SDAP) und der von Ferdinand Lassalle gegründete Allgemeine Deutsche Arbeiter-Verein (ADAV) zur Sozialistischen Arbeiterpartei Deutschlands (SAPD) zusammen. Das gleichzeitig verabschiedete Gründungsprogramm, das Gothaer Programm, hatte Kompromisscharakter, es suchte einen Mittelweg zwischen den beiden Gründungsparteien, zwischen reformistischen Lassalleanern und marxistischen Sozialdemokraten. In Köln klettert die SAPD bei den nachfolgenden Reichstagswahlen nur mühsam von fünf auf zehn Prozent. Die Arbeiterbewegung wuchs

nur langsam. Hatte der Kölner Arbeiterverein 1848 noch 8000 Mitglieder gezählt, so waren nach der gescheiterten Revolution von 1849 nicht nur er, sondern auch der Kölner Arbeiter-Leseverein und der Arbeiterbildungsverein verboten worden. Vgl. Schmidt, Gottschalk S. 150; Dietmar/Jung, Köln, S. 163f., 180f.

178 Die Löhne der Kölner Arbeiter lagen in den 1870er-Jahren insgesamt nur knapp über dem Existenzminimum – bei einem zehn- bis zwölfstündigen Arbeitstag an sechs Wochentagen. Da Arbeitsschutz und Tarifverträge fehlten, drohten bei wirtschaftlichen Schwankungen oft fristlose Entlassungen. 1891 betrug der Tagesverdienst eines Arbeiters in der Baumwollspinnerei und -weberei 1,96 Mark. Ein Kassierer bei der Kölner Pferdebahngesellschaft verdiente 720 Mark im Jahr – ein Lohn weit unter den Lebenshaltungskosten. Mehr als ein Drittel aller Erwerbstätigen verdiente weniger als 900 Mark und weniger als ein Drittel mehr als 1000 Mark im Jahr. Frauen erhielten für die gleiche Arbeit etwa 40 Prozent niedrigere Löhne. Im Jahre 1912 verfügten dagegen sechs Kölner (Emil von Rath, Albert und Eduard Oppenheim sowie Max, Theodor und Arnold von Guilleaume) zusammen über ein Einkommen von 8,5 Millionen Mark. Ihr Vermögen wurde auf 140 Millionen Mark geschätzt. Sie gehörten zu den 100 reichsten Personen in Preußen Vgl. dazu Wagner, Cöln, S. 37.

179 Aufgrund der repressiven Maßnahmen gegen Gewerkschaften und Sozialdemokratie entstanden in Köln scheinbar harmlose und unpolitische Vereine. Nach den oben genannten wurde 1885 der Arbeitergesangverein „Lyra" gegründet, 1893 der Arbeiter-Turnverein „Frisch-Auf". Vier Jahre später gründeten 20 Arbeiter den Fahrrad-Club „Die Sonne". Nicht der Wettbewerb war in diesen Vereinen die Haupttriebfeder, sondern die Solidarität. Höhepunkt des Jahres blieben die Umzüge zum 1. Mai. Wenn die Behörden sie verhinderten, machte man sich mit einer roten Nelke im Knopfloch zu gemeinsamen „Spaziergängen" auf den Weg. Vgl. dazu Dietmar/Jung, Köln, S. 163f.

180 Ulrike Nyassi/Helmut Koster, Vaterlandslose Gesellen. Sozialdemokratie und Sozialistengesetz in Köln (1878–1890), in: Billstein, Köln, S. 141f.

181 Ebd., S. 140.

182 Ebd., S. 141. Die Hetze gegen die Sozialdemokratie ging 1879 so weit, dass ein Arbeiter der Nippeser Zentralwerkstätte erst Schützenkönig werden konnte, nachdem er erklärt hatte, er sei ein Reichsfreund und kein Sozialdemokrat (ebd., S. 141).

183 Ebd., S. 142.

184 Vgl. dazu Klersch, Volkstum, S. 268–289.

185 Zit. ebd., S. 282.

186 Weyden, Köln, S. 145f.

187 Der Dekorationsmaler Bernhard Krings (1862–1929) wurde 1886 als Büttenredner und Liedautor in der „Kölner Narrenzunft" aktiv und dort für die Liedauswahl verantwortlich. 1902 und 1903 war er an der Gestaltung des Rosenmontagszugs beteiligt. Vgl. Stahl, Autoren-Lexikon, S. 149.

188 Weyden, Köln, S. 104.

189 Vgl. Louis, Originale, S. 202. Zur Biografie von Franz-Peter Kürten (1891–1957) vgl. Stahl, Autoren-Lexikon, S. 150f. – Auch in der Folgezeit fanden solche Taubenmärkte hier und da noch statt, so noch Anfang 2000 auf einem namenlosen Platz in der Kölner Südstadt nahe der Annostraße: „Nur das Kneipenschild an der Ecke verrät seine Rolle, ‚Zur Tauben-

börse'. Hier treffen sich vom Frühjahr bis in den Herbst hinein an jedem Sonntagmorgen die Kölner Taubenzüchter, stellen schon früh um acht ihre Käfige und Volieren auf, packen Vogeltränken und Futter aus und warten auf die Kunden. Zwischen den Vögeln finden sich diverse Kleintiere von der Zwergmaus bis zum Angorakaninchen" (Stankowski, Stadtführer, S. 243f.).

[190] Waldemar Cosson (1879–1955), geboren in Eupen, kam 1880 nach Köln. Er wurde Kaufmann, zuerst in Köln, dann in Brüssel, und lebte nach 1951 in Eupen. Er verfasste Texte für den Karneval, dazu Gedichte und kleine Prosa in Kölner Mundart. Vgl. Stahl, Autoren-Lexikon, S. 73.

[191] Signon, Straßen, S.64.

[192] Vgl. Christina Frohn, Der organisierte Narr. Karneval in Aachen, Düsseldorf und Köln von 1823 bis 1914, Marburg 2000, S. 264ff.

[193] Johanna Schopenhauer, Niederrhein, zit. in Leson, Köln, S. 20. Vgl. auch: Art. Kölsch (Sprache), Wilhelm, Köln-Lexikon, S. 277ff.

[194] Wegener, Leben, S. 264f.; Stahl, Autoren-Lexikon, S. 228f. – 1830 verfasste Edmund Stoll die Opernparodie „Das Theater zu Krähwinkel". Als 1834 die „Bellentöne" erschienen, eine „Sammlung der Kölnischen Karnevals-Lieder (1823–1834)", war er dort mit 17 Liedern vertreten, zwei davon in kölnischer Mundart. 1835 heiratete er die zur Kölner DuMont-Dynastie gehörende Maria Josephine Thekla DuMont (1809–1855). 1840 verfasste er unter dem Pseudonym „Magister loci" die erste Geschichte des Kölner Karnevals: „Kölns Carneval, wie er war, ist und sein wird." Drei Jahre später war er in einer Neuausgabe der „Bellentöne" bereits mit 14 hochdeutschen und 13 kölschen Liedern vertreten, darunter auch „Alaaf der kölsche Klaaf" – der rasch populär wurde.

[195] Zit. in Schneider-Clauß, Vortragsbuch, S. 14f.

[196] Zit. ebd. S. 18f. Zu Anton Korn vgl. Stahl, Autoren-Lexikon, S. 147f.

[197] Vgl. Wegener, S. 237ff.; Stahl, Autoren-Lexikon, S. 75ff.

[198] Verfasst 1849, zit. in: Schneider-Clauß, Vortragsbuch, S. 51ff.

[199] Siehe oben S. 77–82.

[200] Weyden, Köln, S. 53ff.

[201] Ebd., S. 71.

[202] Joseph Wach, Kölsche Orgenale, in: Kölner Local-Anzeiger Nr. 126 (10. Mai 1903); zit. in Louis, Originale, S. 68.

[203] Zit. ebd., S. 69. Zu Anna Maria Rehfeld vgl. auch Soénius/Wilhelm, Kölner Personenlexikon, S. 441. Vgl. Bayer, Originale, S. 54; Louis, Originale, S. 88f. Zu Hieronymus Blau vgl. Bayer, Originale, S. 54; Louis, Originale, S. 88f.

[204] Vgl. dazu Art. Bleche Botz, Wilhelm, Köln-Lexikon, S. 62f.

[205] Alexander Schnütgen (1843–1918) begann nach seiner Priesterweihe, sakrale Kunstwerke zu sammeln, wurde 1887 Domkapitular in Köln und Ehrendoktor der Philosophie und Theologie, gründete und redigierte eine Zeitschrift für christliche Kunst und wurde Vorsitzender des Diözesanrats. 1910 nahm der Stadtrat die Schenkung seiner Sammlung entgegen und errichtete das nach ihm benannte Museum.

[206] Vgl. dazu Bayer, Originale, S. 71–74 ; Louis, Originale, S. 42–49.

[207] Weyden, Köln, S. 59.

[208] Bayer, S. 54ff.; Louis, Originale, S. 152–164. – Ein Läsche-Nas-Brunnen, 1987 entworfen von der Künstlerin Christine Kaul, befindet sich vor dem Köln-Ehrenfelder Bezirksrathaus. Überdimensionale Nasen stechen auf der mittig aufgestellten Stele hervor. Am Rand des Brunnens wird auf eingelassenen Metalltafeln das Leben des Läsche Nas dargestellt.

[209] Zur Biografie vgl. Wrede, Sprachschatz, S. 233; Bayer, Originale, S. 31–36; Louis, Originale, S. 132–141; Soénius/Wilhelm, Kölner Personenlexikon, S. 573.

[210] Zit. in Louis, Originale, S. 136.

[211] Zit. ebd., S. 138f.

[212] Die Lindenburg war eine 1855 erbaute und 1872 von der Stadt Köln gekaufte Kranken-Heil- und Irren-Verpflegungsanstalt, die später zum Großkrankenhaus ausgebaut und 1919 Klinik der Universität wurde.

[213] Zit. in: Signon, Köln, S. 306.

[214] Vgl. dazu Kellenbenz, Wirtschaft (2), S. 186. Zum Folgenden vgl. Nottelmann, Beginen, S. 46–49.

[215] Eine Arbeiterin namens Schmitz laut Rheinische Zeitung (RZ), 25.9.1896, zit. ebd., S. 48. Die RZ erwähnt vor allem die Arbeiterinnen Schmitz, Flittdorf, Voosen und Bleichstein (ebd.). Zur RZ vgl. Peter Fuchs, Das Kampfblatt. Die „Rheinische Zeitung" von 1892 bis 1933, in: Gerhard Brunn (Hg.), Sozialdemokratie in Köln. Ein Beitrag zur Stadt- und Parteiengeschichte, Köln 1986, S. 105–126.

[216] Zit. in: Klersch, Fastnacht, S. 164. Das Gedicht war für die „Bläck Fööss" Textgrundlage für ein populäres Lied. Vgl. dazu „Evchen Vogelsang" bei wikipedia. – Zum Streik der „Bayenamazonen" vgl. auch Dietmar, Chronik, S. 286.

[217] Nach dem Ersten Weltkrieg wurde die Kölnische Baumwollspinnerei und -weberei geschlossen. Die Fabrikgebäude gingen dann in den Besitz der Schokoladenfabrik Stollwerck über. In der Weimarer Republik ernteten die Arbeiterinnen und Arbeiter einige Früchte der jahrzehntelangen Arbeitskämpfe: den Acht-Stunden-Tag und das in der Verfassung verbriefte Streikrecht.

[218] Das 1865 unter Leitung von vier Kaiserswerther Diakonissen eröffnete Martha-Stift befand sich im Severinsviertel (Im Ferkulum 29, heute Ort der katholischen Pfarrbücherei). Der Name Martha erinnert an die biblische Erzählung von Maria und Martha, in der Martha eine (be)dienende Funktion zugeschrieben wird.

[219] Zit. bei Becker-Jákli, Leben, S. 390. Vgl. zu diesem Kapitel auch Nottelmann, Beginen, S. 27–34.

[220] Zit. bei Becker-Jákli, ebd. – Evangelische Frauen der Mittel- und Oberschicht entfalteten im ersten Jahrzehnt des 20. Jahrhunderts in Vereinen und Stiftungen in Köln eine rege sozialfürsorgerische Aktivität. Sie gründeten die Bahnhofsmission, richteten eine Zufluchtstätte für ledige Mütter und ihre Kinder ein, ein Asyl für verwahrloste und aus dem Gefängnis entlassene Frauen und Mädchen und ein Heim für erwerbstätige junge Mädchen. Für männliche Angestellte des Gaststättengewerbes errichtete der „Rheinische Provinzialausschuß für Innere Mission" mit Hilfe evangelischer Pfarrer 1908 in Köln ein „Christliches Kellnerheim", das der Sozialfürsorge ebenso wie der Stellenvermittlung diente. Der um das Wohl von Handwerksgesellen besorgte Vorstand der „Herberge zur Heimat" konnte 1914 nach Spenden-Aktionen ein Lehrlingsheim gründen.

Einige tausend Männer, junge Mädchen und Frauen profitierten von der christlichen Caritas. Alle diese Initiativen linderten Not, fragten aber nicht nach den sozialen Ursachen. Die als gottlos verschriene Arbeiterbewegung und Sozialdemokratie lehnten sie strikt ab.

221 Die Lehranstalt, seit 1866 im Severinsviertel (Jakobstraße/Kartäusergasse), war 1806 unter französischer Besatzung im ehemaligen Hospital Ipperwald (am Kattenbug) gegründet worden. Zum Folgenden vgl. Nottelmann, Beginen, S. 19–23.

222 Siehe oben Seite S. 131f. und S. 133ff.

223 Im Neorenaissance-Stil von Hermann Pflaume erbaut, war das Palais bis zum Abriss Anfang der 1980er-Jahre der Glanzpunkt dieser Straße. Vgl. Signon, Straßen, S. 237ff.

224 K. Bädeker, Die Rheinlande, von der Schweizer bis zur Holländischen Grenze, Handbuch für Reisende, 27. Aufl., Leipzig, Karl Baedeker, 1895, S. 41f.; zit. in: Sass, Wohlfahrt, S. 109.

225 Vgl. Sass, Wohlfahrt, S. 109–114.

226 Bis Ende der 1960er-Jahre wohnten hier berufstätige evangelische Frauen. Auch ein Versammlungsraum für evangelische Jungfrauenvereine war vorgesehen.

227 Kölner Stadt-Anzeiger, 4.6.1929; zit. ebd., S. 111.

228 Fröhlich, Erinnerungen, S. 28.

229 Ebd., S. 29f. – Der Text des berühmten Liedes von Willi Ostermann ist zitiert in: Signon, Köln, S. 345f.

230 Fröhlich, Erinnerungen, S. 11–14.

231 Ebd., S. 37–40.

232 Ebd., S. 50–54; Fröhlich, Kölle, Bd. 1, S. 36–40.

233 Fröhlich, Kölle, Bd. 1, S, 10–14.

234 Ebd., S. 59–62.

235 Im März 1933 gehörte Fröhlich als Stadtverordneter der Sozialdemokratischen Stadtratsfraktion an. Doch nach der ersten Sitzung begann auch in Köln die braune Diktatur. 1946 wurde Fröhlich in Köln erneut SPD-Ratsmitglied. Über 20 Jahre lang war er Mitglied des Kulturausschusses. Nach seiner Pensionierung 1966 begann er, seine Erinnerungen „op kölsch" wie auch auf Hochdeutsch aufzuschreiben (s. Literatur). Vgl. auch „Peter Fröhlich", wikipedia.

236 Wilhelm Sollmann (1881–1951), Sohn eines Coburger Bierbrauers und Landwirts. Handlungsgehilfe in Köln. 1911–33 Redakteur und später Chefredakteur der Rheinischen Zeitung. 1909–1913 zusammen mit Walter Stoecker Vorsitzender des sozialdemokratischen Lokal- und 1911–1913 des sozialdemokratischen Bezirksjugendausschusses. Daneben 1906–1910 Gauleiter des Arbeiter-Abstinentenbundes in Köln. 1914–1919 auch Mitglied des Kölner Parteivorstands. 1920–1933 Reichstagsabgeordneter, außerdem 1918–1924 Stadtverordneter in Köln. 1923 vier Monate lang Reichsminister des Innern. 1933 nach Verhaftung und schwerer Misshandlung Emigration über Großbritannien in die USA. 1943 US-amerikanischer Staatsbürger. 1949 Gastprofessor der Universität Köln, zeitweise Berater der Militärregierung und 1950 des amerikanischen Hochkommissars in Deutschland. Vgl. Soénius/Wilhelm, Kölner Personenlexikon, S. 511f.

237 Fröhlich, Erinnerungen, S. 89ff.

238 Ebd., S. 93f. – Mit dem Satz „Es braust ein Ruf wie Donnerhall" beginnt das von Max Schneckenburger 1840 verfasste und gegen Frankreich gerichtete Lied „Die Wacht am

Rhein". Der Vers „Sie sollen ihn nicht haben ..." entstammt dem ebenfalls 1840 in gleicher Absicht verfassten „Rheinlied" von Nikolaus Becker.

[239] Fröhlich, Kölle, Bd. 1, S. 10–14.

[240] Vgl. Dietmar/Jung, Köln S. 205ff.

[241] Fröhlich, Erinnerungen, S. 97

[242] Eine bei Kölns „kleinen Leuten" fest verankerte Sitte, die später von den „Bläck Fööss" in ihrem Lied „Drink doch eine mit" besungen wurde. Siehe unten S. 210.

[243] Von 1919 bis 1933 vertrat Sibille Hartmann als erste Frau die Zentrumspartei im Kölner Stadtrat. 1920 wurde sie Mitglied im Provinziallandtag. Nach 1933 musste sie wie alle weiblichen Abgeordneten ihr Mandat niederlegen. Neben ihrer Berufsarbeit unterstützte sie Flüchtlinge, Fremdarbeiter, politisch und rassisch Verfolgte, in „Schutzhaft" genommene Freunde und wurde 1944 selbst kurzzeitig verhaftet. 1945 war sie einer der 18 Gründer der CDU und arbeitete die einen christlichen Sozialismus propagierenden „Kölner Leitsätze" mit aus. Seit 1948 war sie Mitglied des Stadtrats und in der Landschaftsversammlung Rheinland. Zum 50-jährigen Jubiläum legte sie 1969 ihr Ratsmandat nieder – vermutlich als älteste deutsche Parlamentarierin. Sie erhielt zahlreiche Ehrungen. In Köln-Zollstock erinnert ein Straßenname an sie. Vgl. Birgit Sack, Sibille Hartmann (1890–1973) in: Kölner Frauengeschichtsverein, Gürzenich, S. 130–134; Franken, Frauen-Stadtführer, S. 98ff.; dies. Art. Sibille Hartmann, in: Soénius/Wilhelm, Kölner Personenlexikon, S. 217f.

[244] Zit. in Dietmar, Chronik, S. 328.

[245] Ebd.; Bilz, Ausstellungsteil, in: Bilz, Einschnitte, S. 67.

[246] Zit. ebd., S. 69.

[247] Roeseling, Rhein, S. 116.

[248] Die tieferen Ursachen der Revolution waren die sozialen Spannungen im Kaiserreich, die undemokratische Verfassung und die Reformunfähigkeit seiner Eliten. Unmittelbar ausgelöst wurde sie durch die Politik der Obersten Heeresleitung (OHL) und durch den Beschluss der Marineleitung, angesichts der schon feststehenden Kriegsniederlage Deutschlands den Briten eine letzte Seeschlacht zu liefern. Der Matrosenaufstand, der daraufhin in Wilhelmshaven und Kiel ausbrach, entwickelte sich innerhalb weniger Tage zu einer Revolution, die ganz Deutschland erfasste.

[249] Vgl. Stankowski, Stadtführer, S. 342f. – Am 8.9.2007 versammelten sich Mitglieder verschiedener Organisationen im Beisein von Bundestagsabgeordneten vor dem Tor der Luftwaffenkaserne in Porz-Wahn, um die vor 90 Jahren hingerichteten Kriegsgegner zu ehren. Zuvor hatte es seitens der Bundeswehr Versuche gegeben, die – als politische Veranstaltung eingestufte – Ehrung an der auf dem Kasernengelände befindlichen Gedenkstätte nicht zu genehmigen. Trotz der Auflage, keine „politische Rede" zu halten, erklärte dort ein Vertreter der Kulturvereinigung Leverkusen e. V.: „Wir ehren heute hier die beiden Kriegsgegner. In ihrem Sinne werden wir weiterkämpfen!"

[250] Weiterführende, von sozialistischen Ideen geleitete Ziele der Revolutionäre scheiterten in Deutschland im Januar 1919 am Widerstand der SPD-Führung. Aus Furcht vor einem Bürgerkrieg wollte sie – wie auch die bürgerlichen Parteien – die alten kaiserlichen Eliten nicht vollständig entmachten, sondern sie mit den neuen demokratischen Verhältnissen versöhnen. Dazu ging sie ein Bündnis mit der Obersten Heeresleitung ein und ließ den so

genannten „Spartakusaufstand" der Kommunisten mit Hilfe rechtsgerichteter Freikorpstruppen gewaltsam niederschlagen.

[251] Die Kölner Mehrheitssozialdemokratie hatte sich an die Spitze der Revolution gestellt, um sie in „geordnete Bahnen" zu lenken – und dann so schnell wie möglich zu beenden. Zu den Kölner Ereignissen vgl. Manfred Faust, Krieg, Revolution, Spaltung. Die Kölner Sozialdemokratie 1914 bis 1920, in: Gerhard Brunn (Hg.), Sozialdemokratie in Köln. Ein Beitrag zur Stadt- und Parteiengeschichte, Köln 1986, S. 83–104; Dietmar/Jung, Köln, S. 203–213. – Selbstironisch bemerkte Wilhelm Sollmann in einer im Dezember 1918 erschienenen Broschüre: „Unsere erste große Sorge galt, wie es echten Deutschen auch in einer großen Revolution geziemt, der Wiederherstellung und Aufrechterhaltung der Ordnung" (zit. in: Jung, Köln, S. 33). – In der Folgezeit regierte die SPD zusammen mit den bürgerlichen Parteien, wodurch sich die Kluft zur KPD weiter vertiefte. Die Abwendung von der Revolution und die Hinwendung zu „Ruhe und Ordnung" bewahrte die SPD nicht vor der „Dolchstoßlegende". Vor allem die Militärs, die bis zum Schluss falsche Siegeshoffnungen genährt hatten, setzten diese Legende in die Welt. Die Armee sei „unbesiegt im Feld" geblieben, nur die Revolutionäre in der Heimat, die Kommunisten samt der SPD, hätten Schuld an der Niederlage. Die Kommunisten fühlten sich von den Sozialdemokraten verraten und agitierten entsprechend. Die alten Eliten des Kaiserreichs, die sich die Monarchie zurückwünschten, waren in den entscheidenden Positionen in Verwaltung, Armee und Wirtschaft geblieben. Zum Gesamtzusammenhang vgl. Hans Mommsen, Die verspielte Freiheit. Der Weg der Republik von Weimar in den Untergang 1918 bis 1933. Berlin 1989.

[252] Bericht über den Stand und die Verwaltung der Gemeinde-Angelegenheiten der Stadt Köln für das Rechnungsjahr 1919. Köln 1921; vgl. Roecken, Stadtverband, S. 193.

[253] Vgl. August Sander, Menschen des 20. Jahrhunderts: Ein Kulturwerk in Lichtbildern eingeteilt in sieben Gruppen. Hg.: Die Photographische Sammlung/SK Stiftung Kultur, Köln. Bearbeitet und neu zusammengestellt von Susanne Lange, Gabriele Conrath-Scholl, Gerd Sander, 7 Bände (dt., engl. u. frz.), München 2002; Soénius/Wilhelm, Kölner Personenlexikon, Art. August Sander, S. 460.

[254] Nachrichtenblatt des Stadtverbands Kölner Frauenvereine im Kölner Stadt-Anzeiger, 31. Dezember 1925; zit. in: Roecken, Stadtverband, S.196.

[255] Zit. in: Schmidt, Vonessen, S. 17.

[256] Aus: Sozialistische Republik, 4.8.1932; zit. in: Jung, Köln, S. 28.

[257] Vgl. Schmidt, Vonessen, S. 15–19; Dietmar/Jung, Köln, S. 227–232.

[258] Roecken, Stadtverband, S.197.

[259] Ebd., S. 198.

[260] Hertha Kraus im Nachrichtenblatt des Stadtverbands Kölner Frauenvereine; Kölner Stadt-Anzeiger, 9.2.1933. – Hertha Kraus (1897–1968). Tochter eines jüdischen Professors und Dozenten an der Frankfurter Handelshochschule. 1916 Studium der Sozialwissenschaften in Frankfurt. 1919 Promotion. Arbeit in der Kinderfürsorge der Quäker, deren Mitglied sie wurde. 1923 Stadtdirektorin und Leiterin des Gesundheitsamts in Köln. Dozentin an der Wohlfahrtsschule. Mitarbeit in verschiedenen Frauenorganisationen. 1933 Emigration in die USA. Dank ihrer Beziehung zu den Quäkern Lehraufträge in Pittsburgh und Washington. Von 1936 bis 1962 Tätigkeit als Dozentin und wissenschaftliche Publizistin. 1946

als Mitarbeiterin der Militärregierung Helferin beim Wiederaufbau der Kölner Arbeiterwohlfahrt. Vgl. Franken, Frauen, S. 224ff.

[261] Vgl. dazu Kershaw, Ian: Hitler 1898–1936, Stuttgart 1998, S. 422–430.

[262] Vgl. Ingrid Hege, Vor der Machtergreifung des Faschismus. Die Kölner Arbeiterparteien in der Endphase der Weimarer Republik, in: Reinhold Billstein (Hg.), Das andere Köln. Demokratische Traditionen seit der Französischen Revolution. Köln 1979, S. 260f.; Klein, Köln, S. 40f.

[263] Vgl. Ulrich von Hehl, Katholische Kirche und Nationalsozialismus im Erzbistum Köln 1933–1945. Veröffentlichungen der Kommission für Zeitgeschichte, hrsg. v. Rudolf Morsey, Reihe B: Forschungen, Bd. 23., Mainz 1977, S. 19; Schmidt, Vonessen, S. 32ff.

[264] Vgl. Zerlett, Grohé, S. 247–263; Art. Josef Grohé, in: Soénius/Wilhelm, Kölner Personenlexikon, S. 194f.; Matzerath, Köln, S. 19–46. – Grohés weiterer Weg: 1944 zusätzlich Reichskommissar für die besetzten Gebiete in Belgien und Nordfrankreich. 1945 Organisation des Kölner Volkssturms und Sprengung von fünf großen Rheinbrücken. 1946 Verhaftung durch die Alliierten und Auslieferung an Belgien. 1950 Verurteilung zu 4½ Jahren Haft in Deutschland. Ein Verfahren wegen Verbrechen gegen die Menschlichkeit wurde 1952 eingestellt. Grohé lebte bis 1987 unbehelligt in Köln-Brück.

[265] 1918 gegründeter republikfeindlicher Bund ehemaliger Frontsoldaten, neben den Gewerkschaften größte außerparteiliche Organisation der Weimarer Republik. Er beteiligte sich 1932 am Sturz des Reichskanzlers Franz von Papen. Stahlhelmführer Franz Seldte wurde am 30. Januar 1933 Reichsarbeitsminister.

[266] Zum Folgenden vgl. Matzerath, Köln, S. 421–424.

[267] Vgl. Viehbahn/Kuchta, Widerstand, S. 301f.; Klein, Köln, S. 134ff.; Stankowski, Köln, Bd. 2, S. 93f.; ders., Stadtführer, S. 92f.; Schmidt, Vonessen, S. 94f.; Signon, Straßen, S. 179f.; Soénius/Wilhelm, Kölner Personenlexikon, Art. Walter Spangenberg, S. 513; Matzerath, Köln, S. 72, 140.

[268] Zit. in: Stankowski, Stadtführer, S. 229. – Wandbild von Klaus Paier auf dem Bunker in der Elsaßstraße.

[269] Vgl. Matzerath, Köln, S. 457–462.

[270] Der in Mülheim geborene Franz Bott (1900–1979) trat nach seiner Ausbildung zum Drahtzieher 29-jährig in die SPD ein. 1934 organisierte er zusammen mit anderen eine Widerstandsgruppe in Köln und stellte eine Verbindung zur Sozialdemokratischen Partei Deutschlands im Exil (SoPaDe) in Belgien her. Daraufhin kam es zu zahlreichen Verhaftungen. 1936 wurde Bott in einem Verfahren vor dem Volksgerichtshof in Düsseldorf zu vier Jahren Zuchthaus verurteilt. 1944 wurde er Mitglied im Nationalkomitee Freies Deutschland. Vgl. Matzerath, Köln, S. 462ff.

[271] Der Kölner Willi Schirrmacher (1906–1992) war 1920 Bote in Farb- und Lebensmittelgeschäften und 1924 Nietwärmer in den Motoren-Werken Deutz, später bis 1933 Bürogehilfe in der Köln-Deutzer Arbeiterwohlfahrt (AWO). 1921 wurde er Mitglied der Sozialistischen Arbeiterjugend und 1924 der SPD. Nach der Auflösung der AWO wurde er 1933 illegal für die SPD tätig. Anfang 1935 wurde er als führendes Mitglied der Kölner Widerstandsgruppe verhaftet und im Dezember 1936 zu sechs Jahren Haft verurteilt. Er kam zuerst als Moorsoldat ins Aschendorfer Moor, später ins Zuchthaus Dieburg. Nach Ablauf seiner Haftzeit

arbeitete er in einer Kölner Gummiwarenfabrik, wirkte nach 1945 am Wiederaufbau der SPD mit, wurde 1946 Stadtverordneter und war bis 1954 SPD-Bezirkssekretär. 1962–1970 war er Landtagsabgeordneter, bis 1970 Vorsitzender des Kreisverbands Köln der AWO. Vgl. NS-Dok., Strom, S. 162–171; Art. Willi Schirrmacher, in: Soénius/Wilhelm, Kölner Personenlexikon, S. 473; Matzerath, Köln, S. 462ff.

[272] Das Gesetz schrieb acht Diagnosen von Erbkrankheiten fest: angeborener Schwachsinn, Schizophrenie, zirkuläres (manisch-depressives) Irresein, erbliche Fallsucht, erblicher Veitstanz, erbliche Blindheit, erbliche Taubheit und schwere erbliche körperliche Missbildung. Darüber hinaus gilt „schwerer Alkoholismus" als einzige nicht ausdrückliche Erbkrankheit als Grund für eine Sterilisation. Vgl. dazu Schmidt, Vonessen, S. 48–52. Richtschnur für die Anwendung dieses Gesetzes war der in Zusammenarbeit mit dem Innenministerium verfasste Kommentar von Gütt/Rüdin/Ruttke, der jedem Kassenarzt zum Sonderpreis von drei Reichsmark zugänglich gemacht wurde. Der ostpreußische Landarzt Arthur Gütt hatte ebenso wie der Jurist Falk Ruttke in der NSDAP Karriere gemacht. Ernst Rüdin war Leiter der Abteilung für „psychiatrische Erblichkeitsforschung" am Institut für Genealogie und Demographie an der Psychiatrischen Forschungsanstalt in München, ein den NS-Ideologen dienendes Zentrum für „empirische Erbprognosen".

[273] Ab 1934 wurden die Operationen in Köln ausschließlich in der Chirurgischen Universitätsklinik – der „Lindenburg" –, in der mit ihr verbundenen Universitäts-Frauenklinik sowie im Evangelischen Krankenhaus „Weyertal" durchgeführt. Bis 1943 verzeichnete die „Lindenburg" 514 Operationen an Männern, die Frauenklinik 556 an Frauen und das Evangelische Krankenhaus 262 an Männern und 273 an Frauen. Schmidt, Vonessen, S. 58f.

[274] Schmidt, Vonessen, S. 58f.

[275] Ebd.

[276] Eva Jäger, Interview im WDR, 1.11.1978, und Hans Schmitt-Rost, Kölner Stadt-Anzeiger, 8. November 1958; zit. in: Jüdisches Schicksal, S. 332 und 353. Vgl. Matzerath, Köln, S. 404–408.

[277] Hans-Schmitt-Rost, Kölner Stadt-Anzeiger, 8.11.1958; zit. in: Jüdisches Schicksal, S. 352. – Wilhelm Unger, Interview im WDR, 1.11.1978; zit. ebd. S. 30. Zu Schmitt-Rost und Unger vgl. die Artikel in: Soénius/Wilhelm, Kölner Personenlexikon, S. 480 u. 548.

[278] Interview (1988), in: Jüdisches Schicksal, S. 318.

[279] Anselm Faust, Die „Kristallnacht" im Rheinland. Dokumente zum Judenpogrom im November 1938. Düsseldorf 1987, S. 175–180; vgl. auch Jüdisches Schicksal, S. 357–362. Zu Gürtner vgl. Lothar Gruchmann, Justiz im Dritten Reich 1933–1940: Anpassung und Unterwerfung in der Ära Gürtner, München, 3. Aufl. 2001. – In Einzelfällen wurden Juden trotz der Pogromstimmung in Schutz genommen. Am Morgen nach der Pogromnacht erlebt der 16-jährige K. K. in Köln eine bedrohliche Situation vor einem kleinen Zigarettengeschäft in der Hosengasse, in dem sein Vater Kunde war. „Als man nun auch dem Nachbarn Moses ans Fell wollte," so K. K.s Erinnerung, „ging mein Vater in der Eigenschaft als Zellenleiter dazwischen und bedeutete der johlenden Horde, daß dieser Mann im Ersten Weltkrieg seine Pflicht getan hätte, und man bekäme es mit ihm zu tun, wenn man diesen Mann nicht in Ruhe ließe. [...] Moses ist so lange nichts passiert, wie mein Vater noch zu Hause war". Bericht (1983), in: Jüdisches Schicksal, S. 327.

[280] Vgl. dazu und zu weiteren biographischen Angaben vor allem Franz, Weltmeister.
[281] Interview mit Werner Modein in dem Film „Auf der Suche nach Albert Richter – Radrennfahrer" von Raimund Weber und Tilmann Scholl, Hamburg 1990; zit. in Franz, Weltmeister, S. 45.
[282] Interview in Illustrierter Radrennsport, Breslau, 10.2.1933; zit. in Franz, Weltmeister, S. 54f.
[283] Zit. in Fredy Budzinski, Die Wahrheit über den Tod Albert Richters, Programm für das Stadion Neukölln, 13.10.1946, S. 8; vgl. Franz, Weltmeister, S. 116.
[284] Vgl. „Was uns Albert Richters Mutter erzählte ..." in: „Radsportler", 12.1955; zit. in Franz, Weltmeister, S. 119.
[285] Vgl. dazu Klaus Schmidt, „Ich habe aus Mitleid gehandelt". Der Kölner Waisenhausdirektor und „Euthanasie"-Beauftragte Friedrich Tillmann, Berlin 2007, S. 50ff., 78ff.
[286] Franz, Weltmeister, S. 165–181.
[287] Zum Folgenden vgl. Manthe, Navajos, S. 197–217; Matzerath, Köln; S. 429f. – Der um 1923 aufgekommene Begriff „Bündische Jugend" war eine Sammelbezeichnung für alle politisch unabhängigen und nicht konfessionellen Jugendbünde in der Weimarer Republik. Sie versuchten ihr Leben neben Elternhaus, Schule, Kirche und Beruf frei zu gestalten. Auf Wanderfahrten ins Grüne, in Lagern und auf Heimabenden suchten sie mit ihren insgesamt etwa 50.000 organisierten Mitgliedern eine zumeist romantisch stilisierte Rückbesinnung auf Heimat und Natur ohne Alkohol und Nikotin sowie ein Alltagsleben abseits der bürgerlichen Konsumgesellschaft.
[288] Zit. ebd., S. 201.
[289] Manthe, Navajos, S. 203
[290] Ebd., S. 205.
[291] Als „Edelweißpiraten" verspotteten Gestapo-Beamte um 1939 Anhänger der nach 1936 verbotenen Bündischen Jugend, für die Edelweiß ein Erkennungszeichen war. „Piraten" leitet sich von den *Kittelbachpiraten* her, einer bis 1933 bestehenden rechtsradikalen Gruppe in Düsseldorf, die größtenteils in die HJ oder die SA abwanderte. Der Name „Edelweißpiraten" wurde gegen Kriegsende von oppositionellen Jugendlichen als Selbstbezeichnung übernommen.
[292] Schreiben der NSDAP-Kreisleitung Köln linksrheinisch Süd, Hauptamt für Volkswohlfahrt an die Jugendkammer Köln, über Ernst P. vom 10.1.1944, zit. in: Manthe, Navajos, S. 211f.
[293] Ebd., S. 210ff.
[294] Zu diesem Kapitel vgl. Fritz Theilen, „Hunger hatten wir immer" (Interview mit Karola Fings), in: „Projektgruppe Messelager" (Hg.), Zwangsarbeit, S. 88–100; NS-Dok., Strom, S. 172–181.
[295] Fritz Theilen, Edelweißpiraten, Köln 2003, S. 77f. Zu Fritz Theilens weiterem Lebensweg siehe unten S. 188. Vgl. auch ders., Edelweißpiraten, mit einer Dokumentation von Matthias von Hellfeld, Frankfurt a. M. 1984. – Der Zeitzeuge Jean Jülich warf in Sülz seinem Schuldirektor, einem überzeugten Nazi, zusammen mit anderen Schulkameraden die Scheiben ein. Einen Zeitungskiosk, dessen Besitzer Nazi und Denunziant war, ketteten sie an eine Straßenbahn, die den Kiosk einige Meter weit mitschleifte (Jean Jülich, Kohlkampf, Knast und Kamelle. Ein Edelweißpirat erzählt sein Leben, Köln 2003, S. 51f.).

[296] Zum Folgenden vgl. besonders Hellfeld, Edelweißpiraten, S. 9–14.
[297] Ebd., S. 13.
[298] Siehe oben S. 164f.
[299] Interview mit Karoline Banten, geführt am 13.9.1980 von Mattias von Hellfeld, zit. in: ders., Edelweißpiraten, S. 13.
[300] Interview mit Fritz Theilen am 10.9.1980, zit. in: Hellfeld, Edelweißpiraten, S. 55.
[301] Vgl. Matzerath, Köln, S. 518.
[302] 1978 berichtete das ARD-Magazin Monitor, dass Schink noch immer als „Krimineller" gelte. In der Folge wurden die Aktivitäten und das Umfeld der Ehrenfelder Gruppe wissenschaftlich untersucht. Vgl. dazu besonders Matthias von Hellfeld, Die Ehrenfeldergruppe im Urteil der Geschichtsschreibung, in: ders., Edelweißpiraten, S. 97–82. Die Erhängten wurden nach jahrelangem Streit als Opfer des Nationalsozialismus rehabilitiert und 1986 mit einer Erinnerungstafel geehrt. Außerdem wurde ein Abschnitt der Hüttenstraße in Köln-Ehrenfeld in Bartholomäus-Schink-Straße umbenannt. Die Geschichte um Schink wurde 2004 in dem Kinofilm „Edelweißpiraten" verfilmt.
[303] Vgl. Matzerath, Köln, S. 517. – Josef Hoegen (1898–1978). Nach einer kaufmännischen Lehre Hilfspostbote und Industriearbeiter. 1924 Beamter bei der Kölner Kriminalpolizei, seit 1934 bei der Gestapo. 1941 wegen Wirtschaftsvergehen zu sechs Monaten Haft verurteilt. Danach zur „Bewährung" zur „Einsatzgruppe B" in Smolensk geschickt. 1942 Rückkehr zur Gestapo, Abteilung „linksradikale Elemente". 1945 Festnahme des berüchtigten Folterers durch die Alliierten. 1949 in einem Schwurgerichtsprozess wegen Verbrechen gegen die Menschlichkeit, Aussageerpressung und Köperverletzung zu neun Jahren Zuchthaus verurteilt und vier Jahre später „wegen guter Führung" begnadigt. Vgl. Art. Josef Hoegen, Soénius/Wilhelm, Kölner Personenlexikon, S. 248f. Zum Gesamtzusammenhang vgl. die ausführliche Darstellung in: Rusinek, Gesellschaft.
[304] Im Jahr 2002 wurde sie mit vielen anderen nach Köln eingeladen. Vgl. Brigitte Bilz/Antje Dilling: Stefania Krystkiewiecz – eine ehemalige Zwangsarbeiterin besucht Brück, in: Werkstatt, Brück, S. 159–164.
[305] Olga Kotkina [geborene Welischkewitsch], „Wir haben noch vieles zu erzählen", in: „Projektgruppe Messelager" (Hg.), Zwangsarbeit, S. 101ff.
[306] Rusinek, Gesellschaft, S. 341–371.
[307] Vgl. dazu Matzerath, Köln, S. 513–530.
[308] Die folgende Darstellung basiert auf einem Manuskript von Manfred Backhausen, einem Enkel von Johann Backhausen, und Gesprächen des Verf. mit ihm.
[309] Unter dem Namen Land- und Seekabelwerke AG firmierte das Werk unmittelbar neben der „Franz Clouth Rheinische Gummiwarenfabrik AG" (den späteren „Clouth-Gummiwerken"), die zum „Felten&Guilleaume-Konzern" gehörten. Vgl. dazu Manfred Backhausen, Leben in Nippes – Arbeiten bei Clouth [...], Köln 2007.
[310] Zit. in Louis, Liederschatz. 1947 erließ der Kölner Stadtrat eine Verordnung: „Der Karneval ist von altersher ein stadtkölnisches Volksfest, in dem sich die Lebensfreude der Kölner Bevölkerung stets offenbarte. Aber über dem Karneval steht der Ernst der Zeit. Um ihm auch für zukünftige bessere Tage den Charakter eines Volksfestes zu wahren und um jeder geschäftlichen Ausbeutung vorzubeugen, ist für das Jahr 1947 die Veranstaltung von

organisierten Umzügen, öffentlichen Maskenbällen und Kostümfesten nicht zugelassen." Am 17. Januar wurde der Festausschuss des Kölner Karnevals wieder ins Leben gerufen. Die Vertreter der 25 Mitgliedsgesellschaften wählten Albrecht Bodde zum Präsidenten. Zu Bodde vgl. Stahl, Autoren-Lexikon, S. 57f.; Wilhelm, Köln-Lexikon, S. 63.

[311] Hans Schmitt-Rost in: DIE ZEIT, 14. 9. 1950; zit. in: Häßlin, Köln, S. 225.

[312] Zit. in: Peter Fröhlich, Es war ein langer Weg. Erinnerungen eines alten Kölners, Köln 1976, S. 178.

[313] Zu diesem Zitat siehe unten S. 187.

[314] Vgl. Dietmar/Jung, Köln, S. 294–297.

[315] HAStK 5/918. Stadtverwaltung Köln (Gesundheitsamt) an den Oberpräsidenten der Nord-Rheinprovinz vom 27.4. und 2.5.1946; vgl. Billstein, Streiks, S. 412; Schmidt, Vonessen, S. 117f.

[316] Zit. in Stankowski, Köln, Bd. 2, S. 99; Jung, Köln, S. 195. Im Eifeldorf Volkesfeld erschien 1947 die fast gleich lautende Anzeige – samt „Hans Knochen und Frau Erika geb. Hunger" sowie „12 hungrigen Enkelkinder" (www.volkesfeld.de/chronik.htm).

[317] Verhandlungen der Kölner Stadtverordneten-Versammlung vom 13.6.1946. Vgl. Geyer, Hungergesellschaft, S. 175; Schmidt, Vonessen, S. 116.

[318] Vgl. dazu Michael Kemmerling, Jugend in der Kölner Trümmerlandschaft, in: Mölich, Facetten, S. 109f.

[319] Kölnischer Kurier, 23.11.1945, zit. in: Beate Schnitzler, Überlebensarbeit von Kölner Frauen in den Jahren 1945 bis 1948, in: Mölich, Facetten, S. 119. Maria Fensky: Verhandlungen der Stadtverordnetenversammlung Köln. 6. Sitzung, 15.11.1945, zit. ebd. S. 120. Zu Maria Fensky siehe unten S. 192ff.

[320] Vgl. dazu Beate Schnitzler, Überlebensarbeit von Kölner Frauen in den Jahren 1945 bis 1948, in: Mölich, Facetten, S. 119f. – Weil die Arbeit der Trümmerfrauen nicht immer freiwillig war, gab es noch nach mehr als 60 Jahren Probleme in der Stadtverwaltung, eine Zustimmung zum Bau eines Denkmals auf dem Trümmerberg des Hiroshima-Nagasaki-Parks am Aachener Weiher zu erlangen. Mit Musik wurden die Frauen bereits 1994 geehrt: Die Gruppe Paveier trat mit dem Titel „Trümmerfrau", komponiert von Erich Stoklosa, auf.

[321] Archiv der sozialen Demokratie der Friedrich-Ebert-Stiftung Bonn, IJB/ISK 60; Abschrift eines Plakats, das Mitte September 1945 in Köln angeschlagen war. Zit. in Martinsdorf, Schwierigkeiten, S. 153; Schmidt, Vonessen, S. 115.

[322] Theilen, „Hunger hatten die immer", in: „Projektgruppe Messelager" (Hg.), Zwangsarbeit, S. 98.

[323] Zit. in: Louis, Liederschatz, S. 183. – Der Kölner Steinbildhauer, Büttenredner und Mundartdichter Gerhard Ebeler (1877–1956) verfasste zahlreiche Karnevalsrevuen für Grete Fluss. Unter seinen Liedtexten wurde „Du kannst nicht treu sein" aus dem gleichnamigen Film von Franz Seitz sen. (1935/36) in der Vertonung von Hans Otten ein großer Erfolg, weitere bekannte Schlager von ihm sind „Ja, ja, die Liebe ist schuld daran" und „Aber heut sind wir fidel", „Kölsche Mädcher, kölsche Junge" und „En d'r Höhnergass 204". Vgl. Stahl, Autoren-Lexikon, S. 82f.; Wilhelm, Köln-Lexikon, S. 128.

[324] Louis, Liederschatz, S. 187.

[325] Ebd., S. 190. – Der gebürtige Kölner Jupp Schmitz (1901–1991) arbeitete als Pianist in

Stummfilmkinos, leitete ein eigenes Orchester und trat vor dem Zweiten Weltkrieg in Hotels auf. Sein erstes Karnevalslied „Wer soll das bezahlen", eine Anspielung auf das durch Bomben zerstörte Köln und die gerade begonnene Währungsreform, wurde einer der meistgesungenen Schlager jener Jahre. In der Folgezeit schrieb und komponierte er, unterstützt von seiner als Sängerin ausgebildeten Ehefrau Bärbel, weitere Schlager und Karnevalslieder wie „Im Winter, dann schneit es", „Es ist noch Suppe da" und „Am Aschermittwoch ist alles vorbei." Vgl. Soénius/Wilhelm, Kölner Personenlexikon, S. 481.

[326] Vgl. Louis, Liederschatz, S. 243f.; Autoren-Lexikon, S. 208; Wilhelm, Köln-Lexikon, S. 486.

[327] Zit. in: Louis, ebd., S. 246. – 1948 wurde das Dombaufest, das an die Grundsteinlegung vor 700 Jahren erinnerte, ein symbolisches Fest auch für den Wiederaufbau.

[328] Vgl. Geyer, Hungergesellschaft, S. 179. – Der Schwarzmarkt blüht in Köln besonders an der Frankenwerft, in der Weidengasse, der Elsaß- und Merowingertraße, am Bahnhof Ehrenfeld und an den Kasernen in Mülheim und Dellbrück. Schmidt, Vonessen, S. 117f.

[329] Im April 1947 erreicht die Lebensmittelzuteilung mit 755 Kalorien pro Tag den bislang niedrigsten Satz. Im Januar 1948 streiken hungernde Arbeiter aus 200 Firmen. Die Versorgungslage verbessert sich sehr langsam, auch mit Hilfe von „Care-Paketen" aus den USA. Vgl. Dietmar, Chronik, S. 428–432.

[330] HAStK 3/19/5. Niederschrift über die Protestkundgebung am 13. November 1946 im Felten & Guilleaume Carlswerk, vgl. Billstein, Streiks, S. 414ff.

[331] Zit. in: Hans Frohn, Köln 1945–1981. Vom Trümmerhaufen zur Millionenstadt. Erlebte Geschichte, Köln 1982, S. 174. Zu Görlinger vgl. Jung, Köln, S. 194; Art. Robert Görlinger, in: Soénius/Wilhelm, Kölner Personenlexikon, S. 186f.

[332] „Wir erwarten von der gesamten Arbeiter- und Angestelltenschaft, daß, nachdem durch die Arbeitsniederlegungen unserer Not und Verzweiflung sichtbarer Ausdruck verliehen wurde, nunmehr die Wirtschaft vor weiteren Störungen bewahrt bleibt. Durch fortdauernde Aktionen wird nicht nur nichts gebessert, sondern die Not nur noch vergrößert und die Kraft der Gewerkschaftsbewegung zersplittert. Das darf nicht geschehen!" Aufruf des Bezirkausschusses der Gewerkschaften und der Verbandsvorstände in Nordrhein-Westfalen vom 3.4.947. DGB-Archiv, Ordner Landesbezirk NRW bis 1950, zit. in: Rüther, Zusammenbruch, S. 265.

[333] Ebd., S. 266f.

[334] Ortsausschuß der Gewerkschaften Kölns an Ernährungsausschuß Köln, Industrie- und Handelskammer Köln, Handwerkskammer Köln, Arbeitgeberverband Köln, Oberbürgermeister Pünder, Regierungspräsident Warsch, Ministerpräsident Amelunxen, 9.6.1947; zit. in: Rüther, Zusammenbruch, S. 269.

[335] Ebd., S. 271–274.

[336] Interview von Loretta Walz mit Maria Fensky am 18. Januar 1983, in: Küsters, Fensky, S. 283.

[337] Zit. ebd., S. 285.

[338] Am 17. August 1956 erklärte das Bundesverfassungsgericht in Karlsruhe die KPD für verfassungswidrig. Sie wurde aufgelöst, das Parteivermögen eingezogen, es gab zahlreiche Verhaftungen. Fünf Jahre hatte sich das von der Bundesregierung angestrengte Verfahren

hingezogen. Bis heute wird das Urteil kontrovers diskutiert. Die Staatsanwaltschaft führte in der Zeit von 1951 bis 1968 Ermittlungsverfahren gegen 150.000 bis 200.000 Personen, die kommunistischer oder prokommunistischer Aktivitäten verdächtigt wurden; etwa 10.000 von ihnen wurden verurteilt. Das KPD-Verbot erwies sich als ein Mittel gesellschaftlicher Repression, die weit über den Kreis der unmittelbar Betroffenen hinauswirkte. Die Kommunistenverfolgung jener beiden Jahrzehnte betraf direkt oder indirekt mehr als 500.000 Menschen. Sie fand ihre Fortsetzung in den siebziger und achtziger Jahren in der Politik der Berufsverbote und ausufernden Antiterrormaßnahmen.

[339] Vgl. Küsters, Fensky, S. 279–291.

[340] Emmi Klarner im Interview mit Yvonne Küsters am 21. August 1994, ebd., S. 289. – Vgl. auch „Man musste doch was tun ...“. Eine Widerstandskämpferin erzählt aus ihrem Leben. Eine Dokumentation von Loretta Walz, Rolf Schneiders, Helma Fehrmann, Benedikt Berg. BRD, 1987, 72 Min.; Art. Maria Fensky, in: Wilhelm, Köln-Lexikon, S. 154.

[341] Vgl. Günter Schumacher, unveröffentlichtes Manuskript (Kopie im Besitz des Verf.), S. 1ff.

[342] Zum Folgenden vgl. Günter Schumacher, Ein Arbeitstag im Kesselhaus 1949, in: Bilz, Einschnitte, S. 37ff. Die CFK wurde 1858 als Chemische Fabrik Vorster & Grüneberg, Cöln gegründet und 1892 in Chemische Fabrik Kalk GmbH umbenannt. Sie war zeitweise der zweitgrößte Sodaproduzent Deutschlands und über 100 Jahre einer der größten Arbeitgeber im rechtsrheinischen Kölner Stadtgebiet. 1993 wurde sie nach versäumter Modernisierung wegen Unwirtschaftlichkeit geschlossen. Nach dem Abriss der Produktionsanlagen und der Sanierung des Fabrikgeländes wurden dort das neue Polizeipräsidium Köln und das Einkaufszentrum KölnArkaden erbaut.

[343] Vgl. dazu Gabi Kamp, Sicherung von Zeugnissen der Industriegeschichte Kalks, in: Bilz, Einschnitte, S. 37ff.

[344] Vgl. Gottschlich, Wallraff, S. 35f.

[345] Johanna Wallraffs Bruder Woldemar Panier versteckte einen ehemaligen Schulkameraden jüdischer Herkunft über längere Zeit in seiner Wohnung in Köln-Ehrenfeld. Dazu und zum Folgenden Auskunft v. Günter Wallraff an den Verf., 13.4.2008; Gottschlich, Wallraff, S. 37f.

[346] Nach Kriegsende fanden die beiden Frauen an der Haustür einen Zettel, auf dem mit kyrillischen Buchstaben zu lesen war: „Hier wohnen gute Menschen“ (Auskunft v. G. Wallraff an den Verf., 13.4.2008).

[347] Zit. in: Gottschlich, Wallraff, S. 40.

[348] Zit. ebd., S. 44.

[349] Vom 16-jährigen Günter Wallraff befragte Ärzte erklärten ihm nach dem Tod des Vaters, dass Prostata-Hypertonie nie eine Todesursache darstellen könne (Auskunft v. G. Wallraff, 13.4.2008).

[350] Zit. in Gottschlich, Wallraff, S. 51. – Eine ausführliche Bibliografie von und über Günter Wallraff findet sich ebd., S. 289–293. Zu seiner Biografie vgl. auch seine Homepage und wikipedia.

[351] Zu Günter Wallraffs Erfahrungen im Kölner Gerling-Konzern siehe unten S. 216–220.

[352] Die wirtschaftspolitischen Weichen des Wirtschaftswunders stellte Ludwig Erhard, der von 1949 bis 1963 bundesdeutscher Wirtschaftsminister war.

[353] Vgl. dazu vor allem Bilz, Küpper.
[354] Roeseling, Rhein, S. 143; Brog, D'r Zoch, S. 244.
[355] HAStK; Acc 148/493, Bl. 96ff; zit. In: Brog, D'r Zoch, S. 249f. 1957 trat Karl Küpper von der Bühne ab und betrieb bis zu seinem Tod 1970 eine kleine Wirtschaft in Kalk.
[356] 1956 siegte sie bei der Wahl zur Miss Europe. Sie wirkte danach in neun Spiel- und zwei Fernsehfilmen sowie in der TV-Serie „Eine Klasse für sich" mit. Mehrmals erhielt sie die weibliche Hauptrolle und war Partnerin von Peter Alexander, Gerhard Riedmann, Fred Bertelmann und Toni Sailer. Als Sängerin spielte sie einige Singles ein. Danach lebte sie in München. Vgl. Dietmar, Chronik, S. 455.
[357] Zit. in: Louis, Liederschatz, S. 286.
[358] Dietmar, Chronik, S. 473.
[359] Vilma Sturm, Auskunft über den Kölner Karneval, Frankfurter Allgemeine Zeitung, 2.3.1957. Vgl. auch Wilhelm, Köln-Lexikon, S. 159.
[360] Ebd., S. 523.
[361] Zu Peter Müller vgl. Art. Peter Müller, in: Wilhelm, Köln-Lexikon, S. 382.
[362] „Seine Freunde sind bis heute überzeugt, dass ihm das Dopingmittel aus seiner Umgebung beigebracht wurde, ohne dass Jupp Elze wusste, was er da einnahm" (Roeseling, Rhein, S. 179).
[363] Vgl. dazu und zum Folgenden: Günter Noack, Nina Oxenius, Heigo Werres: Interviews, in: Cornelia Limpricht/Jürgen Müller/Nina Oxenius, „Verführte Männer". Das Leben der Kölner Homosexuellen im Dritten Reich. Köln 1991, S. 134–137 – Ein Jahr vor seinem Tod zieht der Rentner in ein Dorf in der Nähe der Domstadt. Dort stirbt er 1987.
[364] Zum Folgenden vgl. Helmut Z. [Interview am 16.4.1992 in Köln], in: Balser, Himmel, S. 235ff.
[365] Neben der Website der Bläck Fööss und wikipedia vgl. zu den Liedern besonders Matthias Becker (Hrsg.): Bläck Fööss – schwatz op wiess: 124 Lieder in Wort und Bild; Texte, Hintergründe, Kommentare, Kölsch-Lexikon, Chronik, Diskografie. Gerig-Musikverlage, Der Bläck-Fööss-Musikverlag, Bergisch Gladbach-Bensberg, 2000.
[366] Vgl. Dietmar, Chronik, S. 495; Holl, Rhein, S. 134.
[367] Das 1967 aus einem evangelisch-katholischen Freundeskreis entstandene „Politische Nachtgebet" erregte bereits zu Ostern 1968 mit einer Demonstration unter dem Motto „Vietnam ist Golgatha" überregionale Aufmerksamkeit. Nach erzbischöflicher Verweigerung katholischer Kirchenräume fand es mit monatlichen Veranstaltungen auf der Basis von Informationen, Meditationen, Diskussionen und Aktionsvorschlägen in der von Beginn an überfüllten evangelischen Antoniterkirche Gastrecht. Führende Köpfe waren die evangelische Theologin Dr. Dorothee Sölle (1929–2003) und der mit ihr verheiratete Religionspädagoge und ehemalige Benediktinerpater Fulbert Steffensky. Nach Kölner Vorbild entstanden Politische Nachtgebete im In- und Ausland. Vgl. Art. Politisches Nachtgebet, in: Wilhelm, Köln-Lexikon, S. 353.
[368] Vgl. die Dokumentation „Obdachlosigkeit. Eine Stadt aus der Randperspektive". Politisches Nachtgebet 1968; Privatarchiv des Verfassers.
[369] Vgl. Holl, Rhein, S. 192.
[370] Die „Sozialistische Selbsthilfe Köln" (SSK) wurde 1969 ursprünglich unter dem Titel

„Sozialpädagogische Sondermaßnahmen Köln“ von Studenten und Sozialarbeitern initiiert, die eine Wohngemeinschaft mit Trebegängern, Heimzöglingen und obdachlosen Jugendlichen gründeten. Die Namensänderung Mitte der siebziger Jahre markiert die Selbstorganisation der Betroffenen, die im Zuge von Hausbesetzungen und Demonstrationen vor psychiatrischen Anstalten auf gesellschaftliche Defizite und Skandale aufmerksam machen, sich weiterhin für „Randgruppen“ einsetzen und ihre Existenz durch Gebrauchtmöbelhandel und Entrümpelungen sichern. Vgl. Stankowski, Köln, Bd. 2, S. 135f.; ders., Stadtführer, S. 224, 356ff.; Holl, Rhein, S. 186–189. Zur „Sozialistischen Selbsthilfe Mülheim e. V.“ (SSM) siehe unten S. 235ff.

371 Zu Wallraffs Elternhaus und Kindheit siehe oben S. 196ff.

372 Zit. in: Günter Wallraff, Ein Leben mit vielen Gesichtern, in: Wolfgang Bittner/Mark vom Hofe (Hg.), Ich mische mich ein. Markante deutsche Lebensläufe, Bad Honnef 2006, S. 37.

373 Zit. ebd., S. 39. Zu Wallraffs Biografie vgl. vor allem Jürgen Gottschlich, Der Mann, der Günter Wallraff ist, Köln 2007; Ina Braun, Günter Wallraff – Leben, Werk, Wirken, Methode, Würzburg 2007.

374 Günter Wallraff, Von einem, der auszog und das Fürchten lernte (1970), 22. Aufl., Frankfurt 1981, S. 67f.

375 Wallraff, Von einem, der auszog ..., S. 69–77.

376 Zum Folgenden vgl. Günter Wallraff. Gerling-Konzern. Als Portier und Bote, in: Bernt Engelmann/Günter Wallraff, Ihr da oben – wir da unten, (1973, 1975, 1994), Köln 2002, S. 325–397. Zum Gerling-Konzern vgl. auch Bernt Engelmann, Der Assekuranz-Gigant, ebd., S. 318–324.

377 Wallraff, ebd. S. 387.

378 Ebd., S. 399–444.

379 Zit. in Beutel, Trude Herr, S. 16.

380 Ebd., S. 20.

381 http://lyricwiki.org/Trude_Herr: Manchmol.

382 Trude Herr wurde auf dem Kölner Nordfriedhof beerdigt. Am Bürgerhaus Stollwerck wurde ein kleiner Park nach ihr benannt. Anlässlich ihres 80. Geburtstags im Jahr 2007 zeigten das 3. Fernsehprogramm des WDR sowie das ARD-Digitalprogramm EinsFestival die Aufzeichnungen ihrer Stücke aus ihrem „Theater im Vringsveedel“. Sie wurden anlässlich des Geburtstags auf DVD veröffentlicht. Zu ihrer Biografie vgl. Schmidt, Trude Herr; Köhler-Lutterbeck, Trude Herr; Beutel, Trude Herr; Art. Trude Herr, in: Personenlexikon, S. 235f.

383 Zit. von Jürgen Flimm in: Jürgen Flimm, Man hat sich für solche Leute nicht wirklich interessiert, in: Beutel, Trude Herr, S. 173.

384 Hans-Jürgen Wischnewski, Eine Begegnung mit ihr war für mich immer ein Erlebnis, das nachdenklich stimmte, in: Beutel, Trude Herr, S. 63.

385 Kurt Rossa, Sie war nicht da, wenn man nicht zu ihr ging, in: Beutel, Trude Herr, S. 140f.

386 Siehe oben S. 137ff.

387 Vorwort von Heinrich Böll, in: Chargesheimer, Unter Krahnenbäumen, Köln 1958, S. 4f.

388 Peter Meisenberg, Der „Maronen-Hans“ vom Rudolfplatz, in: Maier, Himmel, S. 172f.

[389] Almuth Pöhner/Peter Meisenberg, Beim „Eisen-Edmund" ist kein „Ding" unmöglich, in: Maier, Himmel, S. 39f.
[390] Hans Rudolf Knipp (geboren 1946) ist einer der erfolgreichsten zeitgenössischen Texter und Liedermacher in Kölner Mundart. Seit seinen ersten Erfolgen „Mir schenke der Ahl e paar Blömcher" (1968, Interpretin: Lotti Krekel) und „Ene Besuch im Zoo" (1969, Interpret: Horst Muys) hat er über 700 Titel für bekannte Kölner Musikgruppen wie die Bläck Fööss (z. B. Buuredanz, Ming eetste Fründin, Mer bruche keiner, Unsere Stammbaum), die Paveier (Buenos Dias Matthias, Ich han de Musik bestellt) und viele andere Größen des Kölner Karnevals geschrieben. Sein größter hochdeutscher Erfolg war der Text der Titelmelodie „Wartesaal der Träume" aus der ZDF-Fernsehserie „Die Weltings vom Hauptbahnhof" in der Interpretation der Höhner.
Er wurde u. a. mit der „Willi Ostermann-Medaille in Gold" ausgezeichnet. 1998 erhielt er den KölnLiteraturPreis. Die Kreissparkasse Köln gab 2005 in ihrer Reihe Kölsche Evergreens eine CD nur mit Liedern von und teilweise mit Hans Knipp heraus.
[391] Zu Text und Melodie vgl. Presto Jac. Jörgensen, Bühnen- und Musikverlag & Co., Köln 1968.
[392] Siehe oben S. 14.
[393] Dieser Text steht sowohl auf der Homepage der Bläck Fööss selbst als auch in anderen Publikationen. Die Bläck Fööss *singen* allerdings an dieser Stelle: „Stonn met uns hück an d'r Thek".
[394] Ab 1935 errichteten viele deutsche Städte, etwa Berlin, Frankfurt am Main und Köln, „Zigeunerlager", in denen sie Sinti und Roma internierten. Die kommunalen Lager boten die Voraussetzung zur Deportation in Konzentrations- und Vernichtungslager. Nahezu jede Familie unter den deutschen Sinti und Roma hat Mitglieder im Völkermord verloren. Viele Sinti und Roma, die nicht ermordet wurden, ließen die NS-Behörden zwangsweise sterilisieren.
[395] Vgl. Fings, Zigeunerlager, S. 45. – Der Künstler Gunter Demnig zog 1990 eine Schriftspur „– MAI 1940 – 1000 ROMA UND SINTI –" von dem Gelände in Bickendorf durch das Stadtzentrum bis zur Deutzer Messe. Im März 2001 wurde an der Kreuzung Venloer Straße/Matthias-Brüggen-Straße zusätzlich eine Gedenktafel errichtet, die an das Bickendorfer „Zigeunerlager" erinnert.
Seit 1990 arbeitet der Kölner „Rom e. V." als interkultureller Verein für die Verständigung von Roma/Sinti und Nicht-Roma/Sinti. Seit Beginn engagiert er sich für das Bleiberecht und für menschenwürdige Lebensbedingungen von Flüchtlingsfamilien in Köln und bekämpft Rassismus und Diskriminierung in Medien, Behörden und der Bevölkerung. Der Verein macht es sich zur Aufgabe, Roma und Sinti (Erwachsene, Jugendliche und Kinder) sozial und kulturell durch entsprechende Projekte und geeignete Hilfestellungen zu fördern, die unter Wahrung der eigenen Identität den Integrationsprozess unterstützen.
Ein Beispiel dafür ist das Integrationsprojekt „Amaro Kher"/„Unser Haus" mit Kindergarten und Schule für Roma-Flüchtlingskinder. Mit zum Zentrum gehört das Archiv und Dokumentationszentrum zur Geschichte, Kultur und Sprache der Sinti/Roma. www.romev.de.
[396] Text und Musik: Rolly Brings (1982), in: Rolly Brings, Für ein besseres Morgen. Lieder

auf Kölsch. Vorworte von Günter Wallraff und Hartmut Priess (Bläck Fööss), Köln 1986, S. 37–43; Brings, Hätz, S. 48f. – Hier eine freie Übertragung ins Hochdeutsche (K.S.):

Seine Sprache klingt fremd, doch hell ist sein Sinn.
Die Karre voll Schrott – so zieht er dahin
von Dorf zu Dorf, jetzt kommt er zurück:
Seine Seele tanzt, denn heut' hat er Glück.
Aus 'nem Bauernschrank macht er mit viel Geschick
ein nahezu neues, antikes Stück.

In Ossendorf kam dieser Sinti zur Welt,
vom Vater hat man noch viel erzählt.
Mit der Geige hat er die Herzen gerührt,
auf vielen Festen hat man's gespürt.
Dann kam die Gestapo, Mai '42, zur Nacht
und hat die Familie ins Lager gebracht.

Doch im Frühjahr, wenn wieder die Amsel singt,
dann ist er fort – wohin weiß der Wind.
„Bleib' wie du bist, ist's auch noch so schwer,
sonst werden wir ärmer – mehr als bisher."
Seh' ich die Sippe, ob am Stadtrand, am Dom,
sag ich ganz leise „Puro rom – latscho drom".

397 Heinrich Böll, Hülchrather Straße, in: Viktor Böll (Hg.), Heinrich Böll in Köln. Mit einer Wanderung durch Heinrich Bölls Köln von Martin Stankowski, Köln 1994, S. 169f.
398 Zit. in: sueddeutsche.de, 21.9.2008. – Jedes Mitglied der Gemeinschaft erhielt im Jahr 2000 neben Kost, Logis und Sozialversicherung ein Taschengeld von 40 Euro wöchentlich und eine monatliche Rücklage von 50 Euro als Startgeld beim Verlassen von Emmaus. Es wurden 14 Gemeinschaftsmitglieder, drei Zivildienstleistende sowie zwei MitarbeiterInnen durch Unterstützung des Programms „Hilfe-zur-Arbeit" vom Sozialamt bei Emmaus beschäftigt. Hinzu kamen PraktikantInnen, meist StudentInnen der Sozialarbeit/Sozialpädagogik, und ehrenamtliche HelferInnen. Halbjährlich erscheinen die „Emmaus-Informationen". Diese Publikation informiert in Anlehnung an die internationale Ausgabe über Ursachen und Bekämpfung von Ungerechtigkeit und Armut in der Welt und über die Aktivitäten und Probleme der Gemeinschaften in Köln. Weitere deutsche Gemeinschaften befinden sich in Stuttgart, Augsburg, Sonsbeck und Krefeld.
399 Vgl. Rolly Brings, Minsche. Neue Lieder auf Kölsch. Mit 25 Graphiken von Rolly Brings, Köln 1989, S. 4. Brings, Hätz, 98f. Hier der Versuch einer freien Übertragung (K.S.):

Tiere schützt er an seinem Platz,
sein Essen teilt er mit Amsel und Spatz.
Für fremdes Leben hat er Gespür,
legt Blumen aufs Grab auch dem kleinsten Tier.
Er wäscht sich mit Regen, ihn trocknet der Wind,

er lebt ganz allein, singt oft wie ein Kind.
Doch nachts, wenn der Mond auf die Gleise scheint,
ein Käuzchen ruft und die Katze greint,
im Knast die Menschen zur Ruhe gehn,
die Sterne schweigend am Himmel stehn,
dann kommt die Zeit, wo er seltsam spricht,
bis Tautropfen glänzen in seinem Gesicht.

Wenn vom Fordwerk der erste Autozug fährt,
man in Straßenbahngleisen das Quietschen hört,
nimmt er Tüten und Mäntel und rollt sich ein,
und schläft noch in den Morgen hinein,
sucht mittags in der Tonne den Essensrest,
den die Hausfrau hier und da übrig lässt.

Zwischen Butzweiler Straße und Autobahn,
wo ein Kaninchen noch grasen kann,
wo die Schlüsselblume im Schotter blüht,
da singt er wieder sein seltsames Lied,
hat in 'ner Mulde ein neues Revier
und lebt dort in Frieden mit Pflanze und Tier.

[400] Vgl. www.ssm-koeln.org. – Weitere Aufgaben bestehen darin, Wohnraum zu schaffen, die Gebäude instand zu halten, den Hausrat aus Wohnungsauflösungen zu nutzen, gemeinsam zu kochen, pflegen, reparieren, beraten, Kinder zu betreuen, zu gärtnern, aber auch mitzuarbeiten in Initiativen im Stadtteil.
[401] Heinz Weinhausen, Ich habe acht Arme nicht. Freddy bei der SSM, in: Blätter zur „Neuen Arbeit" Nr. 5 Aug. 2009, hrsg. vom „Institut für Neue Arbeit" MachMit e. V.; machmit@ina-koeln.org; http://machmit.ina-koeln.org
[402] Die Organisation solcher Aktivitäten für Kinder und Jugendliche ist eigentlich eine öffentliche Aufgabe nach § 3 und § 11 des Kinderjugendhilfegesetzes. HöVi-Land übernimmt hier um der Kinder willen eine Stellvertreterfunktion.
[403] Franz Meurer, geboren 1951 in Köln, wurde nach dem Studium der Sozialwissenschaften und der Theologie 1978 zum Priester geweiht, zunächst Jugendseelsorger und seit 1992 Pfarrer an St. Elisabeth und St. Theodor in Höhenberg-Vingst. Er wurde 2001 auf Initiative von 29 Kölner Persönlichkeiten Kölns erster „alternativer Ehrenbürger. 2006 erhielt er aufgrund seines sozialen Engagements die Kardinal-Frings-Medaille, die jährlich vom Katholisch-Sozialen Institut der Erzdiözese Köln verliehen wird. Zu Franz Meurer vgl. auch Stankowski, Stadtführer, S. 349ff.
[404] Vgl. dazu Silvana Becker, Das Miteinander stärken, in: Meurer, Heil, S. 140ff. Lebensmittelausgabe und Kleiderkammer machen deutlich, wie die staatlich festgelegten Beträge für den Lebensunterhalt immer weniger ausreichen. Hier zeigt sich, dass „wohlfahrtsstaatliche Selbstverständlichkeiten dem Sozialabbau zum Opfer fallen und die Menschen in ihrer sozialen Not sich selbst überlassen bleiben. So bleibt den Betroffenen nur die Alternative, sich

aufzugeben oder sich selbst zu organisieren und mit ehrenamtlichem Engagement die Lücke im System zu füllen." Georg Singe, Gemeinwesenorientierte Diakonie und Caritaswissenschaft, in: Meurer, Heil, S. 72.

[405] Vgl. dazu Petra Kempe / Peter Otten, Macht mehr mit Familien, in: Meurer, Heil, S. 154–161; Silvana Becker, Präventive sexualpädagogische Arbeit mit Kindern und Jugendlichen, in: Meurer, Heil, S. 275–279.

[406] Franz Meurer, Partizipation als Grundstruktur, in: Meurer, Heil, S. 104. Er verweist in diesem Zusammenhang auch auf den vom Zweiten Vatikanischen Konzil geprägten Begriff „participatio actuosa" (ebd.).

[407] Erklärung des „Initiativkreises Alternative Ehrenbürgerschaft" vom Dezember 2001 (Jürgen Becker, Volker Beck, Thomas Böhm, Victor Böll, Stephan Brings, Gisbert Provot, Peter Canisius, Tommy Engel, Katharina Focke, Janus Fröhlich, Conny Gilges, Elke Heidenreich, Hans Henrici, Peter Meisenberg, Barbara Moritz, Karl-Heinz Müller, Wolfgang Niedecken, Heinrich Pachl, Louis Peters, Karl-Heinz Pütz, Wittich Rossmann, Erwin K. Scheuch, Bernd Schröder, Martin Stankowski, Arno Steffen, Carmen Thomas, Kurt Uhlenbruch, Günter Wallraff, Michael Wienand).

[408] Peter Otten, „Man interessiert sich ja nicht für schlechte Sachen", in: Meurer, Heil, S. 191ff.

[409] Ders., Lebensweltorientierte Pastoral in HöVi, in: Meurer, Heil, S. 14.

LITERATUR

Bab, Bettina / Katharina Regenbrecht: Rheintöchter, Schifferinnen, Badenixen und Kindmörderinnen. Kölner Frauenleben am Rhein, Köln 1999

Balser, Kristof / Mario Kramp / Jürgen Müller / Joanna Götzmann (Hg.): „Himmel und Hölle". Das Leben der Kölner Homosexuellen 1945–1969, Köln 1994

Bayer, Josef (Hg.): Kölner Originale und Straßenfiguren, Köln 1912

Beck, Ulrich: Jenseits von Klasse und Stand? In: R. Kreckel (Hg.), Soziale Ungleichheiten. Sonderband 2 der Sozialen Welt, Göttingen 1983, S. 35–74

Becker, Hermann: Köln vor 60 Jahren. Altkölnische Wirtshäuser. Gesammelte Schriften, Erstes Buch, Köln 1922

Becker-Jákli, Barbara: Die Protestanten in Köln. Die Entwicklung einer religiösen Minderheit von der Mitte des 18. bis zur Mitte des 19. Jahrhunderts, Schriftenreihe des Vereins für Rheinische Kirchengeschichte Bd. 75, Köln 1983

Dies.: »Fürchtet Gott, ehret den König«. Evangelisches Leben im linksrheinischen Köln 1850–1918, Schriftenreihe des Vereins für Rheinische Kirchengeschichte Bd. 91, Köln 1988

Dies. (Hg.): Ich habe Köln doch so geliebt. Lebensgeschichten jüdischer Kölner und Kölnerinnen, Köln 1993

Bender, Franz: Illustrierte Geschichte der Stadt Köln, Köln 1911

Bennack, Jürgen (Hg.): Ganz unter uns. Geschichten über Kölner und Imis, Köln 2002

Bergerhausen, Hans-Wolfgang: Köln in einem eisernen Zeitalter 1610–1686. Geschichte der Stadt Köln, Bd. 6, im Auftrag der Historischen Gesellschaft Köln, Köln 2010

Beutel, Heike / Anna Barbara Hagin: Trude Herr – Ein Leben. Zeitzeugen und Bilder erzählen, Köln 1997

Billstein, Reinhold (Hg.): Das andere Köln. Demokratische Traditionen seit der Französischen Revolution, Köln 1979

Ders.: Streiks und Hungerdemonstrationen in Köln von 1946 bis 1948, in: Ders., Köln, S. 403–445

Bilz, Brigitte / Fritz Bilz: Diesen Menschen hat man mir totgeschlagen. Briefe aus Gestapohaft und KZ, Köln 1999

Bilz, Fritz (Hg.): Einschnitte. Veränderung der Industriearbeit in Köln-Kalk, Köln, 1997

Ders.: Kleine Leute, in: Werkstatt für Ortsgeschichte Köln-Brück (Hg.), Band 8, Zeitbilder – 10 Jahre Geschichten zur Geschichte, Köln 1998, S. 72–73

Ders.: Der Sozialdemokrat Toni Schößler – ein unbeirrter Streiter für die Demokratie, in: Werkstatt für Ortsgeschichte Köln-Brück, Band 6, Die Zeit der Lebensmittelmarken, Köln 1995, S. 69–82

Ders.: Unangepasst und widerborstig – Der Kölner Karnevalist Karl Küpper, Köln 2010
Böhringer, Letha: Siechenmägde, Barbierinnen und Hebammen. Frauen im Gesundheitswesen der Stadt Köln im Mittelalter und in der frühen Neuzeit, in: Thomas Deres, krank / gesund. 2000 Jahre Krankheit und Gesundheit in Köln, Köln 2005, S. 126–139
Böll, Heinrich: Die „Einfachheit" der „kleinen" Leute. Schriften und Reden 1978–1981, dtv, München 1984
Brings, Rolly: Och dat, mi Hätz, es kölsch. Auch das, mein Herz, ist kölsch. Gesammelte Texte 1971 bis 2002, Weilerswist 2004
Brog, Hildegard: Was auch passiert: D'r Zoch kütt! Die Geschichte des rheinischen Karnevals, Frankfurt / New York 2000
Brüggemeier, Franz Josef / Jürgen Kocka (Hg.): Geschichte von unten – Geschichte von innen. Kontroversen um die Alltagsgeschichte, Hagen 1985
Dietmar, Carl: Die Chronik Kölns, Dortmund 1991
Ders. / Werner Jung: Kleine illustrierte Geschichte der Stadt Köln, 9., überarbeitete und erweiterte Aufl., Köln 2002
Dietmar, Carl: Das mittelalterliche Köln, 3., verbesserte Aufl., Köln 2006
Ders. / Marcus Leifeld: Alaaf und Heil Hitler. Karneval im Dritten Reich, München 2010
Dowe, Dieter: Aktion und Organisation. Arbeiterbewegung, sozialistische und kommunistische Bewegung in der preußischen Rheinprovinz 1820–1852, Hannover 1970
Ebeling, Dietrich: Bürgertum und Pöbel. Wirtschaft und Gesellschaft Kölns im 18. Jahrhundert (Städteforschung, Reihe A, Bd. 26), Köln / Wien 1987
Eck, Werner: Köln in römischer Zeit. Geschichte einer Stadt im Rahmen des Imperium Romanum. Geschichte der Stadt Köln, Bd. 1, im Auftrag der Historischen Gesellschaft Köln, Köln 2004.
Ennen, Leonard: Geschichte der Stadt Köln, meist aus den Quellen des Kölner Stadtarchivs, 3 Bände, Köln und Neuß, 1865–1869
Euler-Schmidt, Michael: Häme, Armut und die Ironie des Schicksals. Wie die traurige Gestalt des Stadtsoldaten zum Kölner Held und Vereinsmitglied wurde, in: Hunold, Stadtsoldaten, S. 109–138.
Fings, Karola / Frank Sparing: Das Zigeunerlager in Köln-Bickendorf 1935–1958, Köln, Zeitschrift für Sozialgeschichte des 20. und 21. Jahrhunderts, Heft 3, 1991
Fings, Karola: Messelager Köln: ein KZ-Außenlager im Zentrum der Stadt, Köln 1996
Dies. / Frank Sparing: Rassismus, Lager, Massenmord. Die nationalsozialistische Zigeunerverfolgung in Köln (Schriften des NS-Dokumentationszentrums der Stadt Köln, Bd. 13), Köln 2005
Finzsch, Norbert: Obrigkeit und Unterschichten. Zur Geschichte der rheinischen Unterschichten gegen Ende des 18. und zu Beginn des 19. Jahrhunderts, Stuttgart 1990
Ders.: Von der „verschämten" Sybilla Beckhausen und der „liederlichen" Anna Maria Tümmeler. Frauenarmut im Köln des ausgehenden 18. und frühen 19. Jahrhunderts, in: Franken / Kling-Mathey, Köln, S. 131–140
Frank, Monika: Von armen Kranken, in: Monika Frank / Friedrich Moll (Hg.), Kölner Krankenhaus-Geschichten, Köln S. 2006, S. 48–81

Franken, Irene/Christiane Kling-Mathey (Hg.): Köln der Frauen. Ein Stadtwanderungs- und Lesebuch. Köln 1992

Franken, Irene: Köln. Der Frauen-Stadtführer, Köln 1995

Dies./Ina Hoerner: Hexen. Verfolgung in Köln, Köln 2000

Franken, Irene: Frauen in Köln. Der historische Stadtführer, Köln 2008

Franken, Irene/Shirin Jazaeri/Renate Staudenmeyer: Was erreicht? Frauenbewegte Lebensgeschichten aus der Sicht unterschiedlicher Kulturen, Köln 2001

Franz, Renate: Der vergessene Weltmeister. Das rätselhafte Schicksal des Radrennfahrers Albert Richter, Köln 1998

Fröhlich, Peter: Kölle vör fuffzich Johre. Jeschichten us dem ahle Kölle, Bd. 1, 4. Aufl., Köln 1973, und Bd. 2, 5. Aufl., Köln 1981

Ders.: Es war ein langer Weg – Erinnerungen eines alten Kölners, Köln 1976

Fuchs, Peter (Hg.): Chronik zur Geschichte der Stadt Köln, Bd. 2. Von 1400 bis zur Gegenwart, 2. überarbeitete Aufl., Köln 1993

Geyer, Martin H.: Die Hungergesellschaft, in: Jost Dülffer, (Hg.), „Wir haben schwere Zeiten hinter uns". Die Kölner Region zwischen Krieg und Nachkriegszeit. Veröffentlichungen des Kölnischen Geschichtsvereins Bd. 40, hrsg. v. Wolfgang Schmitz, Köln 1996

Groten, Manfred (Hg.): Hermann Weinsberg (1518–1597). Kölner Bürger und Ratsherr. Studien zu Leben und Werk, Köln 2005

Härtel, Alexandra: Regelungen des Kölner Wirtschaftslebens im Spätmittelalter, in: Geschichte in Köln 54, Dezember 2007, S. 27–59

Häßlin, Johann Jakob (Hg.): Das Buch Weinsberg. Aus dem Leben eines Kölner Ratsherrn. Vom Herausgeber ausgewählt und ins Hochdeutsche übertragen, München 1964

Ders. (Hg.): Köln. Die Stadt und ihre Bürger, Köln, 3. Aufl., 1996

Heinrich-Böll-Stiftung (Hg.): Die Kölner Klagemauer für Frieden und Völkerverständigung, Bad Honnef 1997

Hellfeld, Matthias von: Edelweißpiraten in Köln. Jugendrebellion gegen das 3. Reich, Köln (1981), 2. durchgesehene Aufl. 1983

Herborn, Wolfgang: Hermann von Weinsberg (1518–1597), in: Rheinische Lebensbilder, im Auftrag der Gesellschaft für rheinische Geschichtskunde, hrsg. v. Wilhelm Janssen, Bd. 11, Köln 1988, S. 59–76

Hergemöller, Bernd-Ulrich: Randgruppen der spätmittelalterlichen Gesellschaft. In: Ders. (Hg.): Randgruppen der spätmittelalterlichen Gesellschaft. Ein Hand- und Studienbuch, Warendorf 1990, S. 1–51

Hippel, Wolfgang von: Armut, Unterschichten, Randgruppen in der frühen Neuzeit. München 1995

Holl, Kurt/Claudia Glunz (Hg.): 1968 am Rhein, Köln 1998

Hunold, Heinz-Günther/Winfried Drewes/Michael Euler-Schmidt (Hgg.): Vom Stadtsoldaten zum Roten Funken. Militär und Karneval in Köln, Köln 2005

Irsigler, Franz: Peter Rinck († 1501), in: Rheinische Lebensbilder 6, Düsseldorf 1975, S. 55–69

Ders.: Kölner Wirtschaft im Spätmittelalter, in: Kellenbenz, Wirtschaft, Bd. 1, S. 217–320

Ders. / Friedrich Arnold Lasotta: Bettler und Gaukler, Dirnen und Henker. Außenseiter in einer mittelalterlichen Stadt; Köln 1300–1600 dtv, 3. Aufl., München 1990

Jüdisches Schicksal in Köln 1918–1945. Katalog zur Ausstellung des Historischen Archivs der Stadt Köln / NS-Dokumentationszentrum, 8. November 1988 bis 22. Januar 1989. Köln 1989

Jütte, Robert: Arme, Bettler, Beutelschneider. Eine Sozialgeschichte der Armut in der Frühen Neuzeit, Weimar 2000

Jung, Werner: Das neuzeitliche Köln. Der historische Stadtführer, Köln 2004

Ders.: Das moderne Köln. Der historische Stadtführer, Köln 2006

Kastner, Dieter: Kinderarbeit im Rheinland. Entstehung und Wirkung des ersten preußischen Gesetzes gegen die Arbeit von Kindern in Fabriken von 1839 (Kölner Schriften zu Geschichte und Kultur, hrsg. v. Georg Mölich, Bd. 27), Köln 2004

Kellenbenz, Hermann (Hg.): Zwei Jahrtausende Kölner Wirtschaft, hrsg. im Auftrag des Rheinisch-Westfälischen Wirtschaftsarchivs, 2 Bde., Köln 1975

Klein, Adolf: Köln im 19. Jahrhundert. Von der Reichsstadt zur Großstadt, Köln 1992

Klersch, Josef: Die Kölnische Fastnacht von ihren Anfängen bis zur Gegenwart, Köln 1961

Ders.: Volkstum und Volksleben in Köln. Gekürzte Fassung der 1965 bis 1969 erschienenen dreibändigen Ausgabe, Köln 1979

Klöcker, Michael (Hg.): Kölner Sozialgeschichte „von unten". Gesammelte Aufsätze zur Alltagsgeschichte im 19. und 20. Jahrhundert. Festschrift zum 65. Geburtstag von Fritz Bilz, Siegburg 2009

Köhler-Lutterbeck, Ursula / Monika Siedentopf: Trude Herr, in: Dies., Frauen im Rheinland. Außergewöhnliche Biographien aus der Mitte Europas, Köln 2001, S. 231–236

Kölner Frauengeschichtsverein (Hg.): 10 Uhr pünktlich Gürzenich. Hundert Jahre bewegte Frauen in Köln – zur Geschichte der Organisationen und Vereine, Münster 1995

Küsters, Yvonne: „Ich konnte ja nicht einfach nur arbeiten gehen – man musste ja auch was tun." Maria Fensky – eine Frau im Widerstand gegen den Nationalsozialismus, in: Kölner Frauengeschichtsverein (Hg.), Gürzenich, S. 279–292

Lasotta, Friedrich Arnold: Formen der Armut im späten Mittelalter und zu Beginn der Neuzeit. Untersuchung vornehmlich an Kölner Quellen des 14. bis 17. Jahrhunderts, Köln 1993

Leson, Willy (Hg.): So lebten sie im alten Köln. Texte und Bilder von Zeitgenossen, Köln 1974

Louis, Reinold: Kölnischer Liederschatz. Wat kölsche Leedcher vun Kölle verzälle. Köln 1986

Ders.: Kölner Originale. Die Welt der alten Kölner Originale und Straßenfiguren, Köln, 5. Aufl., 1997

Lüdtke, Alf (Hg.): Alltagsgeschichte. Zur Rekonstruktion historischer Erfahrungen und Lebensweisen, Frankfurt a. M. 1989

Maier, Thomas / Heidrun Murena: Köln zwischen Himmel und Ääd, Köln 1984

Manthe, Barbara: Navajos und Edelweißpiraten in Köln. Zur Politisierung unangepassten Jugendverhaltens im „Dritten Reich", in: Geschichte in Köln 54, Dezember 2007, S. 197–218

Martinsdorf, Eva Maria: Von den Schwierigkeiten, die Gegenwart von ihrer Vergangenheit zu „säubern" – Entnazifizierung in Köln, in: Horst Matzerath / Harald Buhlan / Barbara Becker-Jákli (Hg.): Versteckte Vergangenheit. Über den Umgang mit der NS-Zeit in Köln, Köln 1994, S. 125–161

Matzerath, Horst: Köln in der Zeit des Nationalsozialismus 1933–1945. Geschichte der Stadt Köln, Bd. 12, im Auftrag der Historischen Gesellschaft Köln, Köln 2009

Meurer, Franz / Otten, Peter: Wenn nicht hier, wo sonst? Kirche gründlich anders, Gütersloh 2011

Meurer, Franz / Peter Otten / Silvana Becker (Hg.): Ort Macht Heil. Ein Lese- und Praxisbuch über lebensraumorientierte Pastoral in Köln HöVi (Höhenberg-Vingst), Berlin 2006

Mölich, Georg / Stefan Wunsch (Hg.): Köln nach dem Krieg. Facetten der Stadtgeschichte. (Kölner Schriften zu Geschichte und Kultur, Bd. 24, hrsg. v. Georg Mölich), Köln 1995

Mölich, Georg / Gerd Schwerhoff (Hg.): Köln als Kommunikationszentrum. Studien zur frühneuzeitlichen Stadtgeschichte, Köln 2000

Müller, Klaus: Köln von der französischen zur preußischen Herrschaft 1749–1815. Geschichte der Stadt Köln, Bd. 8, im Auftrag der Historischen Gesellschaft Köln, Köln 2005

Nottelmann, Anette: Von Beginen und Bayenamazonen – Frauengeschichte im Severinsviertel, hrsg. v. Kölner Geschichtsverein, Köln 1994

NS-Dokumentationszentrum (Hg.): Gegen den braunen Strom. Kölner WiderstandskämpferInnen heute in Porträts der Arbeiterfotografie Köln. Ausstellung in der Alten Wache des Kölner Stadtmuseums, Köln 1991

Palm, Johann: Es war einmal ein treuer Husar. Die Lebensgeschichte des „Orgels-Palm". Köln 1982

Paul, Gerhard / Bernhard Schoßig (Hg.): Die andere Geschichte. Geschichte von unten, Spurensicherung, ökologische Geschichte, Geschichtswerkstätten Köln 1986

„Projektgruppe Messelager" im Verein EL-DE-Haus e. V. Köln (Hg.): Zwangsarbeit bei Ford. Köln 1996

Roecken, Sully: Der Stadtverband Kölner Frauenvereine und seine angeschlossenen Vereine, in: Kölner Frauengeschichtsverein (Hg.), Gürzenich, S. 183–222

Roeseling, Gereon: Zwischen Rhein und Berg. Die Geschichte von Kalk, Vingst, Humboldt, Gremberg, Höhenberg. Köln 2003

Rüther, Martin: Arbeiterschaft in Köln 1928–1945. Kölner Schriften zu Geschichte und Kultur, Bd. 16, Köln 1990

Ders.: Zwischen Zusammenbruch und Wirtschaftswunder. Betriebsratstätigkeit und Arbeiterverhalten in Köln 1945 bis 1952, Bonn 1991

Rusinek, Bernd-A.: Gesellschaft in der Katastrophe. Terror, Illegalität, Widerstand, Köln 1944/45 (Düsseldorfer Schriften zur Neueren Landesgeschichte und zur Geschichte Nordrhein-Westfalens, Bd. 24, hrsg. von Hans-Joachim Behr u. a.), Essen 1989

Sass, Anne: Wohlfahrt und Wohlstand. Laura Oelbermann zwischen protestantischer Hilfsarbeit und Luxusleben, in: Kölner Frauengeschichtsverein, Gürzenich, S. 109–114

Schmidt, Gérard: Trude Herr. „Niemals geht man so ganz…". Ihr Leben, Bergisch Gladbach 1991

Schmidt, Klaus: Franz Raveaux. Karnevalist und Pionier des demokratischen Aufbruchs in Deutschland, Köln 2001
Ders.: Andreas Gottschalk. Armenarzt und Pionier der Arbeiterbewegung, Jude und Protestant, Köln 2002
Ders.: Das gefährdete Leben. Der Kölner Arzt und Gesundheitspolitiker Franz Vonessen, Köln 2004
Ders.: Glaube, Macht und Freiheitskämpfe. 500 Jahre Protestanten im Rheinland, 2. Aufl., Köln 2007
Schneider-Clauß, Wilhelm (Hg.): Kölnisches Vortragsbuch, Köln 1923
Schopenhauer, Johanna: Ausflug an den Niederrhein und nach Belgien im Jahr 1828, Leipzig 1830/31
Schulz, Günther: Die Arbeiter und Angestellten bei Felten & Guilleaume. Sozialgeschichtliche Untersuchung eines Kölner Industrieunternehmens im 19. und beginnenden 20. Jahrhundert, Wiesbaden 1979
Schulze, Winfried (Hg.): Sozialgeschichte, Alltagsgeschichte, Mikro-Historie. Eine Diskussion, Göttingen 1994
Schwerhoff, Gerd: Ein Blick vom Turm. Kölner Quellen zur historischen Kriminalitätsforschung, in: Geschichte in Köln, gegr. als Studentische Zeitschrift am Historischen Seminar, hrsg. von Johannes Helmrath u. a., Heft 27/1990, S. 43–68
Ders.: Köln im Kreuzverhör. Kriminalität, Herrschaft und Gesellschaft in einer frühneuzeitlichen Stadt, Bonn, Berlin 1991
Serup-Bilfeldt, Kirsten: Zwischen Dom und Davidstern. Jüdisches Leben in Köln von den Anfängen bis heute, Köln 2001
Signon, Helmut/Klaus Schmidt: Alle Straßen führen durch Köln, Köln 2006
Soénius, Ulrich/Jürgen Wilhelm (Hg.): Kölner Personenlexikon, Köln 2007
Stahl, Enno (Hg.): Das Kölner Autoren-Lexikon 1750–2000, Bd. 1. Mitteilungen aus dem Stadtarchiv von Köln, 88. Heft, Köln 2000
Stankowski, Martin: Köln. Der andere Stadtführer, Bd. 1, Köln 1988
Ders.: Köln. Der andere Stadtführer, Bd. 2, überarb. Neuausgabe, Köln 1997
Ders.: Köln. Der andere Stadtführer, Köln 2003
Stein, Claudia: Sozialhistorische Aspekte der städtischen Prostitution in der frühen Neuzeit am Beispiel Kölns, in: Rheinisches Jahrbuch für Volkskunde. Veröffentlichung der Rheinischen Vereinigung für Volkskunde in Bonn, hg. von H. L. Cox, Bd. 31, 1995/96, S. 7–80
Stelzmann, Arnold: Illustrierte Geschichte der Stadt Köln, Köln 1958
Viebahn, Wilfried/Walter Kuchta: Widerstand gegen die Nazidiktatur in Köln, in: Reinhold Billstein (Hg.): Das andere Köln. Demokratische Traditionen seit der Französischen Revolution. Köln 1979, S. 283–361
Wagner, Gabriela: Frauen in Köln. 2000 Jahre Stadtgeschichte, hrsg. vom Kölnischen Stadtmuseum, Dr. Werner Schäfke, Köln 1990
Wagner, Rita: Cöln. Die sozialen Verhältnisse um 1900, Köln 1989
Weber, Heinz (Hg.): In alten Zeitungen geblättert. Köln 1698–1833, Köln 1974
Wegener, Gertrud: Literarisches Leben in Köln 1750–1814. Beiträge zur kölnischen Geschichte, Sprache und Eigenart, hrsg. vom Heimatverein Alt-Köln, Bd. 74, Köln 2000

Wehler, Hans Ulrich: Deutsche Gesellschaftsgeschichte, 1. Band: Vom Feudalismus des Alten Reichs bis zur defensiven Modernisierung der Reformära 1700–1815, München 1987
Weinsberg, Hermann von: Das Buch Weinsberg: Kölner Denkwürdigkeiten aus dem 16. Jahrhundert, bearbeitet von Konstantin Höhlbaum [Bd. 1–2], Friedrich Lau [Bd. 3–4] u. Josef Stein [Bd. 5] (Publikationen der Gesellschaft für Rheinische Geschichtskunde, Bd. 16), Bonn 1886–1926 [Nachdruck ebd. 2000]
Werkstatt für Ortsgeschichte Köln-Brück (Hg.): Gegen das Vergessen. Brück im Nationalsozialismus. Geschichten zur Geschichte, Bd. 10, Köln-Brück 2002
Weyden, Ernst: Köln am Rhein vor 150 Jahren, Köln 1960
Wiegand, Richard: „Wer hat uns verraten ..." – Die Sozialdemokratie in der Novemberrevolution, Freiburg i. Br. 2001
Wilhelm, Jürgen (Hg.): Das Große Köln-Lexikon, Köln 2005
Ders.: Zwei Jahrtausende Jüdische Kunst und Kultur in Köln, Köln 2007
Zerback, Ralf: Robert Blum. Eine Biographie, Leipzig 2007
Zerlett, Rolf: Josef Grohé (1902–1987), in: Franz-Josef Heyen (Hg.), Rheinische Lebensbilder 17, Düsseldorf 1997, S. 247–276

VERZEICHNIS KÖLSCHER WÖRTER

Ääd = Erde
Ähzesupp = Erbsensuppe
Affjebröhte = Abgebrühte
allt = schon
Angenies = Anis[gebäck]

bautze = ärgerlich heulen
binge = binden
blo = blau
Botz = Hose
Brell = Brille
Büggel = Beutel
bützen = küssen

deit = tut
dunn = tun
Duve = Tauben

eetste = erste
elans = entlang, vorbei
Engk = Ende
finge = finden

Foder = Futter
Fott = Hintern
fumpe = gelingen

gäl = gelb
Gedöns = Getue, Lärm
Gedüüsch = Getöse
gitt = gebt
Givvel = Giebel
grauze = eigensinnig weinen
Gries = Blondkopf

Häre = Herren
Hätz = Herz
hätzig = herzig
hammer = haben wir
heisch = heißt
Henk = Henkel
Hohnderklau = Hühnerklaue
hück = heute
Hungk = Hund
(Plural: Hüngk)

iesch = erst
Jeich = Geige
jet = etwas
Juch = Eile, Schrecken
Jumferledder = Eibischpaste,
Lederzucker

Käl = Kerl
kalle = sprechen, plaudern
kieve = keifen
klaafe = plaudern
kladunjele = sich aufputzen
Klör = Klara
Klöre = Couleur, Farbe, Aussehen
Kniesbüggel = Geizhals
Knieskopp = Geizhals

Koche = Kuchen
Kood = Kordel
Kra[a]t = verlotterter Mensch (Plural: Kraade)
kriesche = kreischen, weinen
kruffen = kriechen
Kuletsch = Lakritze

Liem = Leim
lit = liegt
Looch = Luft
Lotterincher = Glücksspielbildchen
Lück = Leute

Mäl = Merle, schwarze Amsel
maggeln = handeln, tauschen
mallig / mallich = jeder
manne = meistern
mieh = mehr
Mörer/Mürer = Maurer
Muuzepuckel = Mensch mit gekrümmtem Rücken

Neres = Reiner(us)
Nett = Katharina (Kurzform)
Nies = Agnes
nöre = Mittagsschläfchen halten
Nohber = Nachbar
Nümmes = niemand
Nüümaat = Neumarkt

Ömmer = Murmeln
Ömmerjöncher = überzuckerte Korianderkörner

Päd = Pferd
pröttele = nörgeln
Pump = Pumpe, Herz
Puute = Kinder

Quetschenbüggel = Akkordeon
Quetschkommod = Akkordeon

Rähn = Regen
Rusemüngkche = Rosenmündchen
rut = rot

schambt = schämt
Schluffe = Pantoffel, schlaffer Kerl
Schnörreem = Schnürriemen
schödden = schütten
schung = schien
Siel = Seele
simmer = sind wir
sin = sehen
singem = seinem
staats = feingemacht, schön
Stina/Sting = Christine
ston = stehen
Strick = Streit
Strühzaldat = Strohsoldat
Sölz = [Köln]Sülz

Teute = Stellfaß, Kanne
trick = zieht
trock = zog

vermaache = sich gütlich tun

Weech = Weg
weed = wird
Weet = Wirt
wick = weit

Zauss = Soße
Zick = Zeit
Zigge = Zeiten
Zinterklöscher = Nikolaus[gebäck]

PERSONENREGISTER

SACHREGISTER